Janine Liebal | Markus Exner

Usability für Kids

VIEWEG+TEUBNER RESEARCH

Schriften zur Medienproduktion

Herausgeber:
Prof. Dr. Heidi Krömker,
Fachgebiet Medienproduktion, TU Ilmenau
Prof. Dr. Paul Klimsa,
Fachgebiet für Kommunikationswissenschaft, TU Ilmenau

Diese Schriftenreihe betrachtet die „Medienproduktion" als wissenschaftlichen Gegenstand. Unter Medienproduktion wird dabei das facettenreiche Zusammenspiel von Technik, Content und Organisation verstanden, das in den verschiedenen Medienbranchen völlig unterschiedliche Ausprägungen findet.

Im Fokus der Reihe steht das Finden von wissenschaftlich fundierten Antworten auf praxisrelevante Fragestellungen der Medienproduktion. Umfangreiches Erfahrungswissen soll hier systematisch aufbereitet und in generalisierbare, so weit wie möglich theoriegeleitete Erkenntnisse überführt werden. Da im Bereich Medien der Rezipient eine besondere Rolle spielt, räumt die Schriftenreihe der Mensch-Maschine-Kommunikation einen hohen Stellenwert ein.

Janine Liebal | Markus Exner

Usability für Kids

Ein Handbuch zur ergonomischen Gestaltung
von Software und Websites für Kinder

Mit einem Geleitwort von
Prof. Dr. Heidi Krömker und Prof. Dr. Paul Klimsa

VIEWEG+TEUBNER RESEARCH

Bibliografische Information der Deutschen Nationalbibliothek
Die Deutsche Nationalbibliothek verzeichnet diese Publikation in der
Deutschen Nationalbibliografie; detaillierte bibliografische Daten sind im Internet über
<http://dnb.d-nb.de> abrufbar.

1. Auflage 2011

Alle Rechte vorbehalten
© Vieweg+Teubner Verlag | Springer Fachmedien Wiesbaden GmbH 2011

Lektorat: Ute Wrasmann | Anita Wilke

Vieweg+Teubner Verlag ist eine Marke von Springer Fachmedien.
Springer Fachmedien ist Teil der Fachverlagsgruppe Springer Science+Business Media.
www.viewegteubner.de

Das Werk einschließlich aller seiner Teile ist urheberrechtlich geschützt. Jede Verwertung außerhalb der engen Grenzen des Urheberrechtsgesetzes ist ohne Zustimmung des Verlags unzulässig und strafbar. Das gilt insbesondere für Vervielfältigungen, Übersetzungen, Mikroverfilmungen und die Einspeicherung und Verarbeitung in elektronischen Systemen.

Die Wiedergabe von Gebrauchsnamen, Handelsnamen, Warenbezeichnungen usw. in diesem Werk berechtigt auch ohne besondere Kennzeichnung nicht zu der Annahme, dass solche Namen im Sinne der Warenzeichen- und Markenschutz-Gesetzgebung als frei zu betrachten wären und daher von jedermann benutzt werden dürften.

Umschlaggestaltung: KünkelLopka Medienentwicklung, Heidelberg
Gedruckt auf säurefreiem und chlorfrei gebleichtem Papier
Printed in Germany

ISBN 978-3-8348-1624-5

Geleitwort

Ratgeber für Eltern und Auszeichnungen von besonders gelungenen Produkten wollen einen Qualitätsrahmen schaffen. In zahlreichen Datenbanken sind Produkte gelistet, die für Kinder als geeignet gelten. Darüber hinaus stecken das Jugendschutzgesetz und der Jugendmedienschutz-Staatsvertrag gesetzliche Rahmenbedingungen ab.

Doch reicht dies aus, um eine kindergerechte Software zu entwickeln?

Anstoß für das Buch gaben empirische Untersuchungen von Janine Liebal und Markus Exner in den unterschiedlichsten Entwicklungsabteilungen von Kindersoftware. Die Entwickler und Entwicklerinnen verfügten zwar in den meisten Fällen über implizites Erfahrungswissen, konnten jedoch nicht auf ein regelbasiertes Vorgehensmodell, das eine systematische Entwicklung von Kindersoftware mit einer hohen ergonomischen Qualität explizit darstellt, zurückgreifen.

Auch die zahlreichen Usability Tests von Software für Kinder legten offen, dass ein erhebliches Verbesserungspotential bei der benutzer- bzw. kindergerechten Gestaltung vorhanden war.

Da unser Fachgebiet Medienproduktion über langjährige Erfahrung auf dem Gebiet der Mensch-Maschine-Interaktion verfügt, hat es diese Forschungslücke aufgegriffen.

Ziel des vorliegenden Buches ist es, ein Vorgehensmodell für die Entwicklung von Kindersoftware zu erarbeiten, das Kinder aktiv in den Entwicklungsprozess mit einbezieht. Ein besonderer Schwerpunkt wurde dabei auf die Anforderungsanalyse gelegt, in der die Spezifika von Kindern in ihren Entwicklungsphasen eine besondere Rolle spielen.

Einen weiteren Schwerpunkt bilden ergonomische Regeln, die bei der Konzeption von Software für Kinder von Bedeutung sind. Methodische Grundlagen für die Extraktion der Regeln waren empirische Evaluationen von Kindersoftware sowie die Operationalisierung von bestehenden ergonomischen Regeln für das Anwendungsfeld „Kindersoftware".

Da gute ergonomische Qualität in letzter Instanz nur von den Kindern selbst festgestellt werden kann, erarbeiteten Janine Liebal und Markus Exner spezielle Methoden für das Usability Testing mit Kindern.

Wir wünschen uns, dass „Usability für Kids" allen, denen die ergonomische Qualität von Kindersoftware ein Anliegen ist, eine gute Unterstützung ist.

Heidi Krömker und Paul Klimsa

Vorwort

Kinder sind keine kleinen Erwachsenen!
Kinder nutzen mehr und mehr Computer und Internet!
Kinder erkunden virtuelle Welten ohne Angst und Scheu!

Haben Sie sich auch gerade dabei ertappt, dass Sie bestätigend nicken mussten? Doch so selbstverständlich uns diese Aussagen auch erscheinen, so überraschend ist auch die Tatsache, dass gerade in der Entwicklung von kindgerechten Applikationen vielfach die plausibelsten Selbstverständlichkeiten über Bord geworfen werden. Noch immer liegt der Fokus bezüglich der Erforschung benutzerfreundlicher Anwendungen maßgeblich auf Produkten für Erwachsene. Und das obwohl sich Erkenntnisse aus empirischen Studien mit Erwachsenen nicht unmittelbar auf Produkte für Kinder übertragen lassen. Der Grund: die großen Unterschiede zwischen Erwachsenen und Kindern im Bereich der kognitiven, motorischen, sozialen und emotionalen Fähigkeiten.

Wenn in Deutschland die Bereiche Internet / Software und Kinder thematisiert werden, dann erfolgt dies häufig vor einem pädagogischen Hintergrund. Natürlich ist dies ein elementarer Punkt, der keinesfalls vernachlässigt werden darf. Dennoch sollte in gleichem Maße auch dem Aspekt einer allgemeinen Nutzerfreundlichkeit von interaktiven Produkten für Kinder Beachtung geschenkt werden. Denn was nützt es einem Kind, wenn das Produkt einen umfangreichen und qualitativ hochwertigen pädagogischen Inhalt umfasst, dieser allerdings aufgrund seiner schlechten Umsetzung nicht zugänglich ist?

Eine unübersichtliche Ansammlung an Fachlektüre, die sich mit der Gestaltung intuitiv bedienbarer Benutzeroberflächen beschäftigt, fehlendes Wissen darüber, was Kinder tatsächlich am Computer können und was nicht sowie der steigende Wunsch von Designern und Entwicklern, Kinder als eigenständige Benutzergruppe mit eigenen Zielen, Fähigkeiten und Präferenzen anzusehen, lieferten unsere Motivation für eine konkrete Auseinandersetzung mit dem Thema „Usability für Kids".

Mit diesem Buch möchten wir vorhandene Wissenslücken schließen, Anregungen für zukünftige Gestaltungsvorhaben liefern und deutlich machen, dass die Entwicklung und Gestaltung von Software und Websites für Kinder nur dann erfolgreich sein kann, wenn man die Zielgruppe mit allen ihren Besonderheiten kennt und als solche auch ernst nimmt.

Dipl.-Ing. Janine Liebal,
Dipl.-Ing. Markus Exner

Inhaltsverzeichnis

Abbildungsverzeichnis	XIII
Tabellenverzeichnis	XV
Abkürzungsverzeichnis	XVII

1. Einleitung	**1**

A Theoretische Grundlagen

2. Mensch-Computer-Interaktion	**5**
2.1 Interaction Design and Children	6
2.2 Usability für Kinder	9
3. Analyse der Zielgruppe ‚Kind'	**13**
3.1 Theorien zur menschlichen Entwicklung	13
3.2 Verlauf der menschlichen Entwicklung	15
3.2.1 Kognitive Entwicklung	17
3.2.2 Körperliche und motorische Entwicklung	33
3.2.3 Emotionale und soziale Entwicklung	38
3.3 Computernutzung und -erfahrung	43
4. Software für Kinder	**51**
4.1 Arten von Kindersoftware	53
4.2 Qualitätsmerkmale guter Kindersoftware	56
4.2.1 Auszeichnungen für Kindersoftware	57
4.2.2 Ratgeber für Kindersoftware	59
5. Websites für Kinder	**61**
5.1 Arten von Kinderwebsites	63

5.2 Kinderwebsites im Kontext von Hörfunk und Fernsehen 65
   5.2.1 Mehrwert von Websites im Kontext von Hörfunk und Fernsehen 66
   5.2.2 Informationsfluss zwischen Websites, Hörfunk und Fernsehen 67
5.3 Qualitätsmerkmale guter Kinderwebsites 69

6. Gesetzliche Rahmenbedingungen **73**
6.1 Trägermedien – Jugendmedienschutz in der Praxis 79
6.2 Telemedien – Jugendmedienschutz in der Praxis 83

B Softwareentwicklung für Kinder

7. Methoden der Softwareentwicklung für Kinder **91**
7.1 Child-Centered Design 92
7.2 Usability Engineering Lifecycle für Kindersoftware 94

8. Anforderungsanalyse – Kinder als Informanten **99**
8.1 Vorbereitung 100
8.2 Techniken 103
   8.2.1 Traditionelle Ermittlungstechniken 105
   8.2.2 Nutzerspezifische Ermittlungstechniken 112
8.3 Durchführung 116
8.4 Zusammenfassung 118

9. Konzept – Kinder als Nutzer **119**
9.1 Aufbau und Anwendung 123
9.2 Gestaltungsempfehlungen im Überblick 125
9.3 Gestaltungsempfehlungen im Detail 136
   9.3.1 Screendesign 136
   9.3.2 Steuerung und Interaktion 152
   9.3.3 Inhalt 177
9.4 Zusammenfassung 190

10. Prototyping – Kinder als Design-Partner 191
10.1 Vorbereitung 192
10.2 Varianten von Prototypen 193
   10.2.1 High-Tech-Prototyping 193
   10.2.2 Low-Tech-Prototyping 194
   10.2.3 Horizontale, vertikale und Szenario-Prototypen 195
10.3 Techniken 197
10.4 Durchführung 198
10.5 Zusammenfassung 200

11. Usability Testing – Kinder als Tester 201
11.1 Vorbereitung 202
11.2 Techniken 207
   11.2.1 Verbalisierungstechniken 210
   11.2.2 Nonverbalisierungstechniken 214
   11.2.3 Sonstige Techniken 215
11.3 Durchführung 215
11.4 Zusammenfassung 218

12. Ausblick 219

Glossar 221

Literaturverzeichnis 225

Abbildungsverzeichnis

2-1:	Angrenzende Forschungsfelder und Disziplinen des IDC	7
2-2:	Publikationsaufkommen der letzten 30 Jahre	8
3-1:	Spielende Vorschulkinder	22
3-2:	Reaktionszeit in Abhängigkeit vom Alter nach Kail's Modell	25
3-3:	Körperliches Wachstum in Kindheit und Jugend	34
3-4:	Durchschnittliche Klickdauer von 4-Jährigen, 5-Jährigen und Erwachsenen	37
3-5:	Beziehung zwischen Kognition, Emotion und Motivation	39
3-6:	Geräteausstattung der Kinder 2010	46
3-7:	Computertätigkeiten 2010	47
3-8:	Internettätigkeiten 2010	48
4-1:	Entwicklung der Marktzahlen für Unterhaltungssoftware	51
4-2:	Marktentwicklung der Plattformen für Unterhaltungssoftware	52
5-1:	Entwicklung der Online-Nutzung bei 6- bis 13-Jährigen	61
5-2:	Internetnutzer 2006 - 2010	62
5-3:	Informationsfluss zwischen Broadcast und Internet	67
6-1:	Prüfverfahren zur Vergabe der Alterskennzeichen	80
7-1:	Mögliche Rollen der Kinder im Entwicklungsprozess	93
7-2:	Softwareentwicklungsprozess in Anlehnung an den UEL	95
8-1:	Qualitätskriterien für Anforderungen	99
8-2:	Symbolische Ratingskala mit der Wertung 1 bis 5	107
8-3:	Unipolare numerische Ratingskala mit der Wertung 1 bis 6	108
8-4:	Bipolare numerische Ratingskala mit der Wertung 1 bis 6	108

9-1:	Zusammenhang relevanter Standards für die Softwaregestaltung	119
9-2:	Kategorisierung der Gestaltungsempfehlungen	124
9-3:	Lernsoftware – Das Zauberhaus	138
9-4:	Schriftarten zur Unterstützung der Lesbarkeit	139
9-5:	Grundlayout für Lernanwendungen	141
9-6:	Visueller Hinweis für das Anschalten der Lautsprecher	148
9-7:	V.Smile Tastatur für Kinder	153
9-8:	V.Smile Joystick für Kinder	154
9-9:	V.Smile Joypad für Kinder	154
9-10:	Sitemap aus „Fritz und Fertig – Schach lernen und trainieren"	162
9-11:	Beispielmetaphern	163
9-12:	Pluginabfrage	170
9-13:	Fehlermeldungen	171
9-14:	Visueller Hinweis auf eine externe Website	172
9-15:	Suchfunktionen	177
10-1:	Prozesse des Prototypings	191
10-2:	Varianten von Prototypen	193
10-3:	Horizontaler, vertikaler und Szenario-Prototyp	196
11-1:	Möglicher Aufbau eines Usability Labors	206
11-2:	Picture-Cards zur Visualisierung von Empfindungen und Usability Problemen	214

Tabellenverzeichnis

3-1: Piagets Stufen kognitiver Entwicklung — 15
3-2: Kognitive Entwicklung — 20
3-3: Körperliche und motorische Entwicklung — 33
3-4: Emotionale und soziale Entwicklung — 39
3-5: Computernutzung und -erfahrung — 44

4-1: Software zwischen Spielen und Lernen — 56
4-2: Renommierte Auszeichnungen für Kindersoftware in Deutschland — 57

5-1: Renommierte Auszeichnungen für Kinderwebsites in Deutschland — 69

6-1: Alterskennzeichen der USK — 82

7-1: Kodierung nach Piaget's Entwicklungsstufen — 98

8-1: Techniken der Anforderungsanalyse — 105
8-2: Durchführung der Anforderungsanalyse — 118

9-1: Grundsätze der Dialoggestaltung — 122
9-2: Beispielhafte Kodierung der Gestaltungsempfehlungen — 125
9-3: Gestaltungsempfehlungen im Überblick — 136

10-1: Techniken des Prototypings — 197
10-2: Durchführung des Prototypings — 199

11-1: Techniken des Usability Testings — 209
11-2: Durchführung des Usability Testings — 217

Abkürzungsverzeichnis

ACM	Association for Computing Machinery
ADM	Arbeitskreis Deutscher Markt- und Sozialforschung e.V.
ASK	Automaten-Selbstkontrolle
BMFSFJ	Bundesministerium für Familie, Senioren, Frauen und Jugend
BPjM	Bundesprüfstelle für jugendgefährdende Medien
CCD	Child-centered Design
DIN	Deutsches Institut für Normung
EN ISO	Europäische Norm der International Standards Organisation
ETSI	European Telecommunications Standards Institute
FSM	Freiwillige Selbstkontrolle Multimedia-Diensteanbieter
GjSM	Gesetz über die Verbreitung jugendgefährdender Schriften und Medieninhalte
JMStV	Jugendmedienschutz-Staatsvertrag
JÖSchG	Gesetz zum Schutz der Jugend in der Öffentlichkeit
JuSchG	Jugendschutzgesetz
KIM	Kinder und Medien
KJM	Kommission für Jugendmedienschutz
MCI	Mensch-Computer-Interaktion
NICAM	Niederländisches Institut für die Klassifizierung audiovisueller Medien
OLJB	Oberste Landesjugendbehörde
PEGI	Pan European Games Information
pt	Points / Punkte
UCD	User-centered Design
UEL	Usability Engineering Lifecycle
USK	Unterhaltungssoftware Selbstkontrolle

1. Einleitung

Das Interesse an kindgerechten und nutzerfreundlichen Applikationen wächst und damit auch die Bedeutung der Kinder als eigenständige Nutzergruppe, mit eigenen Zielen, Fähigkeiten und Präferenzen.

Vor diesem Hintergrund wurde in den vergangenen Jahren auf vielen verschiedenen Gebieten Forschung betrieben, aus der sowohl eine große Anzahl an Handlungs- als auch an Gestaltungsempfehlungen hervorgegangen ist. Diese unterscheiden sich mitunter stark in ihrem Aufbau und ihrer Ergebnispräsentation oder sind ganz und gar nur einem kleinen Nutzerkreis zugänglich. Produzenten und Entwickler können auf diese Weise nicht von wissenschaftlichen Erkenntnissen profitieren und belassen es weiterhin bei Vermutungen oder der altbekannten Herangehensweise und Umsetzung interaktiver Produkte für Kinder.

Basierend auf diesem Stand wurden umfangreiche analytische und empirische Untersuchungen durchgeführt, mit dem Ziel, einen fächerübergreifenden Empfehlungskatalog zu entwickeln und diesen in einen nutzerzentrierten Entwicklungsprozess einzubinden, der von Produzenten und Entwicklern zweckmäßig eingesetzt werden kann.

Aufbau und Vorgehensweise

Das vorliegende Handbuch ist in die zwei Hauptteile A und B untergliedert.
Teil A beinhaltet maßgeblich die auf Fachliteratur beruhenden *theoretischen Grundlagen*. Dazu zählen neben einer Einführung in die Mensch-Computer-Interaktion vor allem die spezifischen Eigenschaften, Fähigkeiten und Bedürfnisse von Kindern verschiedenen Alters und Geschlechts sowie die schließlich daraus resultierende Nutzung und Präferenz ihrer Softwaretitel und Websites.

Gleichzeitig werden Software und Websites in ihre Arten aufgegliedert und die mit ihrer Entwicklung unmittelbar verbundenen rechtlichen Rahmenbedingungen betrachtet.

Teil B beinhaltet den praktischen Teil des Handbuchs, die *Softwareentwicklung für Kinder*. In den vier Entwicklungsstufen Anforderungsanalyse, Konzept, Prototyping und Usability Test schlüpfen die Kinder in die Rolle der Informanten, Nutzer, Design-Partner und Tester. Explizite Handlungsempfehlungen geben Aufschluss, wie die Kinder in den einzelnen Phasen direkt an der Entwicklung interaktiver Produkte beteiligt und am effektivsten eingebunden werden können.

Mit insgesamt 100 Kindern im Alter von drei bis zwölf Jahren wurden empirische Studien im Zuge von Befragungen und Usability Tests durchgeführt. Die jungen Probanden durften bekannte und prämierte Softwaretitel anspielen oder sich auf beliebten Websites umschauen und diese beurteilen. Die gewonnenen Ergebnisse flossen in einen nunmehr 110 Gestaltungsregeln umfassenden Empfehlungskatalog für die Entwicklung von Software und Websites für Kinder ein.

In seiner Gesamtheit bietet das vorliegende Buch damit viele Anregungen, Software und Websites für Kinder benutzerfreundlich und altersgerecht umzusetzen.

A

Theoretische Grundlagen

2. Mensch-Computer-Interaktion

„Was macht der Computer nachts?" – „Schlafen."

Barbara Leu & Vorschulkinder

Interaktion lässt sich der Wortherkunft nach aus dem lateinischen *inter* für *zwischen* und *agere* für *handeln* ableiten. In seiner ursprünglichen Bedeutung aus der Psychologie und der Soziologie wird dabei das aufeinander bezogene Handeln zweier Personen oder die Wechselbeziehung zwischen Handlungspartnern verstanden.

Zu Beginn der achtziger Jahre des 20. Jahrhunderts, wurde der Begriff *Interaktion* erstmals als Bezeichnung für die kommunikative Verständigung zwischen Mensch und Computer verwendet. Und obwohl die Interaktionen zwischen Menschen wesentlich reichhaltigere Dimensionen aufweisen, besteht eine starke Motivation, den Computer nicht als Maschine sondern als Interaktionspartner anzusehen, der den Benutzer „versteht" und sich zu ihm angemessen „in Beziehung setzt" (vgl. Fritz, 1997: 119).

Besonders Kinder neigen dazu, den Computer als lebendiges Wesen zu betrachten und, wie andere Spielsachen auch, zu personifizieren. Die Einordnung des Computers in die Welt des Belebten beziehungsweise des Unbelebten stellt für sie eine äußerst anspruchsvolle Herausforderung dar. Im Vergleich zu den Spielsachen, die allein durch kindliche Fantasie zum Leben erwachen, wirkt der Computer durch seine scheinbar individuellen Äußerungen lebendig. Er kommentiert ein Spielprogramm, stellt Aufgaben oder lobt deren Ausführung. Freie Rollenspiele, die es erlauben durch Kreativität und Vorstellungskraft Puppen und Kuscheltieren Leben einzuhauchen, sind in der Interaktion mit einem Computer allerdings nicht möglich.

Die Spanne der Optionen findet ihre Grenzen bislang noch in den Vorgaben durch Hard- und Software, die sich im Zuge der rasanten Entwicklung allerdings stetig erweitern. Besonders in Spielen mit nichtlinearen Handlungssträngen hängen Gestaltung und Ausgang zunehmend vom Willen und den Fähigkeiten der Kinder ab.

Kinder haben also Schwierigkeiten, den Computer eindeutig der belebten oder der unbelebten Welt zuzuordnen. Insbesondere jüngere Kinder betrachten die Maschine als lebendigen Gefährten, der sich aktiv am gemeinsamen Spiel beteiligt. Diese Wahrnehmung wird aus kindlichen Fragestellungen wie: „Freut sich der Computer, wenn er gewonnen hat?", besonders deutlich.

Als allgemeine Bezeichnung für das Zusammenwirken zwischen Mensch und Computer wird der Begriff *Mensch-Computer-Interaktion* (MCI), verwendet. Neben dieser hat sich in den letzten Jahren auch vermehrt der Begriff *Interaktionsdesign* beziehungsweise *Interaction Design* durchgesetzt, der sich speziell auf die Entwicklung interaktiver User Interfaces (Benutzerschnittstellen) bezieht.
Für die charakteristische Kind-Computer-Interaktion, deren Wissenschaft den Kern dieses Buches bildet, bietet sich also durchaus auch die Bezeichnung *Interaction Design and Children* an, wie sie im Fachjargon bereits gebräuchlich ist.

2.1 Interaction Design and Children

Interaktivität stellt also in der Entwicklung und Gestaltung von Applikationen für Kinder ein zentrales Thema dar: In Lernanwendungen dient Interaktivität maßgeblich dem Erfolg einer Bildungsmaßnahme, in Unterhaltungssoftware bietet sie die Möglichkeit, eigenständig auf mediale Inhalte einzuwirken und

2.1 Interaction Design and Children

wiederum Reaktionen darauf zu erhalten (vgl. Blumstengel, 1998: 144; vgl. Gundelach, 2006: 170).
Bereits in den sechziger Jahren des 20. Jahrhunderts wurden kindliche Lern- und Denkprozesse untersucht, um kindgerechte Produkte auch benutzerfreundlich umzusetzen. Und obwohl inzwischen eine große Vielfalt technischer Möglichkeiten zur Verfügung steht, fließen diese Erkenntnisse nur äußerst zaghaft in die Gestaltung interaktiver Benutzeroberflächen für Kinder ein (vgl. Maly, 2006: 25).
Dieser Forschungsbedarf wurde schrittweise von Experten verschiedenster Fachgebiete erkannt, so dass sich das weite Feld des *Interaction Design and Children* nunmehr als eigenständige Disziplin in der MCI etablieren konnte.

Abbildung 2-1 zeigt einen Auszug der angrenzenden Forschungsfelder, die sich maßgeblich mit dem Interaktionsdesign für Kinder beschäftigen.

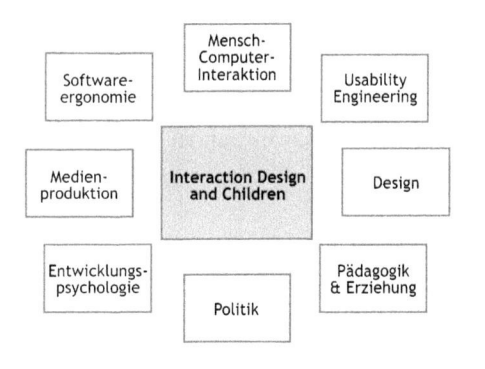

Abbildung 2-1: Angrenzende Forschungsfelder und Disziplinen des IDC

Die ersten Veröffentlichungen, die im Zuge der Literaturrecherchen ausgemacht werden können, reichen bis in das Jahr 1980 Jahr zurück. Demgegenüber kann jedoch erst in den späten neunziger Jahren des 20. Jahrhunderts eine deutliche Literaturzunahme ausgemacht werden, die ihren Höhepunkt im Jahr 2003 findet und seitdem wieder abzunehmen scheint.

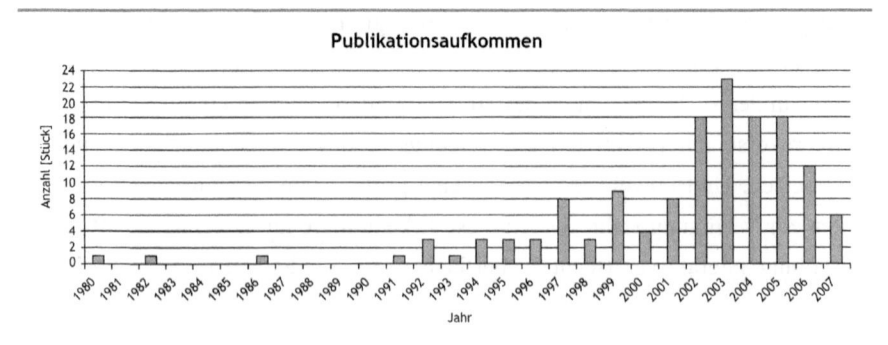

Abbildung 2-2: Publikationsaufkommen der letzten 30 Jahre

Standards

Alle berücksichtigten Untersuchungen enthalten Ansätze zur Verbesserung der Benutzerfreundlichkeit im Sinne der Kind-Computer-Interaktion. Neben einer großen Anzahl an *User-Interface-Guidelines* sind auch zwei erste Standards entstanden, die durch das *European Telecommunications Standards Institute* in den Jahren 2003 und 2005 veröffentlicht wurden. Beide befassen sich mit dem grundlegenden Zugang und der Bedienbarkeit von Informations- und Kommunikationstechnologien für Kinder bis zwölf Jahren.

Guidelines

Bei den *Guidelines* handelt es sich dagegen um bewährte Gestaltungsempfehlungen, die auf der Glaubwürdigkeit und Kompetenz ihrer Autoren beruhen und sowohl fachlich als auch inhaltlich deutlich variieren können (vgl. Tetzlaff / Schwartz, 1991: 329).

Im Vergleich zu *Usability-Prinzipien*, die sowohl zur Unterstützung bei der Entwicklung von interaktiven Applikationen als auch zu deren Evaluation verwendet werden können, sind *Guidelines* weniger allgemeingültig.

Durch ihre konkretere Formulierung und dem gegenüber *Usability-Prinzipien* höheren Detaillierungsgrad lassen sie weniger Interpretationsspielraum und liefern spezifischere Richtlinien für den Entwicklungsprozess.

Styleguides

Einen dritten Ansatz liefern *Styleguides*, die durch ihre meist firmen- oder produktspezifischen, aber verbindlich festgeschriebenen Gestaltungselemente und -richtlinien eine einheitliche Qualität und ein konsistentes Erscheinungsbild gewährleisten (vgl. Blumstengel, 1998: 171). Auf dem Gebiet des *Interaction Design and Children* konnten allerdings keine relevanten, auf Kinder zugeschnittenen *Styleguides* ausgemacht werden.

Forschungsorganisationen und Konferenzen

Neben der Veröffentlichung von Forschungsergebnissen wurde im Rahmen der *Conference for Human Computer Interaction* (CHI) die *Special Interest Group on Computer Human Interaction* (SIGCHI) gebildet, die bis 1999 in ihrem Programm *CHIkids* Kinder als Reporter, Produzenten oder Softwaretester auf Konferenzen und in Workshops aktiv mit einbezog.

Seit 2002 gibt es unter dem gleich lautenden Namen *Interaction Design and Children* darüber hinaus eine eigenständige Konferenzreihe, zu der jährlich eine internationale Gemeinschaft der verschiedenen Berufsgruppen zusammenkommt, um sowohl Projekterfahrungen auszutauschen als auch neue Ergebnisse und Technologien vorzustellen.

2.2 Usability für Kinder

Softwareapplikationen für Kinder müssen hinsichtlich ihrer Struktur und ihrer bereitgestellten Inhalte benutzerfreundlich und vor allem leicht nachvollziehbar dargeboten werden.

Für die Realisierung dieses Vorhabens ist es sinnvoll, die drei Leitsätze der Gebrauchstauglichkeit sowohl für die ersten Ideen und als auch die Entwicklung zu berücksichtigen: *Effektivität*, *Effizienz* und *Zufriedenheit*.

> *Effektivität* ist die Genauigkeit und Vollständigkeit, mit der Benutzer ein bestimmtes Ziel erreichen,
> *Effizienz* ist der im Verhältnis zur Genauigkeit und Vollständigkeit eingesetzte Aufwand, mit dem Benutzer ein bestimmtes Ziel erreichen und
> *Zufriedenheit* ist definiert als die Freiheit von Beeinträchtigungen und die positive Einstellung während der Nutzung des Projekts.

Werden interaktive Produkte für Kinder entwickelt, muss, abhängig vom Nutzungskontext, allen drei Leitsätzen eine unterschiedlich große Bedeutung beigemessen werden.

Im Fall von *Entertainmenttiteln* sind Effektivität und Effizienz im direkten Vergleich zur Zufriedenheit beispielsweise eher nachrangig zu betrachten und in einigen Fällen sogar ganz zu vernachlässigen. Wie Melissa A. Federoff in einer aufschlussreichen Studie herausstellt, wirken sich Effektivität und Effizienz vielmehr störend auf den Spielverlauf aus, anstatt diesen zu unterstützen (vgl. Federoff, 2002: 2).

Applikationen, die in den Bereich *Education* oder *Edutainment* einzuordnen sind, müssen dagegen eine vergleichsweise hohe Effektivität und Effizienz bei der Bearbeitung der Aufgaben gewährleisten, da ansonsten nicht der gewünschte Lerneffekt erzielt werden kann.

Spaß und Zufriedenheit sind in diesem Fall lediglich motivationsstiftende Mittel, die hinsichtlich einer erhöhten Lernfreude zusätzliche Beachtung finden können.

> Spiele dienen maßgeblich der Entspannung und dem Zeitvertreib und sollten nicht in wenigen Minuten abgeschlossen sein. Kinder schätzen die Herausforderung, wachsende Schwierigkeitsgrade und eine lange Spieldauer. Allerdings sollte auch das Ende absehbar und vor allem erreichbar sein. Verschiedene Boni oder eine Highscore-Liste wecken den kindlichen Ehrgeiz.

2.2 Usability für Kinder

Die Steuerung darf hingegen keine allzu große Herausforderung darstellen und muss den Fähigkeiten und Kompetenzen der Kinder Rechnung tragen. Komplizierte Navigationen, Menüstrukturen oder Tastenkombinationen müssen entweder anschaulich erläutert werden, da sie sonst den Spieleinstieg erschweren und zu großer Unzufriedenheit und Ablehnung führen oder aber durch bedeutend einfachere Optionen ersetzt werden.

Lernprogramme dienen der Übung und Ausbildung bestimmten Wissens oder bestimmter Fertigkeiten, weshalb sie sich von Spielen hinsichtlich ihres Aufbaus und ihrer Gestaltung deutlich abheben sollten. Ob sich die Verbindung von Lernen und Spielen tatsächlich förderlich auf das kindliche Lernverhalten auswirkt ist noch immer umstritten. Kinder können sehr gut zwischen Spielen und Lernen unterscheiden, weshalb der eigentliche Sinn der Applikation schnell in Vergessenheit geraten kann. Stattdessen sollten Entwickler größeres Augenmerk auf die Gestaltung kurzer und interessanter Lektionen legen, die zur Interaktion bewegen, Wissen anschaulich vermitteln und das Interesse der Kinder nachhaltig wecken.

Eine einfache Steuerung ist hierbei von wesentlich größerer Bedeutung als in Spielen. Während eine anspruchsvolle Steuerung in Spielen den Ehrgeiz der Kinder zusätzlich anregen kann, führt sie in reinen Lernanwendungen sicher zur sofortigen Ablehnung.

Die Beurteilung der Usability in Softwareapplikationen für Kinder kann aber nicht allein aus dem Nutzungskontext gezogen werden sondern erfordert auch die intensive Beschäftigung mit der äußerst divergenten Zielgruppe hinsichtlich ihrer altersabhängigen Entwicklung, Fähigkeiten und Interessen.

Das folgende Kapitel beschäftigt sich daher mit der detaillierten Analyse der Zielgruppe *Kind* hinsichtlich ihrer kognitiven, motorischen, sozialen und emotionalen Entwicklung in den unterschiedlichen Altersstufen.

3. Analyse der Zielgruppe ‚Kind'

"If you make something for children, the first question you must ask yourself is:
'What does the world look like to children?'"

Anne Wood

Kinder sind keine „kleinen Erwachsenen". Sie verfügen noch nicht über den Wissensstand und die Erfahrung Erwachsener und erleben und verstehen die Welt um sich herum überdies auch ganz anders (vgl. Bruckmann / Bandlow, 2003). Bei der Arbeit mit Kindern ist es folglich auf gestalterischer als auch untersuchender Ebene wichtig, die Besonderheiten ihrer Entwicklungsstufen zu verstehen.

Im Folgenden wird daher eine eingehende Zielgruppenanalyse durchgeführt, die alle relevanten Aspekte der kindlichen Entwicklung darlegt und sich mit den daraus hervorgehenden Softwarepräferenzen der Kinder unterschiedlichen Alters und Geschlechts auseinander setzt.

3.1 Theorien zur menschlichen Entwicklung

Unter dem Einfluss der kulturellen Wertvorstellungen und Überzeugungen ihrer Zeit wurden unterschiedlichste Theorien bezüglich der menschlichen Entwicklung aufgestellt (vgl. Berk, 2005: 5 ff.). Zum einen konzentrieren sich die verschiedenen Ansätze auf unterschiedliche Bereiche der Entwicklung, zum anderen beziehen sie Stellung dazu, wie Entwicklung generell vor sich geht. Alle beschäftigen sich jedoch übereinstimmend mit drei Grundfragen:

→ Vollzieht sich die menschliche Entwicklung kontinuierlich oder diskontinuierlich?

→ Gibt es einen einzigen Entwicklungsverlauf, der auf alle Menschen zutrifft oder viele differenzierte?

→ Ist Entwicklung genetisch veranlagt oder Umwelteinflüssen unterworfen?

Bislang existiert keine umfassende Theorie, die alle drei Fragen in Gänze beantworten kann.

Der schweizer Psychologe Jean Piaget (1896-1980) gilt als Begründer der Entwicklungspsychologie. In seiner Theorie betont er im Besonderen die kognitive Entwicklung des Kindes, wobei er sich primär mit der Frage beschäftigt, wie sich Wissen, Wahrnehmung und Denken im Einzelnen entwickeln. Anhänger der *Psychoanalyse* hingegen, wie der Wiener Arzt Sigmund Freud (1856-1939), legen ihren Fokus auf die stufenweise psychosexuelle Entwicklung. Das Kind durchläuft hierbei eine Reihe von Stadien, in welchen es sich durch Konflikte gezwungen fühlt, „sich zwischen den biologischen Trieben und den Erwartungen seiner Umwelt zu entscheiden." (Jansen, 2007: 3) Auch die amerikanischen Psychologen John B. Watson (1878-1958) und Burrhus Frederic Skinner (1904-1990) ließen als Vertreter des *Behaviorismus* den Verstand des Kindes außer Acht. Aus ihren Vorstellungen heraus, Kinder würden aus der Reaktion auf bestimmte Reize kontinuierlich ein bestimmtes Verhalten entwickeln, ist ein weithin angewandtes Lernprinzip entstanden.

In theoretischen Modellen der jüngsten Zeit beschäftigt sich die Forschung zudem mit dem Einfluss von Umwelt und kulturspezifischen Handlungsweisen auf die kognitive Entwicklung des Menschen. Im Folgenden wird jedoch eine Unterteilung in Anlehnung an Piaget's Stufenmodell vorgenommen, da sie auf die Fragen der Entwicklung und Gestaltung von Softwareapplikationen für Kinder am besten geeignet zu sein scheint.

3.2 Verlauf der menschlichen Entwicklung

Piaget setzt in seiner Theorie voraus, dass alle Menschen der Reihe nach vier Entwicklungsstufen durchlaufen. Jede Phase zeichnet sich dabei durch charakteristische Entwicklungsschritte aus:

Stufe	Beschreibung
Sensumotorisch Geburt bis 2 Jahre	Typische Verhaltensweisen werden auf der Basis angeborener Reflexe entwickelt und durch gezieltes Wiederholen angeeignet. Der Säugling „denkt", indem er mit den Augen, den Ohren, den Händen und dem Mund aktiv auf seine Umwelt einwirkt.
Präoperational 2 bis 7 Jahre	Die zweite Phase zeichnet sich vor allem durch das wachsende Vorstellungsvermögen der Kinder aus. Vorschulkinder verwenden Symbole zur Repräsentation ihrer frühen sensumotorischen Entdeckungen. Das Denken entbehrt jedoch noch der Logik der beiden späteren Phasen.
Konkret operational 7 bis 11 Jahre	Das Denken der Kinder wird prälogisch. Kinder lernen Standpunkte einzunehmen und einen Sachverhalt aus mehreren Perspektiven zu betrachten. Objekte werden hierarchisch in Gruppen oder Untergruppen geordnet und verschiedene Aspekte eines Gegenstandes oder Vorgangs können gleichzeitig erfasst werden.
Formal operational 11 Jahre und älter	Die Kinder erreichen in dieser Phase ihre vollen Problemlösungskompetenzen. Sie können nun sowohl in konkreten Realitäten, als auch in Abstraktionen und Theorien denken.

Tabelle 3-1: Piagets Stufen kognitiver Entwicklung

Im Zentrum der Theorien von Piaget stehen die zwei komplementären Begrifflichkeiten *Assimilation* und *Akkomodation*, welche die ständigen und immer strukturierender werdenden Aspekte der kognitiven Anpassung des Kindes an seine Umwelt beschreiben.

Unter *Assimilation* versteht man im Wesentlichen ein aktives Interpretieren, Einordnen oder Deuten von Objekten und Ereignissen der Außenwelt in eigene verfügbare Begriffe. Scheitert der Versuch der Assimilation, eine neue Situation mit Hilfe bereits bekannter Handlungsmuster zu bewältigen, dann kann mittels der *Akkomodation* eine Veränderung oder Erweiterung des bestehenden Wissens ermöglicht werden.

Kritik am Stufenmodell

Obwohl die Theorien Piagets auch heute noch großen Einfluss auf die Entwicklungspsychologie haben, gibt es zahlreiche Forscher, die seine Erkenntnisse in Frage stellen. Einen Hauptkritikpunkt stellt die hierarchische Ordnung und feste Reihenfolge der einzelnen Stufen dar, die mit derselben Geschwindigkeit durchlaufen werden. Nach Piaget ist es nicht möglich, dass sich eine Person in unterschiedlichen Sachgebieten, auf verschiedenen Stufen befinden kann.

Schott berichtet von Untersuchungen, die diese „Ungleichzeitigkeit" widerlegen und gibt als Beispiel eine Person an, die sich auf dem Gebiet der Mathematik zwar auf der konkret-operationalen Stufe befindet, auf dem Sachgebiet der Physik jedoch bereits Aufgaben lösen kann, die der formal operationalen Stufe zuzuordnen sind (vgl. Schott, 1995: 122 ff.).

Ein weiterer Kritikpunkt ist die Vernachlässigung der Einflüsse durch Umwelt oder soziale und kulturelle Kontakte. Laut Piaget „konstruieren Kinder ihr Wissen selbst, indem sie aktiv auf ihre Umwelt einwirken, sie erkunden und mental repräsentieren." (Berk, 2005: 24) Theoretische Modelle jüngster Zeit dokumentieren, dass sich Umwelteinflüsse und kulturspezifische Handlungsweisen deutlich stärker auf die kognitive Entwicklung des Menschen auswirken, als bislang angenommen.

3.2 Verlauf der menschlichen Entwicklung

Besonders Säuglinge und Vorschulkinder werden hinsichtlich ihrer Fähigkeiten häufig unterschätzt (vgl. Berk, 2005: 25). Durch gezielte Förderung lassen sich kindliche Denkleistungen bereits sehr früh enorm steigern, so dass Kinder in ihrer Entwicklung wesentlich schneller auf eine höhere Stufe aufsteigen können. Damit ist belegt, dass die Abfolge der Stufen nicht an bestimmte Altersgrenzen gebunden ist, sondern vielmehr abhängt von Übung und Erfahrung.

Kinder können durch Umwelteinflüsse, kulturspezifische Handlungsweisen und gezielte Förderung wesentlich schneller auf eine höhere Stufe aufsteigen, als von Piaget angenommen.
Die kindlichen Fähigkeiten und Kenntnisse können sich in unterschiedlichen Sachgebieten zudem gleichzeitig auf verschiedenen Entwicklungsstufen befinden. Die Abfolge der Stufen ist folglich nicht allein altersabhängig sondern auch stark abhängig von Übung und Erfahrung.

Trotz vieler Pauschalisierungen wird jedoch weiterhin an Piagets Stufentheorie festgehalten, da sie nach wie vor die Grundlage der modernen Entwicklungspsychologie bildet (vgl. Siegler, 2001: 78-80).

3.2.1 Kognitive Entwicklung

Um zu verstehen, welche Auswirkungen die visuellen und akustischen Informationen aus Bildschirm und Lautsprecher auf die kognitive Entwicklung der Kinder haben können, müssen zunächst die grundlegenden Vorgänge der Entwicklung, der Reifung und des Lernens bekannt sein (vgl. Spitzer, 2005: 52):

In den ersten Lebensjahren vollzieht sich kindliches Wachstum besonders schnell. Das menschliche Gehirn erreicht bis zum Schuleintritt mit 90 Prozent bereits seine nahezu endgültige Größe (vgl. Nickel / Schmidt-Denter, 1995: 41).

Die physiologische Basis für die kognitive Entwicklung ist damit bereits im Vorschulalter weitestgehend vorhanden. Der entscheidende Schritt liegt nun in der Ausbildung der Denk-, Wahrnehmungs- und Gedächtnisprozesse und somit der Informationsverarbeitung aufgrund von Erfahrungen sowie durch intensives Üben und Lernen. Die Erkenntnisse über die Entwicklung der Wahrnehmung, der Aufmerksamkeit, des Gedächtnisses und der Fähigkeit des Kategorisierens von Kindern bis hin zum Lösen komplexer Probleme in den vier genannten Entwicklungsstufen, sind essentiell für die Entwicklung interaktive Applikationen für Kinder.

Kognitive Entwicklung

Wahrnehmung	Bereits Neugeborene sind in der Lage, Sinnesreize zu verarbeiten und Wahrnehmungen zu ordnen, die sie aber wegen fehlender neuronaler Strukturen noch nicht rekonstruieren können. Vorschulkinder sammeln möglichst viele verschiedene Sinneseindrücke eines Objekts auf einmal. Die Wahrnehmung ist dabei auf ein besonders anschauliches Gegenstandsmerkmal fixiert und vorwiegend undifferenziert. Bis zum fünften Lebensjahr können Formen und Farben voneinander unterschieden und erkannt werden. Schulkinder verfügen bereits über die Fähigkeit einer analysierenden, auf Einzelheiten gerichteten Wahrnehmung.
Egozentrismus	Klein- und Vorschulkinder nehmen sich selbst als Zentrum ihrer Umwelt wahr, in der die Welt immer so erscheint, wie sie durch ihre eigenen Augen wahrgenommen wird. Erst mit dem Schuleintritt entwickelt sich die Fähigkeit, Sachverhalte aus verschiedenen Perspektiven zu betrachten und andere Standpunkte zu begreifen.

3.2 Verlauf der menschlichen Entwicklung

Aufmerksamkeit	Die Aufmerksamkeit der Kleinkinder beschränkt sich auf neue, auffällige Objekte und Ereignisse, die ihre gesamte Wahrnehmung bis hin zur Reizüberflutung fesseln. Die durchschnittliche Aufmerksamkeitsspanne eines Vorschulkindes liegt zwischen 8 und 15 Minuten, lässt sich jedoch durch Begeisterung steigern. Schulkinder passen ihre Aufmerksamkeit der Situation an und beachten nur die Aspekte, die für das Erreichen ihres Ziels relevant sind.
Reaktionszeit	Die Reaktionszeit nimmt mit dem Alter proportional ab, weshalb die Unterschiede zwischen Vorschulkindern wesentlich größer sind als zwischen Schulkindern. Kinder achten mehr auf Genauigkeit als auf Schnelligkeit und nehmen sich zur gewissenhaften und korrekten Bearbeitung einer Aufgabe viel Zeit.
Gedächtnis	Die Auswahl der Gedächtnisinhalte wird bis ins Schulalter emotional gesteuert. Als Gedächtnisstrategie dient ständiges Wiederholen. Mit dem Eintritt ins Schulalter wird neues Wissen in Kategorien geordnet und so behalten.
Lernen und Denken	Das spielerisch-beiläufige Lernen im Vorschulalter wandelt sich kontinuierlich zu planmäßig-absichtsvollem Lernen im Schulalter. Als Lernmotivation dient die Aussicht auf materiellen Gewinn, Lob oder Erfolg. Verhaltensweisen von Vorbildern werden nachgeahmt.
Sprachgebrauch	In der „Einwortphase" nutzen Kleinkinder solche Wörter, die bezüglich ihres Wunsches, den größtmöglichen Bedeutungszusammenhang transportieren und reduzieren diese zusätzlich auf einzelne Silben. Trotz steigenden Sprachverständnisses bleiben die Satzlängen der Vorschulkinder mit etwa vier bis fünf Wörtern pro Satz sehr kurz. Doppeldeutigkeiten und Ironie können frühestens in der konkret operationalen häufig auch erst in der formal operationalen Phase zur Gänze verstanden werden.

Einfluss der Computernutzung	Sowohl Lernapplikationen als auch unterhaltsame Spiele können den Kindern unterschiedlichste kognitive Fähigkeiten vermitteln. Dazu zählen neben Konzentrationsfähigkeit auch die Erweiterung des Denk- und Kombinationsvermögens oder das Verstehen von Ursache-Wirkungs-Zusammenhängen. Das Prinzip von ‚Herausforderung und Belohnung' übt dabei einen besonders großen Reiz auf die Kinder aus. Werden Wahrnehmung und Aufmerksamkeit der Kinder überfordert, kann jedoch eine kognitive Überbelastung eintreten.

Tabelle 3-2: Kognitive Entwicklung

Entwicklung der Wahrnehmung

Die menschlichen Sinne entwickeln sich bereits im Mutterleib und sind zur Geburt vollständig ausgebildet und arbeitsfähig (vgl. Spitzer, 2005: 111). Das Neugeborene verfügt sowohl über fast alle Nervenzellen, die es für das gesamte Leben braucht als auch über die Fähigkeit, Sinnesreize zu verarbeiten und Wahrnehmungen zu ordnen.

Während des Vorschulalters ist die Ausbildung der körperfernen Sinne folglich bereits auf einem beachtlichen Stand, so dass gerade zum Ende der präoperationalen Phase enorme Fortschritte in der Wahrnehmungsleistung erzielt werden. Dennoch birgt diese Phase noch entscheidende Defizite: Je jünger ein Kind ist, desto schwerer fällt es ihm, allein durch die Wahrnehmung eines einzelnen Sinnes einen vollständigen Eindruck über die Eigenschaften eines Gegenstandes zu gewinnen (vgl. Nickel / Schmidt-Denter, 1995: 85). Bedingt durch seinen geringen Erfahrungsschatz versucht es immer mehrere sinnliche Erfahrungen gleichzeitig zu sammeln, indem es den Gegenstand beispielsweise anschaut, anfasst, schüttelt und in den Mund nimmt (vgl. Maly, 2006: 6).

3.2 Verlauf der menschlichen Entwicklung

Durch diese Art des Sammelns von Informationen und Eindrücken gelingt es den Vorschulkindern bis zum Schuleintritt bereits, Gegenstände nach drei Kategorien korrekt zu unterscheiden:

1. groß und klein,
2. dick und dünn,
3. rund und spitz.

Die Fähigkeit zur Beurteilung der Größe von einzelnen Objekten lernen Kinder am schnellsten (vgl. Nickel / Schmidt-Denter, 1995: 83). Auch die Farbwahrnehmung bereitet im Vorschulalter nur noch geringe Schwierigkeiten. Mit etwa fünf Jahren können die meisten Kinder bereits Farben erkennen und benennen, sowie diese nach ähnlichen Farbnuancen sortieren (vgl. Maly, 2006: 6).

Mit dem Schuleinstieg können Kinder bereits auf die in der Vorschulzeit erworbenen und abgespeicherten Erfahrungen zurückgreifen. Während die Wahrnehmung im Vorschulalter noch auf einzelne, auffällige Merkmale eines Objektes fixiert war, ist es Schulkindern bereits möglich, sich auf die Wahrnehmung mehrerer und weniger auffallender Merkmale zu konzentrieren (vgl. Nickel / Schmidt-Denter, 1995: 83-87).

Die menschlichen Sinne entwickeln sich bereits im pränatalen Stadium und sind zur Geburt bereits vollständig ausgebildet. Unmittelbar nach der Geburt beginnt das Neugeborene bereits seine Umgebung visuell abzutasten und Laute in komplexe Muster zu organisieren. Bis zum fünften Lebensjahr können durch Beobachten und Lernen Farben und Formen ohne Schwierigkeiten voneinander unterschieden und benannt werden.

Der kindliche Egozentrismus

Der kindliche Egozentrismus ist eine Denkperspektive, aus der die Welt immer auch so erscheint, wie sie durch Kinderaugen wahrgenommen wird.

Vor allem Vorschulkinder sind noch nicht in der Lage, sich in andere Personen hineinzuversetzen oder andere Standpunkte zu begreifen, die sie folglich auch nicht objektiv betrachten können (vgl. Tücke, 1999: 166). Das kindliche Denken und Handeln ist nahezu ausschließlich auf die eigenen Bedürfnisse bezogen (vgl. Nickel / Schmidt-Denter, 1995: 55). Besteht bei einer zu lösenden Aufgabe keine Aussicht auf Belohnung, kehrt sich die Neugier der Kinder meist unvermittelt in Desinteresse um. Zudem bedienen sich Vorschulkinder eines sehr egozentrischen Sprachgebrauchs, der als „ständiges Kommentieren der eigenen Handlungen keinerlei Kommunikationsfunktion zu anderen impliziert" (Maly, 2006: 7). Zwischen spielenden Kindern wird sich daher nur selten ein wirkliches Gespräch entwickeln, da die notwendigen Voraussetzungen, wie das auf die Äußerungen anderer Eingehen und das Zuhören, noch nicht gegeben sind.

Abbildung 3-1: Spielende Vorschulkinder

3.2 Verlauf der menschlichen Entwicklung

Auch Schulkinder haben noch Schwierigkeiten, eine Beschreibung von Wahrgenommenem so zu vermitteln, dass andere sie begreifen. Obwohl die egozentrische Weltsicht bereits im späten Vorschulalter stark zurückgeht, können Acht- und Neunjährige noch nicht verstehen, dass eine Mitteilung unpassend oder sogar verletzend war oder der Zuhörende nicht die passende Antwort liefern kann. In dieser Phase lernen Kinder allmählich die Standpunkte anderer einzunehmen und einen Sachverhalt aus mehreren Perspektiven zu betrachten.

Kindliche Egozentrik ist allerdings nicht absolut zu sehen und kennt auch in sehr jungen Jahren Ausnahmen. Wie Studien belegen, können bereits Zweijährige Emotionen vortäuschen, um ein gewünschtes Ziel zu erreichen und Vierjährige kümmern sich mitunter eingehend um die Bedürfnisse jüngerer Geschwister (vgl. Siegler, 2001: 76).

Kinder nehmen sich selbst als Zentrum ihrer Umwelt wahr, in der die Welt immer so erscheint, wie sie durch ihre eigenen Augen wahrgenommen wird. Erst mit dem Schuleintritt wird die Fähigkeit entwickelt, Sachverhalte aus verschiedenen Perspektiven zu betrachten und den Standpunkt Anderer einzunehmen.

Die kindliche Aufmerksamkeit

Unter dem Begriff *Aufmerksamkeit* verbergen sich verschiedene Sachverhalte, die es im Vorfeld zu unterscheiden gilt:

Wird die allgemeine Wachheit, die so genannte *Vigilanz* gemeint, bezieht sich Aufmerksamkeit auf den Zustand des Menschen, hellwach, müde, schläfrig oder schlafend zu sein. Die *selektive Aufmerksamkeit* dagegen bezeichnet die Fähigkeit, bestimmte Stimuli im Gesichtsfeld bevorzugt zu betrachten und zu verarbeiten. Werden unwichtige Reize gezielt ausgeblendet, spricht man von der *Konzentrationsfähigkeit*, die ihrerseits wiederum von dem Grad der Wachheit abhängt (vgl. Spitzer, 2005: 66-71).

Kleinkinder beachten mit zunehmendem Alter immer mehr Aspekte ihrer Umgebung, verarbeiten Informationen zunehmend schneller und entwickeln die Fähigkeit, gezielt nach Gegenständen zu suchen. In den ersten Monaten mangelt es ihnen allerdings noch an der Eigenschaft, ihre Aufmerksamkeit von einem Reiz auf den anderen übergehen lassen zu können (vgl. Berk, 2005: 208). Spitzer spricht von der so genannten *Rückkehrhemmung* (vgl. Spitzer, 2005: 70-71). Neue und auffällige Ereignisse, wie grelle Farben oder schnelle Bewegungen, ziehen sie sofort in ihren Bann und können auch zu Überreizungen führen.

Mit dem Übergang in das Vorschulalter nimmt die sofortige Beachtung von neuen und auffälligen Dingen ab und das Verhalten wird zunehmend zweckgerichtet. Durch die Fähigkeit, Aufmerksamkeit über längere Zeit aufrecht erhalten zu können, ist es Vorschulkindern bereits möglich, sich zumindest über eine kurze Dauer selbständig mit ihrem Spielzeug zu beschäftigen. Ergebnisse der Forschung zeigen, dass Kinder im Alter von unter fünf Jahren eine Aufmerksamkeitsspanne von etwa 8 bis 15 Minuten vorweisen, in der sie sich vollkommen auf ein Ereignis oder einen Reiz konzentrieren können. Wie bei allen kognitiven Leistungen kann der genannte Wert allerdings selbst bei gleichaltrigen Kindern stark variieren.

Maly betont in ihren Forschungsarbeiten, dass Kinder in diesem Punkt dasselbe Verhalten wie Erwachsene zeigen: „Kinder sind wissbegierig, ausdauernd, anstrengungsbereit und hoch konzentriert, wenn sie eine Aufgabe zu *ihrer* Aufgabe gemacht haben." (Maly, 2006: 8)

Durch Motivation und Steigerung der Attraktivität einer Aufgabe, kann die Aufmerksamkeit folglich enorm verbessert werden, ohne Anzeichen von Langeweile oder Ermüdung (vgl. Nickel / Schmidt-Denter, 1995: 87).

3.2 Verlauf der menschlichen Entwicklung

Im konkret operationalen Stadium, dem *Schulkindalter*, verändert sich die Aufmerksamkeit auf dreifache Weise. Sie wird selektiver, angepasster und planvoller. Schulkinder betrachten nur die Aspekte, die für das Erreichen ihres Ziels relevant sind und ignorieren unwichtige Informationen. Außerdem passen sie ihre Aufmerksamkeit flexibel an die momentanen Erfordernisse der Situation an (vgl. Berk, 2005: 395).

Entwicklung der Reaktionszeit

Wie der beispielhafte Vergleich nach Kails Modell in Abbildung 3-2 zeigt, ist die Reaktionszeit im präoperationalen Stadium etwa dreimal so lang wie die eines Erwachsenen und verbessert sich besonders in jungen Jahren sprunghaft. Die Unterschiede zwischen Vier- und Fünfjährigen sind dabei beispielsweise wesentlich größer als die Unterschiede zwischen Elf- und Zwölfjährigen.

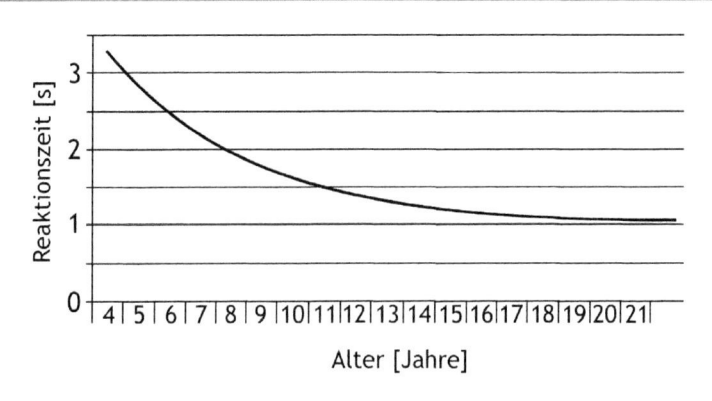

Abbildung 3-2: Reaktionszeit in Abhängigkeit vom Alter nach Kail's Modell (vgl. Hourcade, 2004: 359)

Zur genauen Berechnung der altersbedingten Reaktionszeit, kann folgende Formel nach Robert Kail herangezogen werden (vgl. Hourcade 2004: 358-359):

$$RTchild = (1 + be^{-c \cdot age})RTadult$$

RTchild bezieht sich auf die zu erwartende Reaktionszeit der Kinder und lässt sich durch die vorher an derselben Aufgabe gemessenen Reaktionszeit Erwachsener, *RTadult,* ermitteln. Die Konstanten b und c wurden bisher noch nicht weiter evaluiert und bedürfen eventuell noch einer nachfolgenden Korrektur (vgl. Hourcade, 2004: 359). *Age* entspricht dem Alter des Kindes.

Wie Forschungsarbeiten anschaulich belegen, kann auch dieses kognitive Merkmal durch Übung bedeutend gesteigert werden.
Ungeachtet dessen darf ein wichtiger Punkt nicht unbeachtet bleiben, der ebenfalls ein Grund für die recht lange Reaktionszeit jüngerer Kinder sein dürfte. Kinder achten wesentlich mehr auf Genauigkeit als auf Schnelligkeit bei der Bearbeitung einer Aufgabe und nehmen sich, im Vergleich zu Erwachsenen, besonders viel Zeit, um Fehler zu vermeiden.

Entwicklung des Gedächtnisses

Die ersten messbaren Gedächtnisleistungen entwickeln sich bereits im Alter zwischen zwei und drei Jahren. Zu diesen zählen grundlegende Prozesse wie Assoziation, Generalisierung, Wiedererkennen und Wachrufen (vgl. Siegel, 2001: 235).

Kleinkinder können bereits im ersten Lebensjahr Reize und Reaktionen miteinander assoziieren und einen bereits gesehenen Gegenstand wiedererkennen. Allerdings ist das Behalten von Informationen nur über eine relativ kurze Zeitspanne möglich, wobei die verschiedenen Eigenschaften eines Objektes unterschiedlich schnell vergessen werden. Siegel nennt als Beispiel einen großen, schwarzen, nach unten zeigenden Pfeil. Nach etwa 15 Minuten können sich Kleinkinder lediglich an Farbe und Form des gezeigten Objektes erinnern, nach 24 Stunden nur noch an die Form. Erinnerungen an Größe, Ausrichtung und Farbe verbleiben noch nicht dauerhaft im Gedächtnis (vgl. Siegel, 2001: 236-238).

Ab dem Alter von zwei Jahren wird das Wiedererkennen von Objekten und Bildern dann jedoch auffallend genau, da durch das wachsende Sprachvermögen zahlreiche Eindrücke benannt und dadurch leichter verfügbar gemacht werden können (vgl. Nickel / Schmidt-Denter, 1995: 92).

Die größte Gedächtnisleistung fällt im Vorschulalter daher auf den Bereich der Sprache. Über das bloße Wiedererkennen hinaus gelingt es Vorschulkindern, sich aktiv an vergangene Ereignisse zu erinnern und frühere Eindrücke zu reproduzieren.

Als erste Gedächtnisstrategie wird intuitiv das ständige Wiederholen bezogenen Wissens genutzt, das durch kindliche Gefühlsregungen stark beeinflusst oder verändert werden kann. So bleiben überwiegend die Erinnerungen haften, die aus der egozentrischen Weltsicht heraus gefühlsmäßig bedeutsam erscheinen (vgl. Nickel / Schmidt-Denter, 1995: 92-93).

Ab dem Schulalter verändern sich die bisherigen Gedächtnisstrategien. Neben dem Wiederholen greifen Kinder auf eine Ordnungsstrategie zu, die es ihnen erlaubt, neues Wissen in sinnvolle Kategorien zu ordnen und so zu behalten (vgl. Siegel, 2001: 253).

Kindliche Lern- und Denkprozesse

Vorschulkinder lernen im Allgemeinen beiläufig und ohne eine bewusste Lernabsicht im aktiven Umgang mit Gegenständen. Dieses typische Handlungslernen ist meist an mehrere Sinneserfahrungen gleichzeitig gebunden (vgl. Nickel / Schmidt-Denter, 1995: 91). Sehen und Hören reichen Kindern dabei nicht aus. Sie sind immer noch auf taktile Erfahrungen angewiesen, die sie meist im spielerischen Umgang mit dem Gegenstand erwerben. In diesem Punkt unterscheiden sie sich noch stark von Grundschulkindern und deren weit abstrakterer Denkweise.

Mit dem Schuleintritt verschiebt sich das bis dahin spielerisch-beiläufige Lernen stetig zu planmäßig-absichtsvollem Aneignen von Lerninhalten. Die Ausdauer und Konzentrationsfähigkeit zur Lösung von Problemen wächst und Kinder übernehmen gerne neue und herausfordernde Aufgaben. Die Entwicklung tendiert auf diese Weise zu einer gleichmäßig wachsenden Komplexität des Lern- und Denkprozesses (vgl. Nickel / Schmidt-Denter, 1995: 92).

Beruhend auf unterschiedlichen Motivationen, lassen sich im Wesentlichen zwei Lernprozesse unterscheiden: *Lernen am Modell* und *Lernen durch Erfolg*.

Beim *Lernen am Modell* spielt neben den kognitiven Leistungen der Wahrnehmung und Erfassung gesehener Handlungen auch das Erinnerungsvermögen eine herausragende Rolle. Kinder ahmen hierbei Verhaltensweisen nach, die sie bei anderen Menschen beobachten konnten. Personen die eher in einer positiv emotionalen Beziehung zu dem Kind stehen, erscheinen weitaus nachahmenswerter als Personen, die dem Kind eher gefühlsarm oder ablehnend gegenüber stehen. Aus diesem Grund werden häufig auch Zeichentrickfiguren oder Filmstars imitiert (vgl. Nickel / Schmidt-Denter, 1995: 89-90).

Beim *Lernen durch Erfolg* motiviert dagegen die Aussicht auf Belohnung, die das Kind in Form eines Lobes oder materiellen Gewinns anstrebt (vgl. Nickel / Schmidt-Denter, 1995: 89).

Entwicklung der Sprache

Im Verlauf des Kleinkind- und Vorschulalters lassen sich nach und nach erhebliche Verbesserungen der Sprachleistungen feststellen. Das gut entwickelte auditive Wahrnehmungssystem erlaubt es den Kindern, Sprache in einzelne Wörter aufzuspalten, wobei ihnen die früh entwickelte Fähigkeit des Nachahmens hilft, diese richtig auszusprechen (vgl. Siegel, 2001: 84).

3.2 Verlauf der menschlichen Entwicklung

Im ersten halben Jahr, in dem Kinder sprechen lernen, benutzen sie gewöhnlich nur einzelne Wörter, wobei das ihre kognitiven Ressourcen bereits stark beansprucht. Mehrsilbige Wörter werden häufig auf eine einzige Silbe reduziert oder das Kind hält zwischen den einzelnen Silben inne. In dieser „Einwortphase" wählen Kinder immer Wörter aus, die einen größeren Bedeutungszusammenhang transportieren. Beispielsweise sagen Kinder eher *Banane* als *will*, da Banane bezüglich des kindlichen Wunsches, den aufschlussreicheren Begriff darstellt (vgl. Siegel, 2001: 195-196).

Der Wortschatz verbessert sich ab dieser Altersstufe beträchtlich. Kinder im Alter von 18 Monaten verfügen bereits über einen Wortschatz von 3 bis 100 Wörtern, der sich bis zum zweiten Lebensjahr etwa verdoppelt. Nach jüngsten Schätzungen verfügen Kinder in der ersten Klasse bereits über etwa 10.000 und in der fünften Klasse über bis zu 40.000 Wörter, die sie kennen und verstehen (vgl. Siegel, 2001: 200). Zu dieser Entwicklung tragen vor allem der vermehrte Medienkonsum und der Besuch des Kindergartens bei (vgl. Nickel / Schmidt-Denter, 1995: 115).

Ab drei Jahren können Kinder Verben konjugieren oder Superlative bilden. Die Satzlänge wächst von einem Wort auf durchschnittlich vier bis fünf Wörter an und ganz neue Wortschöpfungen werden kreiert. Bei Vier- bis Fünfjährigen ist dieses Verhalten besonders ausgeprägt.

Bis in die konkret operationale Phase hinein nehmen Kinder zudem alles Gesagte wortwörtlich. Doppeldeutigkeiten und Ironie sind für sie gänzlich unverständlich. Außerdem muss, wie bei allen Entwicklungsschritten der Kinder, auch bei der Entwicklung der Sprache beachtet werden, dass, je nach Ausmaß der sprachlichen Förderung, teilweise erhebliche Unterschiede zwischen Kindern gleichen Alters bestehen können.

Kinder lernen sprechen durch ihre ausgeprägte Fähigkeit, Gesagtes nachzuahmen. Werden in der „Einwortphase" im Kleinkindalter erste Worte noch auf einzelne Silben reduziert, können Vorschulkinder bereits ganze Sätze aus vier bis fünf Wörtern bilden. Ironie und Doppeldeutigkeiten werden allerdings frühestens in der konkret operationalen, meist sogar erst in der formal operationalen Phase verstanden, da Kinder alles wortwörtlich nehmen.

Einfluss der Computernutzung auf die kognitive Entwicklung

An der Frage, wie der Computer die kognitive Entwicklung von Kindern und Jugendlichen beeinflusst, scheiden sich noch immer ganz massiv die Geister. Dieses Buch wird bewusst keine Wertung zugunsten eines wissenschaftlichen Standpunktes abliefern, sondern lediglich die Aspekte des Für und Wider der Computernutzung gegenüberstellen und bestenfalls vergleichen oder einen Mittelweg aufführen.

Eltern und Pädagogen sind verunsichert.
Auf der einen Seite beschleicht sie die Angst, ihre Kinder könnten ohne die nötige Medienkompetenz aus dem Freundeskreis und später auch aus der modernen Gesellschaft ausgeschlossen werden. Auf der anderen Seite verbinden sie die kindliche Computernutzung eher mit sinnlosen Computerspielen, die Unmengen an Zeit in Anspruch nehmen und zudem einen schlechten Einfluss auf die kognitive Entwicklung der Kinder haben (vgl. Gundelach, 2006: 164-165). Computer seien in diesem Zusammenhang bestenfalls dazu geeignet, Kindern einfache Reiz-Reaktionsschemata anzutrainieren, die schnelle Reaktionen aber keinerlei Nachdenken erfordern.

Seit geraumer Zeit beschäftigen sich Medienpädagogen, Entwicklungspsychologen und Forscher vor diesem Hintergrund mit möglichen Chancen und Risiken, die Softwareapplikationen für die kognitive Entwicklung von Kindern ber-

3.2 Verlauf der menschlichen Entwicklung

gen können und warum sie sich außerdem oder dennoch stetig wachsender Beliebtheit erfreuen (vgl. Gundelach, 2006: 168-171).

Wie im Abschnitt *Kindliche Lern- und Denkprozesse* bereits erwähnt, lernen Kinder unter anderem durch Erfolg. Das Lösen einer Aufgabe oder das Aufsteigen in ein höheres Level bereitet bereits ein kleines Erfolgserlebnis, welches durch den ausgeschütteten Botenstoff Dopamin zusätzlich für mehr Ausgeglichenheit und Wohlbefinden sorgt. Dieses Prinzip von ‚Herausforderung und Belohnung' wird inzwischen in einer Vielzahl von Lernsoftware angewendet. Doch auch rein unterhaltsame Software vermittelt den Kindern durchaus nützliche kognitive Fähigkeiten:

Spiele wie *Tetris* verbessern das räumliche Vorstellungsvermögen und zahlreiche Rollen-, Fantasy- und Abenteuerspiele verlangen den Kindern logisches Denk- und Kombinationsvermögen ab. In Simulationsspielen können Kinder beispielsweise das Leben von Menschen gestalten, Pferde pflegen oder Hundebabys erziehen, die sich jeweils höchst realistisch verhalten. Diese Spiele versetzen Kinder und Jugendliche in die Lage, realistische Ursache-Wirkungs-Zusammenhänge in der virtuellen Welt zu erfahren (vgl. Gundelach, 2006: 170-172). Viele Spiele erfordern für die Umsetzung zudem konzentriertes Zuhören und Kombinieren insbesondere bei Erläuterungen zu anschließenden Spielschritten. Zweifel, ob die so erlernten Fähigkeiten auch auf die Lebenswirklichkeit übertragen werden können, werden in neuesten Studien weitestgehend ausgeräumt (vgl. Gundelach, 2006: 172). „Wer am Computer spielt, lernt aus Fehlern, kontrolliert sich selbst, findet eigene Lösungen, denkt komplex, [...], arbeitet im Team. Man könnte sagen: Er lernt das Lernen." (Gerstenberger, 2006: 181)

Neben all den positiven Einflüssen dürfen die negativen Aspekte auch nicht außer Acht gelassen werden, da sie vor allem Kleinkindern und Computerneulingen Probleme bereiten können.

Laut Spitzer liefern Bildschirme in Wirklichkeit eine flache, verarmte Realität. Insbesondere dann, wenn der Benutzer die Welt noch nicht kennt und gezeigte Objekte oder Szenen nicht durch eigene Vorerfahrungen ergänzen kann. Dargebotene Inhalte liefern deutlich weniger Struktur als wirkliche Realität, „was eine weitaus geringere oder unklarere Strukturierung des kindlichen Gehirns und damit der kindlichen Erfahrungswelt nach sich ziehen kann." (Spitzer, 2005: 90-91) Spitzer warnt zudem vor Problemen wie Aufmerksamkeits- und Lese-Rechtschreibstörungen sowie vermehrten Problemen und verminderten Leistungen in der Schule als Folge des Gebrauchs von Video- und Computerspielen (vgl. Spitzer, 2005: 227). Als besonderes Problem betrachtet er gewaltverherrlichende Spiele, wie sie vor allem Jungen präferieren. Aufgrund der ständigen Gehirnentwicklung und des unbewussten Handlungslernens können diese Spiele zu vermehrter Gewaltbereitschaft und schließlich zu tatsächlicher Gewalt führen (vgl. Spitzer, 2005: 281).

Ein weiteres Problem kann aus der komplizierten Handhabung einer Benutzeroberfläche resultieren. Fordert ein Programm enorme Anstrengungen, kann dies zu einer kognitiven Überbelastung, dem so genannten *cognitive overload*, führen. Eine gewisse kognitive Belastung scheint in Lernsoftware notwendig und sinnvoll. „Diese sollte jedoch überwiegend aus einer aktiven Auseinandersetzung mit den präsentierten Informationen bestehen, und nicht durch die Eigenschaften der Benutzeroberfläche bedingt sein." (Blumberg, 1998: 186-187)

Im Sinne der gesunden Entwicklung, insbesondere des Gehirns und des Gedächtnisses, sollte im Kleinkind- und Vorschulalter wenn möglich ganz auf den Computer verzichtet werden. Bei älteren Kindern empfiehlt sich die gemeinsame Nutzung mit den Eltern und das klärende Gespräch über gesehene Inhalte. Hält sich die Dauer des Medienkonsums zudem in Grenzen und nimmt im Vergleich zu anderen Tätigkeiten einen bemerkbar geringen Prozentsatz ein, besteht vergleichbar wenig Grund zur Sorge bezüglich einer Abhängigkeit oder Fehlentwicklung.

3.2.2 Körperliche und motorische Entwicklung

Neben der kognitiven Entwicklung durchläuft auch die motorische Entwicklung der Kinder in den ersten Lebensjahren entscheidende Veränderungen. Diese beiden so unterschiedlichen Prozesse stehen dabei häufig in direktem Zusammenhang und beeinflussen sich gegenseitig, denn jede eingehende Information ist sensorischer Art, wird also auditiv, visuell oder taktil wahrgenommen, und jede auf diese gerichtete Reaktion ist motorischer Art.

Körperliche und motorische Entwicklung

Entwicklung der Feinmotorik	Die großen Muskeln entwickeln sich schneller als die kleinen Muskeln, weshalb die Feinmotorik in ihrer Entwicklung bis zur Schulzeit hinter der Grobmotorik zurückbleibt. Mit der fortschreitenden Entwicklung des neuronalen Netzes verbessert sich die Hand-Auge-Koordination.
Eingabegeräte und Hand-Auge-Koordination	Die Voraussetzungen zur Maussteuerung sind in der Vorschulzeit mit Defiziten in der Feinmotorik, Hand-Auge-Koordination und Reaktionszeit nur unzureichend gegeben. Daraus resultieren besonders große Schwierigkeiten in der ‚homing phase'.
Handhabung der Maustasten	Insbesondere kleine Kinder halten die Maustaste länger gedrückt als Erwachsene, was ihre Muskulatur zusätzlich belastet. Zudem haben Kinder bis ins achte Lebensjahr hinein Schwierigkeiten, links und rechts zu unterscheiden, weshalb Maustasten mit unterschiedlichen Funktionen verwirren.
Einfluss der Computernutzung	Die Feinmotorik der Hände und Finger wird verbessert und die Hand-Auge-Koordination gefördert. Nicht körperlich abgebaute Energien können allerdings in Stress umschlagen.

Tabelle 3-3: Körperliche und motorische Entwicklung

Entwicklung der Feinmotorik

Körperliche Veränderungen, wie Wachstum und Proportionsverschiebungen, vollziehen sich in den ersten beiden Lebensjahren sehr stürmisch, nehmen danach jedoch einen eher konstanten Verlauf an, bis in der Pubertät erneut ein Wachstumsschub einsetzt (vgl. Tücke, 1999: 187).

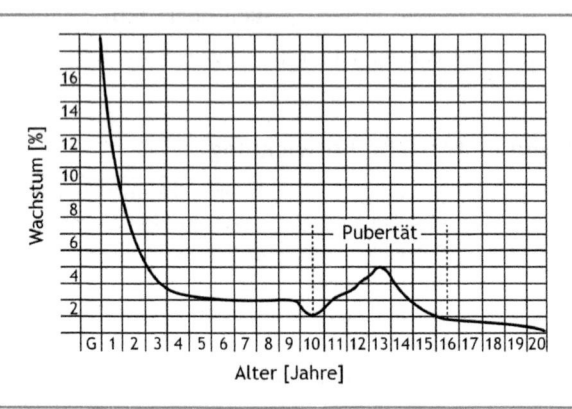

Abbildung 3-3: Körperliches Wachstum in Kindheit und Jugend
(vgl. Tücke, 1999: 187)

In den ersten Lebensjahren vollzieht sich die motorische Entwicklung primär im Bereich der Grobmotorik, was sich in dem steigenden Bewegungsdrang der Kinder widerspiegelt. „Da sich die großen Muskeln schneller entwickeln als die kleinen, sind die Bewegungen des Kleinkindes zunächst noch grob und ungesteuert." (Tücke, 1999: 46) Kleinkinder führen überwiegend große Bewegungen aus dem Schultergelenk und mit dem ganzen Arm aus. Dabei entstehen die aus kindlichen Zeichnungen bekannten, für das Kleinkind typischen, runden Formen. Mit der fortschreitenden Entwicklung von Muskulatur und Nervensystem verbessern sich vor allem die Körperbeherrschung und die Geschicklichkeit der Kinder. Beides Eigenschaften der Feinmotorik, die für die geübte Bedienung und Nutzung von Eingabegeräten am Computer erforderlich sind (vgl. Nickel / Schmidt-Denter, 1995: 43).

Im Alter zwischen drei und sechs Jahren macht die Ausbildung der kleineren Muskeln erhebliche Fortschritte. Vorschulkinder sind nunmehr in der Lage, gerade Linien und kleine Figuren zu zeichnen, wobei die Bewegungen überwiegend mit dem Unterarm ausgeführt werden. Die Motorik des Handgelenks bleibt jedoch bis ins Grundschulalter unterentwickelt (vgl. Nickel / Schmidt-Denter, 1995: 46-48). Erst im Zuge des *Schreibenlernens* werden die für die Computernutzung wichtigen, Arm-, Hand- und Fingermuskeln trainiert und weiter ausgebildet. Bis diese voll entwickelt sind, haben Kinder noch Probleme, Eingabegeräte zu kontrollieren und auf kleine Bereiche des Bildschirms zu klicken. Ein weiterer entscheidender Faktor für die Feinmotorik ist laut Nickel und Schmidt-Denter die visumotorische Koordination, die auch als Hand-Auge-Koordination bekannt ist. Sie bezeichnet die Fähigkeit, eine Kopplung von Wahrnehmungseindrücken und Bewegungsabläufen vornehmen zu können (vgl. Nickel / Schmidt-Denter, 1995: 48).

Eingabegeräte und Hand-Auge-Koordination

Zahlreiche Studien belegen, dass sich mit der Entwicklung der Feinmotorik auch der Umgang mit Eingabegeräten, insbesondere der Maus erheblich verbessert. Bis in die späte konkret operationale Phase hinein haben Kinder gewöhnlich noch Probleme, feine und geschickte Bewegungen durchzuführen, die eine geübte Hand-Auge-Koordination erfordern (vgl. Donker, 2007: 603). Das Ansteuern einer Schaltfläche verläuft daher nicht in einer flüssigen linearen Bewegung, sondern vielmehr in einer mehr oder weniger ausgeprägten Zickzacklinie kleinerer Bewegungen (vgl. Maly, 2006: 18). Hourcade unterscheidet dabei zwei Phasen der Mausbewegungen:

1. Die *distance covering phase*, bei der eine kontinuierliche Bewegung über eine längere Strecke erfolgt.
2. Die *homing phase*, bei der eine Serie von Mikro-Bewegungen, gefolgt von Mikro-Korrekturen relativ diskontinuierlich ausgeführt werden.

Die Hand-Auge-Koordination stimmt dabei die Bewegung auf den Zielpunkt ab. In mehreren Studien konnte beobachtet werden, dass Kinder bis ins mittlere Grundschulalter hinein während der Ansteuerung von Schaltflächen vermehrt überprüfen, ob die Ausrichtung auf das Ziel noch stimmt, ob Korrekturbewegungen durchgeführt werden müssen oder ob das Ziel bereits so nahe ist, dass die Bewegung beendet werden kann (vgl. Hourcade, 2004: 359).

Besonders die Hand-Auge-Koordination von Vorschulkindern ist noch so langsam und unzureichend, dass die Kinder manchmal lange Zeit brauchen, um den Pfeil auf dem Bildschirm überhaupt zu entdecken und diesen anschließend gezielt zu steuern (vgl. Maly, 2006: 18).

Handhabung der Maustasten

Vorschulkindern fällt die Benutzung und das Gedrückthalten der Maustasten aufgrund der noch nicht vollständig ausgebildeten Fingermuskulatur besonders schwer. Durch häufiges Klicken ermüden die Muskeln schnell, was unter Umständen auch Schmerzen verursachen kann (vgl. Bruckman / Bandlow, 2003: 430). Wie Hourcade et al. in ihrer Studie nachweisen konnten, tragen Kinder mitunter selbst zu dieser Ermüdung bei, da sie die Maustaste im Vergleich zu Erwachsenen etwa drei- bis viermal länger gedrückt halten (vgl. Hourcade, 2004: 1411-1412). Doppel-Klicks bereiten aus diesem Grund besondere Schwierigkeiten und sollten in Software für kleine Kinder gar nicht zum Einsatz kommen. Durch ihre wesentlich kleineren Hände, sind viele Kinder gezwungen, den Daumen anstelle des Zeigefingers zum Klicken der Maustasten zu benutzen.

3.2 Verlauf der menschlichen Entwicklung

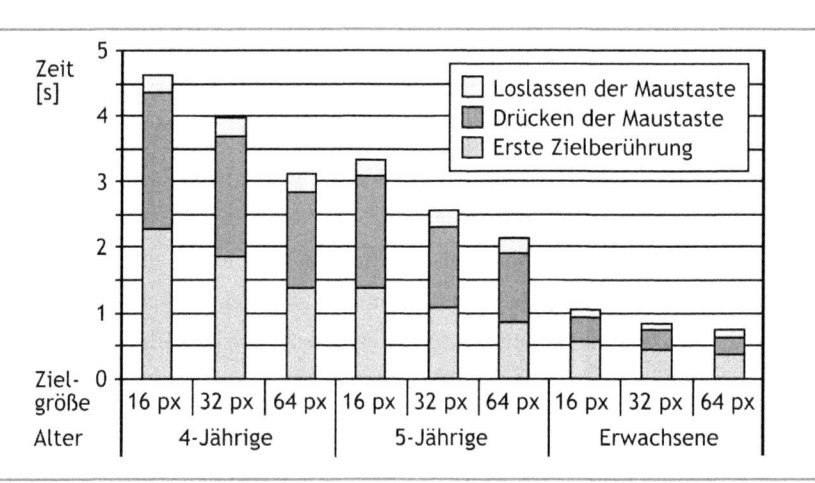

Abbildung 3-4: Durchschnittliche Klickdauer von 4-Jährigen, 5-Jährigen und Erwachsenen (vgl. Hourcade, 2004: 1412)

Ein weiteres Problem besteht in den unterschiedlichen Funktionalitäten der einzelnen Maustasten. Kinder haben Schwierigkeiten, diese innerhalb einer Applikation auseinander zu halten und jeweils im richtigen Moment zu betätigen (vgl. Hourcade, 2004: 1411). Bekommen Kinder durch Klicken der falschen Maustaste ein unerwartetes Ergebnis, vermuten sie einen Fehler in der Software oder halten das Programm als für ihre Altersstufe ungeeignet.

Bis ins achte Lebensjahr hinein, fällt es Kindern generell schwer, rechts und links voneinander zu unterscheiden, weshalb von vornherein auf mehrere unterschiedliche Funktionen verzichtet werden sollte (vgl. Bruckman / Bandlow, 2003: 431).

Einfluss der Computernutzung auf die motorische Entwicklung

Die positiven Wirkungen der Computernutzung auf die Entwicklung der kindlichen Motorik stehen außer Frage. Die Feinmotorik der Hände und Finger sowie die Koordination zwischen Auge und Hand werden entscheidend gefördert und die Konzentrationsfähigkeit nimmt zu.

Allerdings sehen Experten auch ein gravierendes Problem. Durch die typische Computernutzung werden die Kinder in einen Zustand der Anspannung versetzt, den sie gewöhnlich durch Bewegung „abreagieren" würden. „Energien, die sich normalerweise im Bewegungsspiel erschöpft hätten, werden so auf bestimmte Standard-Bewegungen hin kanalisiert [...] und arbeiten sich auf eine Weise ab, die wir als Stress bezeichnen. Man ist kaputt, ohne dass man sich bewegt hat." (Dittler, 1997: 40) Spitzer berichtet zudem von auftretenden Beschwerden in Knochen und Muskeln im rechten Arm und Schmerzen in Nacken, Ellenbogen, dem Handgelenk und den Fingern (vgl. Spitzer, 2005: 225). Im Zuge dieser Entwicklung können Kinder den Computer zwar nutzen, sollten aber übermäßigen Konsum vermeiden. Ein kindgerechter Arbeitsplatz hilft auftretende Haltungsprobleme zu reduzieren.

3.2.3 Emotionale und soziale Entwicklung

Während der ersten sechs Monate entwickeln sich kindliche Grundemotionen zu klaren, gut organisierten Signalen. Positive Emotionen reflektieren und unterstützen kognitive und physische Lernprozesse in besonderem Maße und stärken die soziale Bindung zwischen Eltern und Kind (vgl. Berk, 2004: 271-272).

Strzebkowski et al. sind sogar der Auffassung, dass ohne die treibenden Kräfte Emotion und Motivation gar keine effektive Kognition möglich ist. „Der Affekt als Energie-Lieferant kann sich mit kognitiv-strukturellen Schemata verbinden, um das Interesse des Individuums auf ein bestimmtes Ding oder eine bestimmte Idee zu lenken." (Strzebkowski / Kleeberg, 2002: 244-245)

3.2 Verlauf der menschlichen Entwicklung

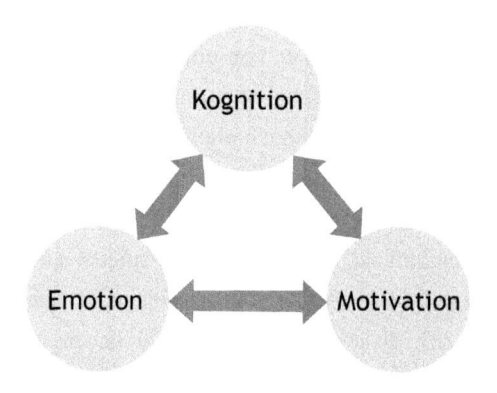

Abbildung 3-5: Beziehung zwischen Kognition, Emotion und Motivation (vgl. Strzebkowski / Kleeberg, 2002: 244)

Emotionale und soziale Entwicklung

Gruppen	Das kooperative Spiel wird im Vorschulalter zunehmend wichtiger und löst das parallele Spiel ab. Auch am Computer spielen die Kinder bevorzugt gemeinsam. Dabei weisen die Gruppen eine soziale Struktur und klare Hierarchie auf.
Geschlechter	In der *Phase der Rigidität* festigen sich geschlechtsbezogene Vorlieben und Verhaltensweisen und werden sehr stereotyp. Erst im Grundschulalter, der *Phase der Flexibilität*, werden diese starren Geschlechtsstereotypen aufgebrochen und Persönlichkeitsmerkmale und Eigenschaften nicht mehr einem bestimmten Geschlecht zugeschrieben.
Einfluss der Computernutzung	Die Computernutzung kann heftige emotionale Reaktionen hervorrufen, die in ruhigen Spielphasen ausgelebt werden. Erfolge wirken sich positiv auf das kindliche Wohlbefinden aus. Im gemeinsamen Spiel am Computer lernen Kinder untereinander zu kooperieren oder sich durchzusetzen.

Tabelle 3-4: Emotionale und soziale Entwicklung

Gruppenbildung und ihre Bedeutung

Kleinkinder nehmen bereits im Alter von ein oder zwei Jahren durch Lächeln, Berühren oder das Anbieten eines Spielzeugs Kontakt zu anderen Kindern auf. In den meisten Fällen spielen sie jedoch allein oder parallel zueinander, so dass sie sich zwar auf die gleiche Weise beschäftigen, andere aber in ihr Spiel nicht mit einbeziehen. Erst mit dem vierten Lebensjahr nimmt das assoziative und kooperative Spiel sprunghaft zu: „Vorschulkinder spielen nicht mehr nur nebeneinander her, sondern ihre Aktivitäten sind aufeinander bezogen, sie haben ein gemeinsames Ziel, z.B. zusammen ein Haus zu bauen oder ein Rollenspiel durchzuführen." (Nickel / Schmidt-Denter, 1995: 174)
Mit fortschreitendem Alter steigen die sozialen Kontakte und das Zusammenspiel in der Gruppe nimmt zu. Diese Gruppen bilden meist ein stabiles Bündnis zwischen Kindern, die gemeinsame Interessen und explizite Regeln teilen und besitzen eine soziale Struktur und Hierarchie (vgl. Valkenburg / Cantor, 2000: 143). Meist übernehmen ältere und kräftigere Kinder oder Kinder mit Organisationstalent und kreativen Spielideen die Führungsrolle (vgl. Nickel / Schmidt-Denter, 1995: 177).

Auch am Computer arbeiten Kinder vorzugsweise mit mindestens einem oder zwei Partnern zusammen. Selbst wenn jedem Kind ein eigenes Gerät zur Verfügung steht, versammeln sie sich zum Spielen in größeren Gruppen vor einem Rechner, wobei ein aktiver Spieler die Kontrolle über das Programm ausübt. Die passiven Beobachter versuchen Einfluss auf das Spielgeschehen zu nehmen, indem sie es kommentieren, auf den Bildschirm zeigen und Anweisungen geben. „Je nach Kooperationsbereitschaft des aktiven Spielers folgt dieser entweder den Zurufen seiner Gruppenmitglieder oder führt lediglich seine eigenen Ideen aus." (Maly 2006: 14) Ist Letzteres der Fall, verlieren die Beobachter bald das Interesse am Spiel und die Gruppe löst sich allmählich auf. In der Position des aktiven Spielers zeigen Jungen und Mädchen ganz unterschiedliches Verhalten:

Mädchen sind im Vergleich zu Jungen eher dazu bereit, das Eingabegerät an einen anderen Mitspieler abzugeben, wenn sie fühlen, dass derjenige an der Reihe ist. Jungen entscheiden in eigenem Ermessen, wann sie an der Reihe sind, indem sie sich das Eingabegerät eigenständig nehmen (vgl. Chiasson / Gutwin, 2005: 7).

> Mit wachsender Kooperationsbereitschaft spielen Kinder lieber in interessengleichen Gruppen zusammen anstatt parallel nebeneinander her. Auch der Computer wird gemeinsam genutzt, selbst wenn mehrere Geräte zur Verfügung stehen. Die stärksten, ältesten oder kreativsten Kinder übernehmen in der Gruppenhierarchie die „Führungsposition", wobei Mädchen weit mehr zur Kooperation bereit sind als Jungen.

Geschlechtsstereotype Überzeugungen und Verhaltensweisen

Nickel und Schmidt-Denter teilen die Entwicklung geschlechtsspezifischer Unterschiede in drei grundlegende Phasen ein:

Phase der Unkenntnis
Kleinkinder sind noch unsicher bezüglich der Zuordnung von Fähigkeiten und Merkmalen zum jeweiligen Geschlecht und ihr Bewusstsein über das eigene Geschlecht fehlt ganz. In dieser *Phase der Unkenntnis* weisen Kinder kaum geschlechtsspezifische Unterschiede oder Verhaltensweisen auf (vgl. Nickel / Schmidt-Denter, 1995: 190).

Phase der Rigidität
Ab dem Vorschulalter werden die Geschlechtervorstellungen klarer und in der Gesellschaft anerkannte geschlechtsbezogene Vorlieben und Verhaltensweisen entwickeln sich. In dieser Phase verfestigt sich das Rollenverhalten so stark, dass eine stereotype und starre Geschlechtervorstellung entsteht.

Vorschulkinder unterscheiden Spielzeug, Kleidungsstücke, Berufe und Farben danach, welches Geschlecht diese verwendet (vgl. Berk, 2004: 354). Diese geschlechtsbezogenen Vorstellungen werden zum einen vererbt, zum anderen lernen Kinder am Modell und ahmen geschlechtsspezifische Verhaltensweisen ihrer Bezugspersonen nach oder werden durch diese mehr oder weniger bewusst zu stereotypem Verhalten erzogen.

Phase der Flexibilität
Mit dem Grundschulalter erweitern Kinder ihre Geschlechtsstereotypen und erkennen, dass Verhaltensweisen und Persönlichkeitsmerkmale nicht immer eindeutig einem Geschlecht zugeordnet werden können. Die starren Ansichten der Vorschulzeit werden aufgebrochen und in der vorliegenden Phase der Flexibilität in ein beständigeres, flexibleres Geschlechterbild umgewandelt (vgl. Nickel / Schmidt-Denter, 1995: 190-195).

Trotz der geschlechtlichen Annäherung, treten besonders im Spiel weiterhin herausragende Unterschiede auf: Jungen mögen aggressivere Formen des Spiels, bestehend aus Kämpfen, Abenteuern und Sport, an dem der ganze Körper beteiligt ist. Mädchen tendieren eher dazu, ängstlich, sensibel und abhängig zu sein und beschäftigen sich mehr mit Spielen, die feinmotorische Bewegungsabläufe erfordern, wie Puppen anziehen oder Malen. Aus diesem Grund kommen Kinder zum Spielen häufiger in gleichgeschlechtlichen Gruppen zusammen und teilen eher selten Interessen mit dem anderen Geschlecht (vgl. Valkenburg / Cantor, 2000: 144; vgl. Berk, 2004: 448-449).

Einfluss der Computernutzung auf die emotionale Entwicklung

In den meisten Fällen wird der Einfluss der Computernutzung auf die emotionale Entwicklung als eher negativ eingestuft. Besonders während der Nutzung von Computerspielen können sich heftige emotionale Reaktionen anstauen, die in einer ruhigen Spielphase ausgelebt werden.

Passiven erwachsenen Beobachtern ist dieses Verhalten unverständlich. Vermutlich macht aber gerade diese emotionale Abwechslung sowie die Möglichkeit des direkten Leistungsvergleichs mit anderen den Reiz aus, den besonders Spieleapplikationen auf Kinder ausüben (vgl. Dittler, 1997: 41). Im Laufe eines Spiels erfahrene Bestätigungen und Erfolge tragen mit ihrer positiven Wirkung nachweislich zu Glücksgefühlen, Ausgeglichenheit und Wohlbefinden bei. Medienpädagogen sind sich heute weitgehend einig, dass Unterhaltungssoftware kein Auslöser von emotionalem Fehlverhalten ist, sondern im besten Fall befreiend oder beruhigend wirkt (vgl. Gundelach, 2006: 172).

Einfluss der Computernutzung auf die soziale Entwicklung

Da Kinder erwiesenermaßen lieber gemeinsam den Computer nutzen als alleine, lässt sich der Vorwurf, „Kinder flüchteten sich in fiktive Computerwelten und würden den sozialen Kontakt zu ihrer Umwelt abbrechen" empirisch nicht halten (vgl. Dittler, 1997: 42). Durch das gemeinsame Lösen von Aufgaben oder gegenseitiges Helfen verbessert sich das Gefühl des Zusammenhalts. Kinder lernen zum einen Anderen zu helfen, indem sie Schaltflächen erklären und sprachliche Hinweise zum Verlauf geben wie: „Probier' doch mal das!". Zum anderen lernen sie sich durchzusetzen, wenn ein anderes Kind zu lange am Computer sitzt und vereinbarte Regeln nicht einhält (vgl. Dittler / Hoyer, 2006: 92).

3.3 Computernutzung und -erfahrung

Aufwachsend im Medienalltag, stellt der Umgang mit den neuen Medien für die meisten Kinder eine alltägliche Selbstverständlichkeit dar. Wie die Ergebnisse der KIM-Studien 2006 bis 2010 belegen, steigt der Anteil der Kinder, die bereits Erfahrungen mit dem Computer gesammelt haben seit Jahren stetig an.

Über 80 Prozent der Kinder zwischen sechs und dreizehn Jahren gehören bereits zu den aktiven Computernutzern – wobei der Anteil der Jungen mit 80 Prozent noch immer deutlich über dem Anteil der Mädchen mit 71 Prozent liegt.

Zur Computernutzung und -erfahrung von Vorschulkindern sind leider nur sehr spärliche Fakten vorhanden. Laut einer Studie der Stiftung Ravensburger und der Pädagogischen Hochschule Ludwigsburg im Jahr 2006, nutzt etwa die Hälfte aller Fünf- und Sechs-Jährigen – nämlich 57,5 Prozent der Jungen und 42,5 Prozent der Mädchen – bereits den Computer (vgl. Maly, 2006: 22).

Computernutzung und -erfahrung

Medienausstattung und Medienbesitz	Über 80 Prozent der 6 bis 13-Jährigen sind bereits aktive Computernutzer. Etwa ein Drittel davon besitzt sogar einen eigenen Computer oder Kindercomputer. Zudem verfügt etwa die Hälfte der befragten Kinder über eine eigene Spielkonsole.
Nutzungsmotive am Computer	Der Computer nimmt in erster Linie den Rang von Unterhaltungselektronik ein und wird folglich vorrangig zum Spielen verwendet. Dabei befriedigt er besonders die drei kindlichen Bedürfnisse: Kreativität, Selbständigkeit und soziale Erfahrungen.
Nutzungsmotive im Internet	Das Internet dient maßgeblich der Informationssuche für schulische oder private Zwecke. Besondere Relevanz haben inzwischen auch soziale Netzwerke sowie E-Mail- und Chat-Funktionen, die sich vor allem bei Mädchen einer wachsenden Begeisterung erfreut.
Technikverständnis	Vor allem jüngere Kinder zeichnen sich im Umgang mit neuen Medien durch eine besondere Probierfreude und Unbefangenheit aus. Ihr Vorgehen ist in erster Linie frei und explorierend.

Tabelle 3-5: Computernutzung und -erfahrung

Medienausstattung und Medienbesitz

In den meisten Fällen nutzen Kinder, wenn auch mit anderen Interessen und Schwerpunkten, die vorhandene Technik ihrer Eltern oder älteren Geschwister. In 91 Prozent aller elterlichen Haushalte steht bereits ein Computer zur Verfügung, etwa 89 Prozent besitzen dazu einen Internetanschluss, Zahlen, die in den vergangenen Jahren weitgehend stabil geblieben sind. Einen eigenen Computer oder zumindest einen Kindercomputer mit eingeschränkten Funktionalitäten steht immerhin 15 Prozent der Sechs- bis Zwölfjährigen zur Verfügung. Und etwa zehn Prozent verfügen zudem über einen eigenen separaten Internetanschluss. Im Vergleich zur KIM-Studie von 2008 ist die Verbreitung der Computer im Kinderzimmer dagegen eher gesunken. Stattdessen haben Spielkonsolen große Zuwachsraten verbuchen können, die 2008 den CD-Player zumindest kurzzeitig von Platz eins der Geräte in Kinderbesitz verdrängen konnten. Etwa die Hälfte der Kinder besitzt zusätzlich eine tragbare oder nicht tragbare Spielkonsole. Den verschiedenen Gerätevarianten wurde durch eine differenziertere Abfrage im Rahmen der KIM-Studie Rechnung getragen.

In den vergangenen Jahren haben Mädchen im Bereich des Medienbesitzes deutlich aufgeholt. Allein bei der Verbreitung der Spielkonsolen tritt noch eine merkliche Kluft auf. Obwohl die Anzahl der Konsolen in Mädchenbesitz mit 48 Prozent deutlich angestiegen ist, besitzen Jungen mit 65 Prozent noch immer wesentlich häufiger ein solches Gerät.

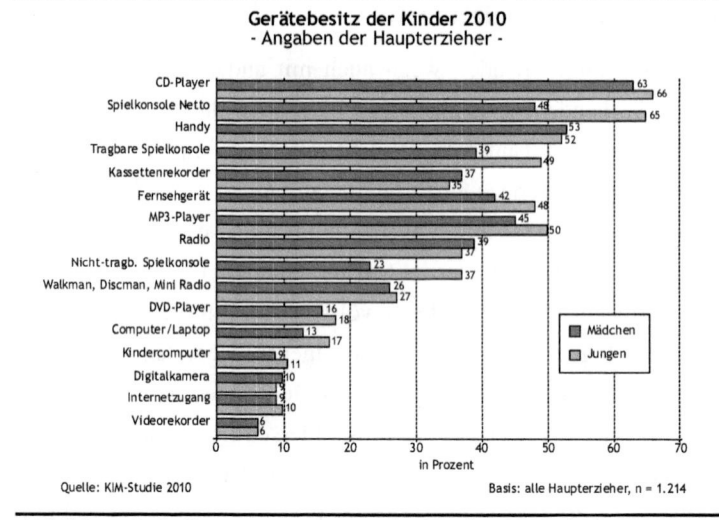

Abbildung 3-6: Geräteausstattung der Kinder 2010 (vgl. KIM 2010)

Nutzungsmotive am Computer

Die meistgenannte Tätigkeit am Computer ist das Spielen. Im Gegensatz zu der meist aufgabenorientierten Motivation Erwachsener steht bei Kindern die Produktivität mit dem Computer im Hintergrund. In Zahlen ausgedrückt bedeutet das, dass sich 63 Prozent der Kinder mindestens einmal pro Woche alleine dem Computerspiel widmen, 48 Prozent sitzen regelmäßig gemeinsam mit Freunden oder der Familie vorm Monitor. Im Vergleich zur KIM 2008 tritt überraschend die Nutzung für schulische Zwecke an zweite Stelle. An dritter Stelle folgte das Surfen im Internet, das 2010 in dieser Form keine Beachtung findet.

Im Vergleich zu den Jungen schöpfen Mädchen die Möglichkeit der Informationsbeschaffung am Computer wesentlich öfter aus, schreiben öfter Texte und malen bzw. zeichnen auch häufiger am Computer. Jungen hingegen widmen sich, sei es allein oder mit Freunden, sehr viel mehr den Computerspielen.

3.3 Computernutzung und -erfahrung

Auf beiden Seiten ist der Computer generell mehr Spiel- als Arbeitsgerät, das vor allem unterhalten soll, sei es auf spielerische oder lehrreiche Art und Weise. Nach Druin und Inkpen wirken die neuen Medien vor allem deshalb so attraktiv auf Kinder, weil sie drei Bedürfnisse besonders effektiv erfüllen: Verlangen nach Kreativität, Selbständigkeit und sozialen Interaktionen (vgl. Druin / Inkpen, 2001: 191).

Kinder und Computer zu Hause - Tätigkeiten 2010
- mind. einmal pro Woche -

Tätigkeit	Mädchen	Jungen
Computerspiele (alleine)	54	71
Arbeiten für die Schule	53	46
Computerspiele (mit anderen)	42	53
Texte/Wörter schreiben	51	39
Lernprogramm nutzen	43	42
Mit PC malen/zeichnen	23	14
Bilder/Videos bearbeiten (nur 10-13 Jahre)	17	17
Selbst Musik machen (nur 10-13 Jahre)	8	10

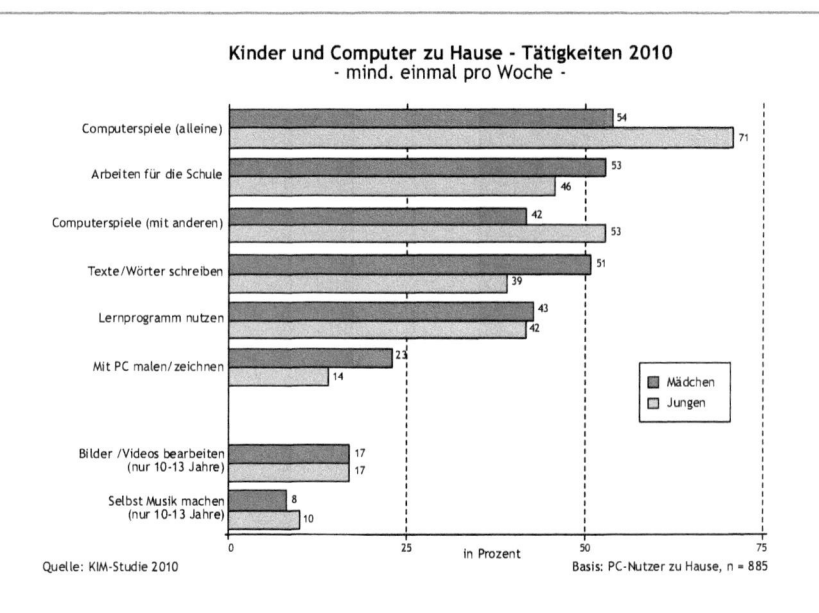

Quelle: KIM-Studie 2010 Basis: PC-Nutzer zu Hause, n = 885

Abbildung 3-7: Computertätigkeiten 2010 (mindestens einmal pro Woche)

Nutzungsmotive im Internet

Im Vergleich zum Computer wird das Internet eher für die Nutzung von Suchmaschinen im Allgemeinen und die Suche nach schulisch relevanten Informationen im Speziellen verwendet. Etwa die Hälfte der befragten Kinder sucht mindestens einmal die Woche auf diese Weise nach Fakten und Daten. 46 Prozent der Kinder besuchen Kinderwebsites oder schauen sich Filme und Videos online an.

Obwohl Onlinespiele in den Studien von 2006 und 2008 mit etwa 40 Prozent noch hoch im Kurs standen, finden sie 2010 keine größere Beachtung. Wesentlich relevanter erscheint der Zuwachs an Nutzern von Online-Communitys mit etwa 43 Prozent oder das ohne konkretes Ziel einfach drauf los surfen mit 44 Prozent.

Internet-Tätigkeiten 2010
- mind. einmal pro Woche -

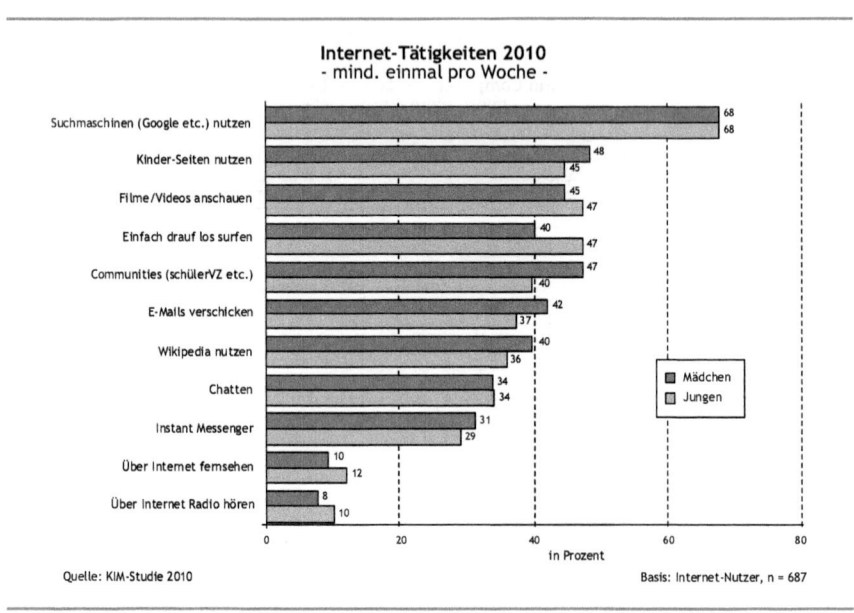

Tätigkeit	Mädchen	Jungen
Suchmaschinen (Google etc.) nutzen	68	68
Kinder-Seiten nutzen	48	45
Filme/Videos anschauen	45	47
Einfach drauf los surfen	40	47
Communities (schülerVZ etc.)	47	40
E-Mails verschicken	42	37
Wikipedia nutzen	40	36
Chatten	34	34
Instant Messenger	31	29
Über Internet fernsehen	10	12
Über Internet Radio hören	8	10

in Prozent
Quelle: KIM-Studie 2010   Basis: Internet-Nutzer, n = 687

Abbildung 3-8: Internettätigkeiten 2010 (mindestens einmal pro Woche)

Das oft klischeehafte Denken und die unterschiedlichen Vorlieben von Jungen und Mädchen wird innerhalb der KIM-Studie auch für das Nutzungsverhalten im Internet belegt. Tatsächlich spiegeln sich die unterschiedlichen Interessen auch in den Online-Tätigkeiten wieder, so dass für Jungen und Mädchen zwei grobe Differenzierungen vorgenommen werden können.

3.3 Computernutzung und -erfahrung

Mädchen haben ein größeres Interesse daran, nach Informationen für die Schule zu suchen und auch kommunikativ etwas stärker zu agieren. Jungen hingegen präferieren die angebotenen Spiele, aber auch die Möglichkeit Dateien aus dem Internet zu laden oder Musik zu hören. Bezüglich geschlechtsspezifischer Gestaltungen von Onlinespielen und ähnlichem zeigt sich vor allem bei älteren Jungen eine zunehmende Aversion gegenüber „weiblichem" Design, wobei Mädchen in dieser Hinsicht eine größere Toleranz zeigen. Bei entsprechender Vielfalt wählen aber auch Mädchen tendenziell ihrem Klischee entsprechende Onlinespiele aus.

Zunehmend zeigt sich auch eine stärkere emotionale Bindungskraft zum Medium Internet. Kinder mit Interneterfahrung haben immer öfter eine bestimmte Lieblingsseite im Internet. Im Jahr 2008 gaben 38 Prozent der interneterfahrenen Kinder an, über eine Lieblingswebsite zu verfügen. Neben einer Vielzahl von Einzelnennungen konnten sich jeweils mit 8 Prozent der öffentlich-rechtliche Kinderkanal *KI.KA* und das Filmportal *Youtube* hervorheben, dicht gefolgt vom privaten Anbieter Super RTL mit *Toggo*. Daraus wird deutlich, dass Kinder ihren Einstieg in die Onlinewelt vor allem durch Fernsehen und bestimmte Fernsehsendungen finden.

Im Allgemeinen zeichnen sich Kinder im Umgang mit Technik durch wesentlich geringere Berührungsängste aus als Erwachsene. Der Grund hierfür liegt vermutlich in ihrer Furchtlosigkeit. Anders als Erwachsene haben vor allem die Vorschulkinder noch keine Angst davor Fehler zu machen, sondern genießen es, die verschiedenen Reaktionen auf ihr Verhalten zu testen und zu beobachten.

Trotz des freien, explorierenden Umgangs mit dem Computer und der daraus erlernten schnellen Erfassbarkeit von Benutzeroberflächen, sollten kindliche Kompetenzen aber nicht überschätzt werden. Neben aller Offenheit und Probierfreude, stoßen auch Kinder schnell an die Grenzen ihres Verständnisses, wenn es um technische Probleme geht. Für komplexe Vorgänge sind Instruktionen unerlässlich, die die Kinder in ihrer Entdeckerrolle gleichzeitig nicht zu sehr einschränken dürfen. Das Erforschen neuer Funktionen oder Programmbereiche stellt für Kinder eine innere Befriedigung dar, die sich dadurch zeigt, dass sie ihre Fähigkeiten erfolgreich einsetzen und Ziele selbständig erreichen. Durch zu weit reichende Instruktionen werden mögliche Interaktionen in festgelegte, erkenntnisfreie Strukturen gelenkt, womit die Kinder um die Möglichkeit gebracht werden, eigene Erfahrungen zu sammeln.

4. Software für Kinder

„Computerspiele haben mehr für die Verbreitung von Computern getan, als jede andere Anwendung."

Nolan Bushnell

Die Studien des *Bundesverbandes Interaktive Unterhaltungssoftware e.V.* (BIU) sind bezeichnend für die Softwareentwicklung im letzten Jahrzehnt und unterstreichen Nolan Bushnell's sehr treffende Aussage zum wirtschaftlichen Wert der Unterhaltungssoftware. Allein im Jahr 2009 wurden fast 40 Millionen Exemplare an Unterhaltungssoftware verkauft. Mit 1,56 Mrd. Euro Umsatz, ist die deutsche Gamesbranche, nach England, damit der zweit wichtigste Markt für Unterhaltungssoftware in ganz Europa.

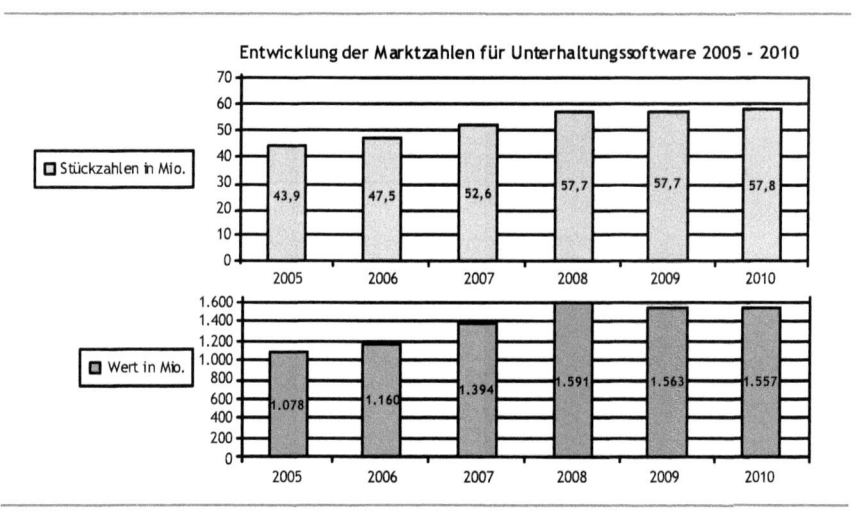

Abbildung 4-1: Entwicklung der Marktzahlen für Unterhaltungssoftware (vgl. biu-online.de)

4. Software für Kinder

Der Markt der Unterhaltungssoftware bietet ein breites Spektrum an Softwareangeboten, insbesondere an Software für Kinder. Im Vergleich zu den USA oder England ist der Computer als Spieleplattform in Deutschland immer noch relativ beliebt, wenngleich die Nutzer mittlerweile die Konsolen und Handhelds zunehmend für sich entdecken. Über die letzten Jahre ist der Anteil der Computerspiele ohne nennenswerte Erholungen um fast 25 Prozent gefallen. Die Nachfrage nach Konsolen und Handhelds hat sich hingegen flexibel entwickelt. Beide Bereiche weisen temporär sowohl Zuwächse als auch Rückgänge auf, wobei die Marktzahlen der Handhelds seit 2008 eher rückläufig sind. An dieser Stelle wäre eine weitere Unterteilung in tragbare und nicht-tragbare Konsolen nötig, da erstere ebenso in die Handheld-Kategorie fließen können. Und auch eine eingehendere Untersuchung in Hinblick auf Smartphones wäre interessant.

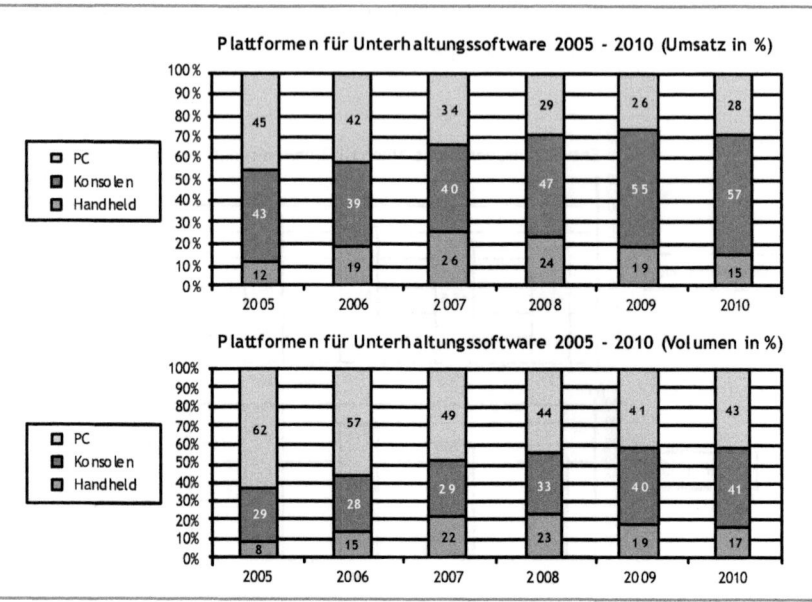

Abbildung 4-2: Marktentwicklung der Plattformen für Unterhaltungssoftware (vgl. biu-online.de)

4.1 Arten von Kindersoftware

Unterteilt man den Markt der Unterhaltungssoftware nach dem Anteil der Lerninhalte, so kann man ihn laut Jürgen Fritz in drei zentrale Bereiche separieren (vgl. Fritz, 1997: 105-106):

→ Entertainment,
→ Education,
→ Edutainment.

Entertainment - Unterhaltung

Zu typischen Entertainment-Programmen zählen vor allem die Computer- und Konsolenspiele, die ihren Unterhaltungswert durch eine spezifische Spieldynamik erhalten. Sie besitzen eine Spannungsdramaturgie, die stark zur Motivation der Spieler beiträgt. Dieses Genre wird generell nicht in ein didaktisches Lernkonzept eingebunden. Doch auch ohne den schulischen Bezug setzen Spiele bestimmte Fähigkeiten voraus, die während des Spielens unbemerkt und unbeabsichtigt weiter ausgebildet werden können (vgl. Fritz, 1997: 105). Strategie- und Aufbauspiele fordern beispielsweise taktisches Denken und Verstehen von Wechselwirkungsprozessen. Andere Spiele wiederum verlangen Kreativität und Kombinationsfähigkeit.

Education - Lernen

Schulbezogene Lernsoftware stellt einen klaren Gegenpol zu Computer- und Konsolenspielen dar und orientiert sich vorwiegend an den Inhalten des Schulunterrichts. „Hier geht es um klare Lernziele, die mit dem Programm erreicht und überprüft werden sollen." (vgl. Fritz, 1997: 106) Kinder finden Unterstützung beim Trainieren von mathematischen Fähigkeiten, Erlernen oder Vertiefen von Fremdsprachen oder beim Verbessern ihrer Deutschkenntnisse.

Elemente des Spiels und der Unterhaltung fehlen in diesen Programmen gänzlich. „Genutzt wird solche Software in der Regel vor Klassenarbeiten, für Hausaufgaben und im Nachhilfeunterricht." (Fritz, 2003: 3)

Edutainment - Unterhaltsames Lernen

„Produkte dieses Bereichs versuchen einen Spagat zwischen Spielen und Lernen, zwischen Education und Entertainment. Ausgehend von bestimmten didaktischen Intentionen, bemühen sich die Hersteller, diese Absichten, teils spielerisch, teils belehrend, in Lernprozesse einmünden zu lassen." (Fritz, 2003: 4) Durch den hohen Spielanteil vieler Lernprogramme gelockt, soll Wissen unbewusst an die Kinder vermittelt werden. Gleichzeitig sollen die spielerisch aufbereiteten Inhalte motivieren, sich mehr mit den eigentlichen Lerninhalten zu beschäftigen. In der Praxis zeigt sich jedoch häufig, dass die jeweiligen Anforderungen an das Spiel und verschiedene Handlungsmöglichkeiten die Kinder mehr reizen, als die Aussicht etwas zu lernen.

Viele Hersteller verzichten auch darauf, die Intention ihrer Ziele herauszustellen oder sie zu explizieren, so dass der Lerneffekt eher unverbindlich erscheint. Zudem besteht bei Edutainment-Produkten die Gefahr, dass ihr Lernanteil zur reinen Unterhaltung abgetan oder lediglich als Kaufimpuls für Eltern ausgenutzt wird (vgl. Fritz, 1997: 106).

Die Grenzen zwischen den drei Bereichen Education, Entertainment und Edutainment sind fließend und lassen sich nicht explizit abstecken. In Hinblick auf Intention, Struktur, Lernorientierung und spielerische Einbindung lassen sich laut Fritz fünf verschiedene Erscheinungsformen von Software benennen, die sich zwischen Spielen und Lernen ansiedeln:

4.1 Arten von Kindersoftware

Lehrprogramme	→ Teachsoft
Werkzeuge	→ Toolsoft
Informationssysteme	→ Infosoft
Simulationsprogramme	→ Simsoft
Spielprogramme	→ Gamesoft

Alle fünf besitzen eine mehr oder weniger starke Ausprägung in den drei Bereichen Education, Entertainment und Edutainment:

Arten von Software	Education Lernen und Bildung im schulischen Kontext	Edutainment Verbindung von Unterhaltung und Lernen	Entertainment Unterhaltung, Spaß und Zeitvertreib
Lehrprogramme Teachsoft	Vermittlung von Wissen, Einsichten, Fähigkeiten und Fertigkeiten mit lehrorientiertem, vorgegebenem Lernweg z.B. tutorielle Programme und „Trainer"	*Teach-Tale-Tainment:* Lernprogramme mit Wissensvermittlung plus Spielanteil oder Geschichte z.B. Lerntrainer oder „Ritter Rost"	Den Spielen vorgeschaltete tutorielle Spielphasen, um das Spiel zu verstehen und das spielerische Handeln zu trainieren.
Werkzeuge Toolsoft	Programme zur eigenständigen Erstellung von Produkten im schulischen und professionellen Kontext z.B. Text- und Bildverarbeitung	*Tooltainment:* Vereinfachte Anwendungsprogramme zum Erstellen von eigenen Objekten z.B. „Mein Musikstudio"	Programme zur Erstellung eigener Spiele z.B. „Game Creator"

Informations-systeme Infosoft	Selbständige Abfrage von Informationen und Wissensbeständen aus schulischen Lehrbereichen; professionelle Expertensysteme und Datenbanken	*Infotainment:* Unterhaltsame Informationssysteme zu interessierenden Bereichen z.B. Dinosaurier	Dem Spiel zugeordnete Informationssysteme wie Datenbanken und Bibliotheken, um das Spiel besser handhaben zu können
Simulations-programme Simsoft	Simulationen, um Einsichten in funktionale Abläufe zu gewinnen, die schul- oder ausbildungsrelevant sind	*Simtainment:* Simulationen mit spielerischer Dramaturgie zu bestimmten Kenntnisbereichen z.b. „Genius Biologie"	Simulationsspiele mit unterhaltsamen Inhalten und spannender Dramaturgie z.B. Wirtschaftssimulationen, Fußballmanager
Spiel-programme Gamesoft	Lernspiele, um spezielle Kenntnisse und Fähigkeiten zu erwerben	*Skilltainment:* Unterhaltsame Spiele, die auch allgemeine Fähigkeiten fördern z.B. „Colonization"	Computer- und Videospiele mit vorrangig unterhaltendem Charakter

Tabelle 4-1: Software zwischen Spielen und Lernen (vgl. Fritz, 1997: 107)

4.2 Qualitätsmerkmale guter Kindersoftware

Der Markt der Unterhaltungssoftware wird jedes Jahr mit unzähligen Neuheiten überschwemmt, so dass es Eltern, Pädagogen und auch Kindern schwerfällt, eine Auswahl an „guter" Software zu treffen. Auszeichnungen und Softwareratgeber geben Auskunft über Anforderungen und Intentionen des vielfältigen Programmangebotes. Verleihende Institutionen verfolgen hierbei das Ziel, bei der Auswahl der Software als hilfreiche Stütze zu dienen und Empfehlungen auszusprechen.

4.2 Qualitätsmerkmale guter Kindersoftware

Im folgenden Abschnitt werden die wichtigsten Auszeichnungen und Ratgeber für Kindersoftware vorgestellt.

4.2.1 Auszeichnungen für Kindersoftware

Neben dem überwältigenden Softwareangebot für Kinder sind nach und nach auch zahlreiche Bewertungs- und Testinstanzen für Software entstanden. Die fünf nachfolgenden Auszeichnungen haben sich etabliert und sind die derzeit begehrtesten Softwarepreise im deutschsprachigen Raum. Zum einen verfolgen sie das Ziel, gute Kindersoftware einem großen Publikum bekannt zu machen und zum anderen, den Eltern einen guten Überblick zu verschaffen, wie sie ihre Kinder im Medienzeitalter möglichst effektiv schützen, fördern und begleiten können:

Der Software-Preis	→ Giga-Maus	
Der Deutsche Kindersoftwarepreis	→ Tommi	
Die Comenius-EduMedia-Auszeichnung	→ Comenius-Siegel	
Der Deutsche Bildungsmedien-Preis	→ digita	
Der Pädagogische Interaktiv-Preis	→ Pädi	

Tabelle 4-2: Renommierte Auszeichnungen für Kindersoftware in Deutschland

Giga-Maus

Die Giga-Maus ist gemeinsam mit dem Tommi die renommierteste Auszeichnung in Deutschland, die seit 1998 jeden Herbst von der Zeitschrift „Eltern for family" mit Unterstützung des Unternehmens Hewlett Packard, auf der Frankfurter Buchmesse verliehen wird. Seit 2006 gibt es je eine Maus für die Kategorien Vorschule, Grundschule, Sekundarstufe und Familie sowie eine Giga-Maus in Gold für den Gesamtsieger und einen Kinderpreis, dessen Jury allein mit Kindern besetzt ist.

Tommi

Der Tommi wird seit 2002 ebenfalls jährlich auf der Frankfurter Buchmesse verliehen. 2007 wurde zu drei bereits vorhandenen Preisen ein vierter Tommi eingeführt, der Sonderpreis „Kindergarten und Vorschule". Bei der etwas älteren Kinderjury fand Software für diese spezifische Altersgruppe bis dahin nur spärliche Beachtung. Für den vierten Tommi stellen Studenten der Universität Leipzig eine engere Auswahl an Software zusammen und Vorschulkinder im Alter von vier und fünf Jahren haben zur Preisvergabe das letzte Wort. Preisverleihende Institution ist die Zeitschrift „spielen und lernen", das Büro für Kindermedien von Thomas Feibel, unterstützt vom Deutschen Kinderhilfswerk und ZDF tivi.

Comenius-Medaillen und -Siegel

Die *Gesellschaft für Pädagogik und Information e.V.* (GPI) verleiht seit 1995 jährlich die Comenius-Medaillen und -Siegel an „inhaltlich, gestalterisch und pädagogisch herausragende didaktische Multimedia-Produktionen und eurokulturelle Bildungsmedien." (gpi-online.de) Die Medaillen gehen in Gold, Silber und Bronze für die besten Titel. Zudem werden Siegel vergeben, als Prädikat für empfehlenswerte Produkte.

digita

Ebenfalls seit 1995 wird der digita für Bildungssoftware aus allen Lernbereichen vergeben, die „inhaltlich und formal als hervorragend und beispielgebend" befunden werden. Der Wettbewerb, der jedes Jahr unter der Schirmherrschaft eines bedeutenden Vertreters der Bildungspolitik steht, wird auf der Bildungsmesse didacta in acht Kategorien verliehen: allgemeinbildende Schulen, privates Lernen, berufliche Bildung, Nachschlagewerke, didaktische Werkzeuge, pädagogische Systemlösungen sowie jeweils ein Förder- und ein Sonderpreis.

Pädi

Der Pädagogische Interaktiv-Preis, kurz Pädi, wird seit 1998 jährlich von SIN – Studio im Netz e.V. – vergeben. SIN ist ein Träger der freien Jugendhilfe mit dem Schwerpunkt auf Medienpädagogik. Bewertet werden weniger das Erscheinungsbild und die Technik einer Software, sondern vielmehr die praktischen Erfahrungen mit multimedialen Lern- und Spielanwendungen. Der Pädi wird jeweils in Gold, Silber und Bronze für die Kategorien *Multimedia-Angebote für Kinder* und *Multimedia-Angebote für Jugendliche* verliehen. Hinzu kommen fünf bis zehn Pädi-Gütesiegel.

4.2.2 Ratgeber für Kindersoftware

Seit etwa zehn Jahren werden im Büro für Kindermedien in Berlin die inzwischen berühmten Mäuse und Büffel für Kinder- und Lernsoftware durch den Journalisten Thomas Feibel vergeben. Diese sind zwar keine Auszeichnung aber bei den Softwareentwicklern eine sehr begehrte Bewertung. Diese wird nicht durch eine Jury durchgeführt, sondern anhand eines eigens dafür aufgestellten Kriterienkataloges vorgenommen, der neben Spielidee und Motivation auch die Benutzerfreundlichkeit einer Software bewertet. Sechs Mäuse oder Büffel stellen die höchste Wertung ‚ausgezeichnet' dar.

Bewertet werden neben Kindersoftware, Lernsoftware, Computer- und Konsolenspielen auch Webseiten und Brettspiele.

> Diese Auszeichnungen und Bewertungen stellen einen geeigneten Einstieg in den pädagogischen Jugendmedienschutz dar und unterstützen Eltern, Pädagogen und Lehrende bei der Erziehung ihrer Kinder zu mehr Medienkompetenz.

5. Websites für Kinder

„Das Internet ist die Tür in die große weite Welt. Bücher sind auch cool, klar. Aber das Internet ist die Tür in eine lebendige Welt."

Stefan Müller

Die allgemeine Domain-Entwicklung in Deutschland zeichnet sich durch einen beachtlichen Anstieg aus. Allein in den letzten acht Jahren wurden zehn Millionen neue de-Domains verzeichnet, Tendenz steigend.

Es existiert zwar keine genaue Übersicht über die Entstehung und Nutzung von Kinderwebsites, doch der allgemeine Trend lässt erahnen, dass sich auch deren Anzahl und Spektrum in den letzten Jahren deutlich vergrößert hat. Aktuelle Nutzungsstudien, wie die KIM-Studien aus den Jahren 2006 bis 2010, geben einen Überblick darüber, wie sich neben dem Angebot auch die Nutzung des Internet durch die Kinder in den letzten Jahren entwickelt hat.

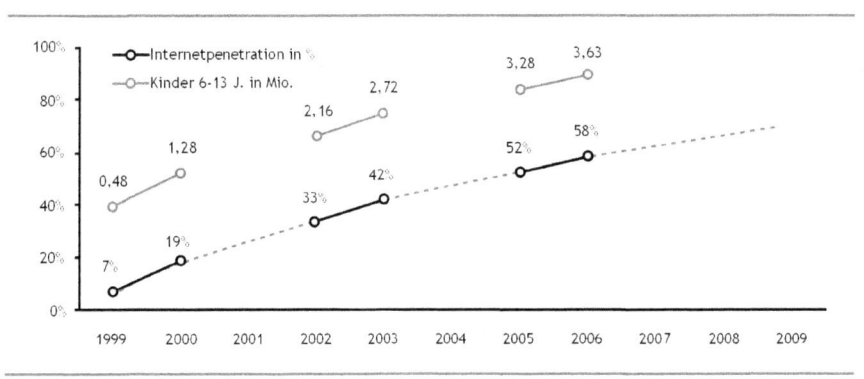

Abbildung 5-1: Entwicklung der Online-Nutzung bei 6- bis 13-Jährigen. Internet Gebrauch 1999 - 2006, in Millionen und Prozent (vgl. Kinderwelten, 2007)

Während im Jahr 1999 lediglich sieben Prozent der Kinder zumindest selten einer Onlinetätigkeit nachgingen, waren es im Jahr 2006 bereits 58 Prozent, die zum Kreis der Internetnutzer gehörten. Seitdem ist die Anzahl der Internetnutzer weitgehend stabil geblieben. Eine deutliche Steigerung ist nur bei den Sechs- bis Siebenjährigen zu verzeichnen (vgl. KIM 2010). Dagegen nutzen die Acht- bis Elfjährigen inzwischen eher weniger das Netz.

Der große Entwicklungssprung um 51 Prozentpunkte innerhalb von nur sieben Jahren, verdeutlicht die enorme Bedeutung dieses Mediums, zeigt aber auch die Wichtigkeit der Zielgruppe *Kind*. Kinder nutzen vermehrt das Internet und müssen daher auch als eigenständige Nutzergruppe beachtet werden. Der Anteil der Sechs- bis 13-Jährigen Internetnutzer, die sowohl über die notwendigen Voraussetzungen zur Nutzung von Onlinediensten, als auch über die nötige Computererfahrung verfügen, liegt immerhin bei beachtlichen 76 Prozent (vgl. KIM 2008).

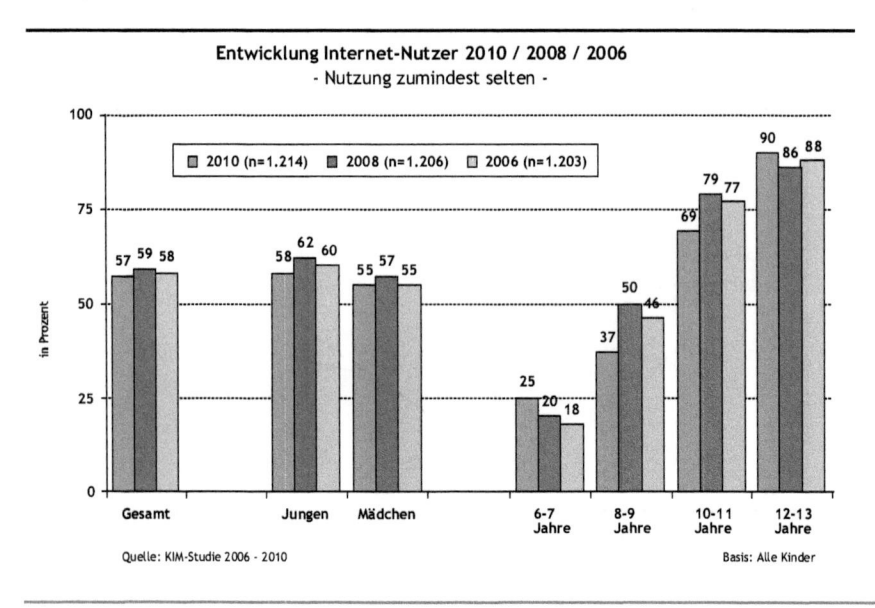

Abbildung 5-2: Internetnutzer 2006-2010 (zumindest selten)

(vgl. KIM 2010)

Abbildung 5-2 verdeutlicht diese Zahlen, zeigt aber auch, dass äquivalent zur Computernutzung, ein Anwachsen des Internetgebrauchs mit steigendem Alter zu verzeichnen ist. Je älter die Kinder werden, desto regelmäßiger werden Onlineanwendungen in Anspruch genommen. Wie bereits in den Kapiteln zuvor erläutert, ist das Alter der Kinder entscheidend für die Nutzungskompetenz der jeweiligen Technik.

5.1 Arten von Kinderwebsites

Die für Kindersoftware relevanten Kernbereiche *Entertainment*, *Education* und *Edutainment* lassen sich nur sehr grob auf die Welt der Websites übertragen. Tatsächlich sieht es so aus, dass viele Onlineangebote als eine Art „Gemischtwarenladen" unterschiedliche Interessen bedienen und sich vielfältigen Themen widmen (vgl. Breunig, 2002: 390). Daher finden sich häufig alle drei oben genannten Bereiche gleichzeitig auf einer Website wieder. Laut Nielsen lassen sich Kinderwebsites dennoch sechs verschiedenen Genres zuordnen (vgl. Nielsen / Gilutz, 2002: 9-11):

→ Sammlung von Spielen,
→ Welten mit spezifischen Inhalten,
→ Websites mit Lerncharakter,
→ Kindermarken,
→ Spezielle Kinderbereiche,
→ Informations- und Suchportale.

Sammlung von Spielen

Die Sammlung von Spielen kann als eines der ersten Webgenres aufgefasst werden, die speziell für Kinder entwickelt wurden. Dabei handelt es sich um eine bunte Ansammlung unterschiedlichster Spiele verschiedenster Entwickler: angefangen bei Shoot'em-up Games bis hin zu Lernspielen ist nahezu alles zu finden. Ein typischer Vertreter dieses Genres findet sich unter: spielen.de.

Welten mit spezifischen Inhalten

Diese Webpräsenzen bieten Informationen und Aktivitäten rund um ein abgegrenztes Thema oder Wissensgebiet. Bei den Anbietern handelt es sich daher vorrangig um Experten und Mitglieder einer bestimmten Themengruppe, die ihr faktisch vorliegendes Wissensgebiet kindgerecht aufbereiten und damit dem kindlichen Interesse näher bringen wollen. Ein typisches Beispiel stellt unter anderem die Kinderwebsite der Europäischen Weltraumorganisation (ESA) dar.

Websites mit Lerncharakter

Die Erstellung dieser Art von Websites erfolgt in enger Zusammenarbeit mit Pädagogen und Lehrern. Im Vordergrund stehen dabei Aktivitäten und Inhalte, die sich an dem jeweiligen Lehrstoff der unterrichteten Schule orientieren. Beispiele dafür sind Angebote verschiedener Hausaufgabenhilfen wie: hausaufgaben.de.

Kindermarken

Diese Internetpräsenzen stellen ein Zusatzangebot zu anderen Medien dar und werden an diese grafisch und inhaltlich angepasst. Der Fernseh-, Bücher- und Spielekonsum der Kinder führt dazu, dass vorhandene Inhalte und Protagonisten den Kindern meist schon bekannt sind und damit einen sehr hohen Wiedererkennungswert besitzen, der die Kinder positiv anspricht.

Mit der Erstellung einer Website ist die Markenwelt der Kinder vervollständigt. Gefällt der Inhalt nicht, so stößt er ähnlich wie bei den „Welten mit spezifischen Inhalten" auf Ablehnung. Charakteristische Beispielseiten sind: diddl.de; pokemon.de oder spongebob.de.

Spezielle Kinderbereiche

Dieses Genre wurde einst von Zeitschriften und Magazinen entwickelt, die neben den normalen Ausgaben spezielle Bereiche für Kinder bereitstellten. Zu dem üblichen Inhalt wird eine „kinderfreundliche" Version angefertigt.

Informations- und Suchportale

Eine Vielzahl von „Verlinkungen" bietet den Kindern die Möglichkeit nach eigenen Interessen zu suchen. Im Gegensatz zu „google" und Co. sind diese Websites an die Bedürfnisse der Kinder angepasst und liefern neben einer kinderfreundlichen Oberfläche, auch unbedenkliche Ergebnisse. Die Zufriedenheit der Kinder ist direkt mit dem Erfolg der Suche – Schnelligkeit und Qualität – gekoppelt. Bekannte Suchportale für Kinder finden sind unter blindekuh.de und helles-koepfchen.de.

5.2 Kinderwebsites im Kontext von Hörfunk und Fernsehen

Kinder bekommen häufig über Fernsehsender und Sendungen erste Kenntnisse von bestimmten Onlineangeboten. Broadcaster haben durch ihre große mediale Präsenz den Vorteil, ihre Onlineangebote auf einfachem Weg bewerben und der gewünschten Zielgruppe näher bringen zu können. Dieser deutliche Mehrwert für den Anbieter kann sich auch für den Nutzer ergeben.

5.2.1 Mehrwert von Websites im Kontext von Hörfunk und Fernsehen

Internetangebote bieten neben einer Vielzahl an unterschiedlichen fernsehkonvergenten Informationen auch die Möglichkeit verschiedener Onlineaktivitäten. Der Vorzug für die Kinder besteht darin, dass sie die Möglichkeit haben durch zusätzliche Informationen, wie zum Beispiel der Vorstellung von Moderatoren oder einem Blick hinter die Kulissen, Inhalte zu vertiefen und ihr Wissen darüber zu erweitern. Werden allerdings zu viele Elemente und Inhalte auf der Website bereitgestellt kann dies die Kinder hinsichtlich ihres inhaltlichen und technischen Verständnisses überfordern.

Die typischen Handlungsmöglichkeiten auf einer Website lassen sich laut Wagner in folgende fünf Gruppen einteilen (vgl. Wagner, 2002: 31 ff.):

→ Austausch und Kommunikation,
→ Spiele und Gewinnspiele,
→ Downloads,
→ Mitgestaltung der Sendung bzw. des Internetauftritts,
→ Aktivierung zu Tätigkeiten außerhalb des Internets.

Die drei Mediengattungen Fernsehen, Radio und Internet nutzen hierfür verschiedenste Darstellungsmöglichkeiten und spielen auf eigene Art und Weise ihre Stärken aus.

Das Internet ist in diesem Ensemble das vielseitigste Medium. Alle medialen Daten, angefangen bei Audio und Video bis hin zu Text und Bild, können integriert werden. Während das Fernsehen im Bereich Bild- und Tonqualität deutlich auftrumpfen kann, hat das Radio gegenüber dem Internet keine zusätzlichen Stärken vorzuweisen.

Viele Fernseh- und Radiosender bieten inzwischen ein qualitativ hochwertiges und ansprechendes Livestreaming und ermöglichen damit eine ortsunabhängige Nutzung.

5.2.2 Informationsfluss zwischen Websites, Hörfunk und Fernsehen

Innerhalb des Medienensembles stellen die Kinder als Rezipienten das verknüpfende Element zwischen dem Broadcastanbieter und dem Internet dar. Der Broadcastanbieter nimmt als leitende Person die obere Ebene des Modells ein. Mit dem Ziel, das Angebot mittels eines Hin-Kanals möglichst effektiv an die Kinder heran zu tragen und damit deren Aufmerksamkeit zu wecken, steuert er gezielt die Zugriffe auf das Internet und verweist auf weitere Nutzungsmöglichkeiten. Mit dieser Strategie soll nicht nur die Bindung der Kinder an die Sendung, sondern auch an den Sender selbst intensiviert werden, um damit wiederum einen positiven Rück-Kanal aufzubauen.

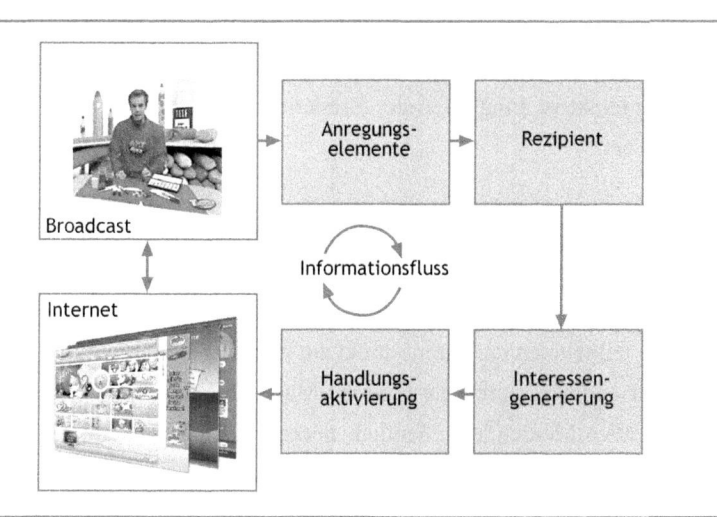

Abbildung 5-3: Informationsfluss zwischen Broadcast und Internet

Der in Abbildung 5-3 dargestellte beispielhafte Informationsfluss, der zwischen dem Fernsehsender und dem zugehörigen Internetangebot besteht, wird durch das Ein- und Mitwirken des kindlichen Rezipienten gesteuert und gegebenenfalls sogar erweitert.

Ausgehend vom klassischen Fernsehsender werden verschiedene Anregungselemente eingesetzt, um den Rezipienten anzusprechen und dessen Aufmerksamkeit zu erlangen. Visuelle Reize, ausgelöst durch statische oder dynamische Bilder, Grafiken und Texte, sprechen Kinder deutlich mehr an, als die rein auditiven Werkzeuge des Radios. Radioprogramme sind in ihrer Vielfalt an möglichen Werkzeugen eingeschränkt und müssen auf die visuelle Komponente verzichten.

Gelingt es dem Anbieter die kindliche Aufmerksamkeit zu erlangen und Interesse zu generieren, wird das Kind aktiv werden und die Website des Anbieters besuchen um beispielsweise Inhalte zu vertiefen, an Preisausschreiben teilzunehmen oder Kontakte zu knüpfen. Zur längerfristigen Bindung sollte der Anbieter zudem verschiedene Instrumente zur Kommunikation, wie Chats, Foren oder Votings und andere Elemente, wie Give-Aways oder Newsletter zur Verfügung stellen.
Durch das interaktive Eingreifen der Kinder stellt sich schließlich ein positiver Rück-Kanal ein.

Idealerweise sollten alle Teilnehmer am Informationsfluss profitieren können: Kinder, die das Angebot von Broadcast und Internet gleichermaßen nutzen, haben mehr Möglichkeiten zur Interaktion, können selbst zu Themen beitragen, an Aktionen teilnehmen und damit direkt auf das Angebot einwirken.
Die Anbieter erzielen, durch die typische Markenbildung und deren Verfügbarmachung in allen Medien, eine deutlich stärkere Kundenbindung. Durch Umfragen und Mitmachmöglichkeiten" erhalten sie außerdem wichtige Zusatzinformationen über ihre kindlichen Rezipienten.

Auch die Websites selber profitieren durch die Hinweise der Radio- und Fernsehsender und die damit generierte Aufmerksamkeit bei den Kindern. Durch Materialien und Informationen, die durch die Kinder selbst zur Verfügung gestellt werden, wie eigene Bilder, Forums- oder Gästebucheinträge, wird eine zusätzliche Erweiterung des Angebots ermöglicht.

5.3 Qualitätsmerkmale guter Kinderwebsites

Vergleichbar mit dem Softwaremarkt gibt es auch für Websites einige Gütesiegel und Preise, mit denen qualitativ hochwertige Onlineangebote für Kinder ausgezeichnet werden. Einen guten Überblick über die renommiertesten Auszeichnungen werden im folgenden Abschnitt vorgestellt. Da einige Institutionen neben der Software auch gleichzeitig Websites in einer separaten Kategorie auszeichnen, sind auch zwei bereits bekannte Siegel aus Kapitel 4.2 wieder zu finden:

Qualitätssiegel für Kindermedien im Internet	→ Erfurter Netcode	
Der Software-Preis	→ Giga-Maus	
Deutsche Kindermedienstiftung	→ Goldener Online-Spatz	
Der Klicksafe Preis	→ klicksafe Preis	
Der Pädagogische Interaktiv-Preis	→ Pädi	

Tabelle 5-1: Renommierte Auszeichnungen für Kinderwebsites in Deutschland

Erfurter Netcode

Anbieter von Kinderwebsites können sich um die Zertifizierung durch dieses Qualitätssiegel bewerben. Der Erfurter Netcode umfasst Kriterien, welche die Bereiche Selbstdarstellung der Anbieter, Jugendschutz, Medienkompetenz, Werbung und Verkauf sowie den Datenschutz beinhalten. Ein Kriterienkatalog formuliert positive Standards in Inhalt, Bedienung, Ordnung, Kommunikation, Transparenz und Gestaltung. Mit dem Siegel sollen solche Anbieter ausgezeichnet werden, die sich über die gesetzlichen Bestimmungen hinaus engagieren. Die Prüfung des Angebotes findet durch einen unabhängigen Siegelausschuss statt (vgl. erfurter-netcode.de).

Giga-Maus

Prämiert werden nicht nur Software für PC und Konsole, sondern auch Onlineangebote für Kinder. (Detailliert in Kapitel 4.2.1 erläutert.)

Goldener Online-Spatz

Der Goldene Spatz versteht sich als Festival und grenzt sich damit von den bereits aufgelisteten Gütesiegeln ab. Auf dem Kinder-Medien-Festival wird unter anderem der Goldene Online-Spatz für ausgezeichnete Kinder-Websites verliehen. Eine Kinderjury bewertet die Onlineangebote hinsichtlich Form / Gestaltung, Inhalt, Navigation / Bedienbarkeit, und der Mitmachmöglichkeiten.

Klicksafe Preis

Mit dem „klicksafe Preis für Sicherheit im Internet" würdigt die EU-Initiative „klicksafe" seit 2006 Projekte und Initiativen, die sich in herausragender Art und Weise für mehr Sicherheit im Netz und Medienkompetenz der Internetnutzer stark machen. Die Initiative „klicksafe" ist ein Projekt im Rahmen des „Safer Internet Programme" der Europäischen Union.

5.3 Qualitätsmerkmale guter Kinderwebsites

Pädi

Mit dem Interaktivpreis Pädi werden multimediale Produkte für Kinder und Jugendliche prämiert. Die symbolische Auszeichnung würdigt On- und Offline-Angebote, die nach einem Auswahlverfahren von Kindern, Jugendlichen und Experten das Prädikat „pädagogisch wertvoll" erhalten haben. (Detailliert in Kapitel 4.2.1 erläutert.)

Siegel und Auszeichnungen, Onlinesuchhilfen und Datenbanken unterstützen Kinder und Eltern bei der Suche nach guten Webangeboten. Besonders kleinere Anbieter haben Schwierigkeiten auf dem Markt zu bestehen, da sie nicht den Bekanntheitsgrad erreichen können, wie die Angebote der großen Rundfunkanstalten. Auszeichnungen helfen dabei, dass nicht alle unentdeckt bleiben.

6. Gesetzliche Rahmenbedingungen

„Computerspiele sind Jugendkultur und gehören für Kinder und Jugendliche zum Alltag. Deshalb brauchen wir eine sachgerechte Diskussion über Computerspiele und keine pauschalen Verurteilungen."

Armin Laschet

Wie in Kapitel vier und fünf bereits angesprochen, stellt die beträchtliche Zunahme an unterschiedlichsten medialen Angeboten und Angebotsformen erhebliche Ansprüche an Kinder und Jugendliche. Immer reichhaltigere und vielfältigere Inhalte bereiten den informations- oder unterhaltungssuchenden Nutzern große Schwierigkeiten bei der richtigen Auswahl, Bewertung und Nutzung von Medien. Neben dem Wunsch nach Informationen, dem so genannten „Pull"-Effekt, kann in zunehmendem Maße ein „Push"-Effekt beobachtet werden: Die Menschen können sich immer weniger dem Strom an Informationen entziehen (vgl. Weiler, 2004: 4). Neue wie alte Medien dringen mittlerweile in sämtliche Bereiche des Alltags vor und verlangen von jedem Einzelnen entsprechende Medienkompetenzen. Diese Entwicklung bietet Chancen, birgt aber auch Risiken, welche im Fall von Kindern und Jugendlichen von gesetzlicher Seite begleitet und, wenn nötig, begrenzt werden müssen. Aber nur wenn Eltern, Erziehende und Lehrende die Medienkompetenz von Kindern entwickeln und stärken, können gesetzliche Maßnahmen ihre beabsichtigte Wirkung auch umfassend entfalten.

> Um Beeinträchtigungen oder Gefährdungen durch problematische Mediennutzungsgewohnheiten zu vermeiden, sollte der erste Schritt immer darin bestehen, kindgerechte und qualitativ hochwertige Software gemeinsam auszuwählen, gemeinsam zu testen und gemeinsam zu bewerten. Als grundlegende Orientierung dienen hierbei gesetzliche Vorgaben und Beschränkungen, wobei Gesetze und Institutionen keine Aussage bezüglich der Qualität und der gestalterischen oder inhaltlichen Umsetzung von Kindersoftware treffen, sondern vielmehr zu prägenden und schädlichen Inhalten, Handlung und Dynamik Stellung nehmen.

Angesichts der globalen Dimensionen der Medienverbreitung haben sich die traditionellen Konzepte des Jugendschutzes nicht bewährt. Grenzen und Gesetze verlieren zunehmend an Bedeutung und besonders im Bereich der *Online-Medien* sind viele ausländische Anbieter nicht erreichbar für die deutsche Strafverfolgung.

Mit dem Inkrafttreten des Jugendschutzgesetzes (JuSchG) und des Jugendmedienschutz-Staatsvertrages (JMStV) am 01. April 2003 wurde eine gesetzliche Neuregelung geschaffen, die ein beispielloses Konzept der *regulierten Selbstregulierung* darstellt (vgl. Bosch, 2007: 23).

> Über das Prinzip der *regulierten Selbstregulierung* erhalten Selbstkontrolleinrichtungen die Möglichkeit, eine eigene Entscheidungskompetenz in bestimmten Jugendschutzfragen zu begründen, wenn sie zuvor von der jeweiligen staatlichen Kontrollinstanz anerkannt wurden (vgl. Kappenberg, 2008: 191).
>
> „*Regulierte Selbstregulierung* meint also ein Konzept, bei dem der Staat zwar seine Letztverantwortung nicht aufgibt, seine Aufsichtsverantwortung aber zunächst einmal der Steuerung durch gesellschaftliche Prozesse anvertraut." (Kappenberg, 2008: 192)

6. Gesetzliche Rahmenbedingungen

Nach einer neuen Aufgaben- und Kompetenzverteilung zwischen Bund und Ländern ist der Bund innerhalb des JuSchG nach wie vor für die Offline-Medien, die so genannten *Trägermedien* zuständig. Die Länder sind dagegen nunmehr innerhalb des JMStV für den Jugendschutz in den Online-Medien verantwortlich, die sich aus Rundfunk und *Telemedien* zusammensetzen (vgl. Bosch, 2007: 54-55). Allerdings sind auch dem Bund Aufgaben im Bereich der Telemedien geblieben, weshalb zunächst eine genauere inhaltliche Abgrenzung der Anwendungsbereiche von JuSchG und JMStV, also von Träger- und Telemedien notwendig ist. Gemeinsam mit dem Strafgesetzbuch (StGB) umfassen diese drei Gesetze den deutschen Jugendmedienschutz (vgl. Bosch, 2007: 55).

Jugendschutzgesetz (JuSchG)

Das JuSchG ist auf Bundesebene für die einheitliche Regelung der Schutzstandards und die Zugangsbeschränkungen von Trägermedien sowie deren Altersfreigabe zuständig. Darüber hinaus regelt es die Indizierung jugendgefährdender Träger- und Telemedien durch die Bundesprüfstelle für jugendgefährdende Medien (BPjM).

Trägermedien – Offline-Medien
Trägermedien umfassen nach § 1 Abs. 2 JuSchG alle Offline-Medien, bei denen Texte, Bilder oder Töne auf mobilen Speichermedien wie Audio- und Videokassetten, CD's, oder DVD's verbreitet werden, die zur unmittelbaren Wahrnehmung bestimmt sind oder die über ein Gerät mit fest eingebautem Datenspeicher sichtbar oder hörbar werden. Dazu zählen sowohl Spielkonsolen, PCs und Laptops als auch Handys mit gespeicherten Spielen. Auch auf lokalen Datenspeichern, wie Festplatten oder Speicherchips kann, trotz fehlender Mobilität ein Trägermedium vorliegen, wenn diese überwiegend zu Vorführ- und Spielzwecken genutzt werden (vgl. Bosch, 2007: 56).

Jugendmedienschutz-Staatsvertrag (JMStV)

Die Aufgabe des JMStV liegt maßgeblich im Schutz von Kindern und Jugendlichen vor Angeboten in elektronischen Informations- und Kommunikationsmedien, den Telemedien, die deren Entwicklung oder Erziehung beeinträchtigen oder gefährden (vgl. § 1 JMStV). Er enthält Vorgaben welche Inhalte verboten sind bzw. nur unter bestimmten Voraussetzungen zugänglich gemacht werden dürfen sowie Regelungen über staatliche Kontrolleinrichtungen, Einrichtungen der Freiwilligen Selbstkontrolle und die Jugendschutzbeauftragten.

Telemedien – Online-Medien
Bei Telemedien handelt es sich nach § 3 Abs. 2 JMStV um Online-Medien, die durch elektronische Informations- und Kommunikationsdienste übermittelt oder zugänglich gemacht werden. Dazu zählen das Internet, Chat-Rooms und E-Mails, wobei der Begriff Telemedien sehr dynamisch ausgestaltet und damit offen für neue Entwicklungen ist (vgl. Kappenberg, 2008: 62). Telefon, Telefax und Rundfunk gehören nicht in die Rubrik der Telemedien.

Eine eindeutige Abgrenzung zwischen Träger- und Telemedien ist in einigen Fällen schwierig, „da jeder im Trägermedium verkörperte Dateninhalt bei elektronischer Weitergabe ein Telemedium darstellt." (Bosch, 2007: 56)
Wird beispielsweise ein Trägermedium zwischengespeichert und über E-Mail verbreitet, erfolgt unweigerlich dessen Wandlung in ein Telemedium, das als Folge dem Anwendungsbereich des JMStV unterliegt (vgl. Bosch, 2007: 56). Diese Tatsache setzt ein reibungsloses Ineinandergreifen von JuSchG und JMStV und damit eine dauerhafte Kompromissbereitschaft von Bund und Ländern voraus (vgl. Kappenberg, 2008: 59).

6. Gesetzliche Rahmenbedingungen

Strafgesetzbuch (StGB)

Im StGB finden sich zahlreiche Verbreitungsverbote in Bezug auf besonders gravierende rechtsgutverletzende Inhalte, die auch im Zuge des Jugendmedienschutzes relevant sind (vgl. Liesching, 2007: 5) und mit strafbewehrten Ge- und Verboten reguliert werden (vgl. Pooth, 2004: 246). Darunter finden sich unter anderem die Verbote von Gewaltdarstellungen (§ 131 StGB) oder Pornografie (§§ 184 ff. StGB), die auch Internetinhalte oder Rundfunkangebote erfassen.

Jugendbeeinträchtigende und jugendgefährdende Medien

Jugendbeeinträchtigende Medien
„Medien sind jugendbeeinträchtigend, wenn sie die Entwicklung von Kindern oder Jugendlichen [...] zu einer eigenverantwortlichen und gemeinschaftsfähigen Persönlichkeit negativ beeinflussen." (vgl. § 14 Abs. 1 JuSchG und § 5 JMStV) Diese Medien werden dem kindlichen Entwicklungsstand entsprechend nach Altersgruppen eingestuft und dürfen auch nur Kindern der betreffenden Altersgruppe zugänglich gemacht werden.

Jugendgefährdende Medien
„Medien sind jugendgefährdend, wenn sie die Entwicklung von Kindern und Jugendlichen [...] zu einer eigenverantwortlichen und gemeinschaftsfähigen Persönlichkeit gefährden und damit über eine bloße Beeinträchtigung hinausgehen." (vgl. § 18 JuSchG) Das trifft vor allem auf Medien zu, die unsittlich sind, verrohend wirken oder zu Gewalttätigkeit, Verbrechen oder Rassenhass anreizen.

Nach § 18 JuSchG können und müssen jugendgefährdende Medien durch die vom Bund errichtete Bundesprüfstelle für jugendgefährdende Medien (BPjM) indiziert und in die Liste jugendgefährdender Medien aufgenommen bzw. können aus dieser gestrichen werden. Dies gilt sowohl für jugendgefährdende Träger- als auch Telemedien.

Um zu verhindern, dass inhaltsgleiche Medien von verschiedenen staatlichen Stellen eine unterschiedliche Bewertung erhalten, bilden jedoch jene Angebote eine Ausnahme, die bereits das Alterskennzeichen einer Organisation der freiwilligen Selbstkontrolle aufweisen.

Computerspiele werden beispielsweise indiziert, wenn:

→ als dominierende Spielhandlung die Gewaltanwendung gegen Menschen oder menschenähnliche Wesen dargeboten wird,
→ Gewalttaten deutlich visualisiert oder akustisch untermalt werden,
→ Gewalttaten „belohnt" werden,
→ Gewalttaten zynisch oder vermeintlich komisch kommentiert werden.

Mit einem ersten Beschluss zur Änderung des Jugendschutzgesetzes vom 19. Dezember 2007 und dessen Inkrafttreten am 01. Juli 2008 wurden die derzeit bestehenden Indizierungskriterien in Bezug auf mediale Gewaltdarstellungen erweitert und präzisiert: Trägermedien können auch ohne Indizierung mit Abgabe-, Vertriebs- und Werbeverboten belegt werden, wenn sie den Krieg verherrlichen, Menschen in ihrer Menschenwürde verletzen oder Kinder und Jugendliche in unnatürlicher geschlechtsbetonter Körperhaltung zeigen. Zudem kann die BPjM nun selbständig tätig werden und bedarf nicht mehr des Indizierungsantrags zuständiger Behörden, wie beispielsweise dem Jugendamt oder der Kommission für Jugendmedienschutz.

Indizierte Träger- oder Telemedien dürfen Kindern nicht überlassen oder zugänglich gemacht werden. Eine nicht unerhebliche Ausnahme bildet jedoch das elterliche Erziehungsrecht, welches eine Schranke für den staatlichen Jugendschutz darstellt (vgl. Kappenberg, 2008: 51). In diesem besonderen Fall ist es äußerst wichtig, Kinder im gemeinsamen Gespräch über negative Inhalte aufzuklären und so an medienkompetentes Handeln heranzuführen. Dieses Eltern-Privileg findet seine Grenzen, sobald die Erziehungspflicht grob verletzt wird.

6.1 Trägermedien – Jugendmedienschutz in der Praxis

Nach, und häufig auch schon während der Entwicklung eines Softwaretitels, können Entwickler oder Publisher diesen bei einer Einrichtung der Freiwilligen Selbstkontrolle einreichen, um eine entsprechende Altersempfehlung zu erhalten. Erfolgt diese Einreichung nicht, erhält der Titel keine offizielle Freigabe für Minderjährige und darf somit auch nur an Erwachsene verkauft werden.

Für Entwickler und Anbieter aus Deutschland kommen dabei maßgeblich zwei Einrichtungen für die Vergabe der Altersempfehlungen in Frage: die *Unterhaltungssoftware Selbstkontrolle* (USK) mit Sitz in Deutschland sowie die europäische Organisation *Pan-European Games Information* (PEGI) mit Sitz in Belgien.

Organe der Freiwilligen Selbstkontrolle für Trägermedien

Unterhaltungssoftware Selbstkontrolle (USK)
Die Alterskennzeichnung von Unterhaltungssoftware ist eine Aufgabe der Jugendministerien der Länder, die sich der Serviceleistungen der USK als international anerkannter Testeinrichtung bedient.
Die USK prüft neben der Idee auch die Aufgaben, Ziele, Regeln, Strukturen, Inhalte und grafische Umsetzung eingereichter Unterhaltungssoftware anhand eines Arbeitshandbuchs „Sichten und Präsentieren", das mit allen Bundesländern abgestimmt, regelmäßig überprüft und ständig weiterentwickelt wird. Erfahrene Tester spielen eingereichte Titel anhand von Lösungshilfen durch und erstellen eine Präsentation, die einem unabhängigen Prüfgremium vorgelegt wird.
Dieses besteht aus unabhängigen Gutachtern aller 16 Bundesländer, die als Pädagogen, Journalisten, Sozialwissenschaftler oder als Mitarbeiter in Jugendämtern Erfahrung in der Kinder- und Jugendarbeit aufweisen und weder in der Hard- noch der Softwareindustrie beschäftigt sind.

Im gemeinsamen Diskurs mit den Testern wird die eingereichte Software in Hinblick auf Jugendschutz und Strafrecht bewertet. Am Ende muss die Unterhaltungssoftware in eine der fünf Altersgruppen nach § 14 JuSchG eingestuft und diese Entscheidung in einem Gutachten begründet werden. Es ist auch möglich, einem Spiel das Alterskennzeichen zu verweigern, wenn vermutet wird, dass es Kriterien der Jugendgefährdung gemäß § 15 JuSchG erfüllt.

Ein ständiger Vertreter der Obersten Landesjugendbehörden (OLJB), der auch am Begutachterverfahren jeder Prüfung mitwirkt, übernimmt schließlich die empfohlene Altersempfehlung oder legt ein Veto gegen diese ein.

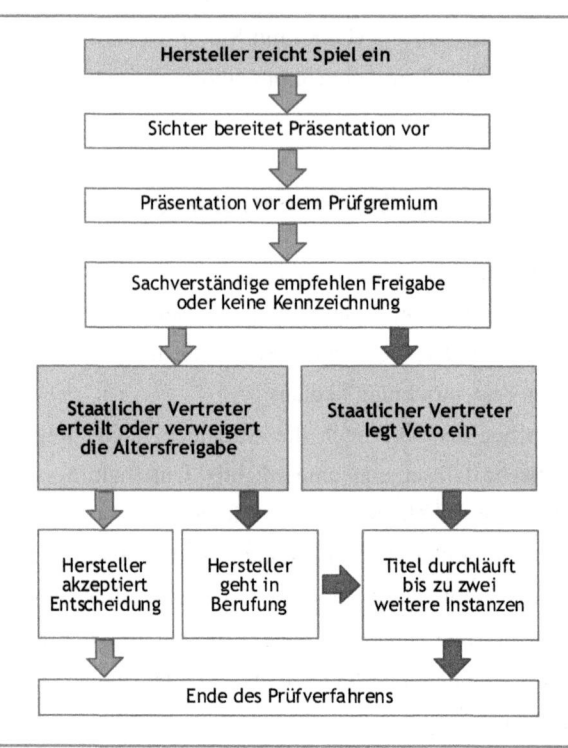

```
┌─────────────────────────────────────────┐
│      Hersteller reicht Spiel ein        │
└─────────────────────────────────────────┘
                    ↓
┌─────────────────────────────────────────┐
│     Sichter bereitet Präsentation vor   │
└─────────────────────────────────────────┘
                    ↓
┌─────────────────────────────────────────┐
│     Präsentation vor dem Prüfgremium    │
└─────────────────────────────────────────┘
                    ↓
┌─────────────────────────────────────────┐
│     Sachverständige empfehlen Freigabe  │
│         oder keine Kennzeichnung        │
└─────────────────────────────────────────┘
           ↓                    ↓
┌───────────────────┐  ┌───────────────────┐
│ Staatlicher       │  │ Staatlicher       │
│ Vertreter erteilt │  │ Vertreter         │
│ oder verweigert   │  │ legt Veto ein     │
│ die Altersfreigabe│  │                   │
└───────────────────┘  └───────────────────┘
      ↓        ↓                 ↓
┌─────────┐ ┌─────────┐  ┌───────────────┐
│Hersteller│ │Hersteller│→│Titel durchläuft│
│akzeptiert│ │geht in  │  │bis zu zwei    │
│Entscheid.│ │Berufung │  │weitere Instanz.│
└─────────┘ └─────────┘  └───────────────┘
                    ↓
┌─────────────────────────────────────────┐
│        Ende des Prüfverfahrens          │
└─────────────────────────────────────────┘
```

Abbildung 6-1: Prüfverfahren zur Vergabe der Alterskennzeichen (vgl. usk.de)

6.1 Trägermedien – Jugendmedienschutz in der Praxis

Mit der Gesetzesänderung vom 01. Juli 2008 müssen ab dem 01. April 2010 nach § 12 Abs. 2 JuSchG alle Alterskennzeichen eine festgelegte Mindestgröße von 1200 Quadratmillimetern auf der Frontseite der Verpackung und 250 Quadratmillimetern auf dem Bildträger einhalten (vgl. usk.de). Kleinere Logos müssen mit einem größeren Logo überklebt werden. Auf diese Weise sollen Käufer nun noch besser erkennen können, welche Software ab welchem Alter für Kinder und Jugendliche freigegeben ist.

Seit Juli 2009 erscheinen die bekannten Logos außerdem in einem neuen Design, das nachfolgend kurz vorgestellt wird.

Freigegeben ohne Altersbeschränkung (weiß)

Spiele mit diesem Siegel sind aus der Sicht des Jugendschutzes für Kinder jeden Alters unbedenklich. Sie sind aber nicht zwangsläufig schon für jüngere Kinder verständlich oder gar komplex beherrschbar. Kleine Kinder werden nicht geängstigt, verunsichert oder mit negativ besetzten Vorbildern konfrontiert.

Freigegeben ab 6 Jahren (gelb)

Die Spiele wirken abstrakt-symbolisch, comicartig oder in anderer Weise unrealistisch. Spielangebote versetzen den Spieler möglicherweise in etwas unheimliche Spielräume oder scheinen durch Aufgabenstellung oder Geschwindigkeit zu belastend für Kinder unter sechs Jahren.

Freigegeben ab 12 Jahren (grün)

Die Lösung der Spielaufgaben enthält kampfbetonte Grundmuster. Diese Spielkonzepte setzen zum Beispiel auf Technikfaszination (historische Militärgerätschaft oder Science-Fiction-Welten) oder auch auf die Motivation, eine verwegene Rolle in komplexen Sagen und Mythenwelten zu spielen. Gewalt ist aber nicht in alltagsrelevanten Szenarien eingebunden.

Freigegeben ab 16 Jahren (blau)	
Die Programme enthalten mitunter gegen menschenähnliche Spielfiguren rasante bewaffnete Action sowie Konzepte, die fiktive oder historische kriegerische Auseinandersetzungen atmosphärisch nachvollziehen lassen. Die Inhalte lassen eine bestimmte Reife des sozialen Urteilsvermögens und die Fähigkeit zur kritischen Reflexion der interaktiven Beteiligung am Spiel erforderlich erscheinen.	USK ab 16 freigegeben
Keine Jugendfreigabe (rot)	
In allen Spielelementen handelt es sich um reine Erwachsenenprodukte. Der Titel darf folglich auch nur an Erwachsene abgegeben werden. Bei Verstoß drohen Ordnungsstrafen bis zu 50.000 Euro. Der Inhalt ist geeignet, die Entwicklung von Kindern und Jugendlichen zu einer eigenverantwortlichen und gemeinschaftsfähigen Persönlichkeit zu beeinträchtigen. Voraussetzung für die Kennzeichnung ist, dass §14 JuSchG Abs. 4 und §15 JuSchG Abs. 2 und 3 (»Jugendgefährdung«) nicht erfüllt sind.	USK ab 18
Informations- und Lehrprogramme	
Informations- und Lehrprogramme sind generell für alle Altersstufen freigegeben und werden durch gesonderte Anbieterkennzeichen markiert.	LEHR INFO

Tabelle 6-1: Alterskennzeichen der USK (vgl. usk.de)

Alterskennzeichen stellen natürlich nur dann ein sinnvolles Element im Jugendmedienschutz dar, wenn sie beim Verkauf, Verleih und bei der Nutzung von Unterhaltungssoftware auch beachtet werden.

Eine weitere aber europäische Instanz vergibt neben Alterskennzeichen auch Hinweise zum Inhalt von Computer- und Konsolenspielen und bietet so den Eltern während dem Kauf nützliche Zusatzhinweise.

Pan-European Game Information (PEGI)
Im Frühjahr 2003 wurde das erste europaweite Alterseinstufungssystem von der *Interactive Software Federation of Europe* (ISFE) für interaktive Computer- und Konsolenspiele eingeführt, welches vorhandene Systeme durch ein einziges ersetzen und vereinheitlichen soll: das *Pan-European Game Information* (PEGI). Basierend auf bereits bestehenden Systemen soll auch PEGI sicherstellen, dass Minderjährige keinem Spiel ausgesetzt werden, das für ihr Alter nicht geeignet ist. Dabei wird es von der Mehrheit der EU-Mitgliedstaaten, namhaften Konsolenherstellern sowie von Anbietern und Entwicklern interaktiver Spiele in ganz Europa unterstützt. Im Zeichen der Globalisierung und des Vereinten Europa steht PEGI auf diese Weise symbolisch für die Harmonisierung im Bereich des Jugendmedienschutzes.

Das PEGI-System ist ein Verhaltenskodex zur freiwilligen Selbstkontrolle, dessen Bewertungsvorgang aus einem Selbstbewertungsbogen und einer Spielpräsentation besteht. Die vom Hersteller vorgeschlagene Altersempfehlung wird von dem niederländischen *Institut für die Klassifizierung audiovisueller Medien* (NICAM) kontrolliert und bestätigt. Am Ende des Kontrollprozesses wird der betreffenden Applikation eine Lizenz für die Benutzung eines bestimmten Logos ausgestellt, das einen Hinweis auf die Altersempfehlung sowie den Inhalt des Produktes abgibt. Zur Beschreibung des Inhaltes dienen sechs bildliche Symbole, so genannte Deskriptoren, die weitestgehend in eigenem Ermessen auf der Verpackung angebracht werden können.

6.2 Telemedien - Jugendmedienschutz in der Praxis

Jugendgefährdende Inhalte können sich vor allem im Internet unkontrolliert verbreiten, womit sie für Kinder und Jugendliche ein besonderes Gefährdungspotential darstellen.

Viele Kinder und Jugendliche nutzen das Netz unbeaufsichtigt zum Spielen und Surfen, wobei die natürliche Hemmschwelle, pornografische oder rechtsradikale Inhalte zu rezipieren, durch die Anonymität des Netzes deutlich herabgesetzt ist (vgl. Pooth, 2004: 244).

Den Jugendschutz in Telemedien regelt seit 2003 der Jugendmedienschutz-Staatsvertrag (JMStV). Zuständige Aufsichtsbehörden sind die Landesmedienanstalten, die auf Grundlage des JMStV überprüfen und gewährleisten, dass dessen Bestimmungen eingehalten werden. Um einen einheitlichen Vollzug garantieren zu können, bilden sie ein zentrales Aufsichtsorgan: Die Kommission für Jugendmedienschutz (KJM) (vgl. Pooth, 2004: 176).

Kommission für Jugendmedienschutz (KJM)
Seit April 2003 obliegt es der KJM gemäß § 14 JMStV, Aktivitäten in Rundfunk und Telemedien zu beaufsichtigen und gemäß § 19 JMStV Selbstkontrolleinrichtungen zu zertifizieren (vgl. Pooth, 2004: 176, vgl. Bosch, 2007: 65). Sechs Mitglieder aus dem Kreis der Landesmedienanstalts-Direktoren, vier Vertreter der Obersten Landesjugendbehörde und zwei Vertreter der für Jugendschutz zuständigen obersten Bundesbehörde bilden die zwölf Sachverständigen der KJM. Bei Verstößen gegen die Vorschriften des JMStV darf die KJM rechtswidrige Angebote untersagen und deren Verbreitung verbieten. Zudem darf sie über eine Sperrung verfügen. Welche Maßnahme letztlich ergriffen wird liegt in ihrem Auswahlermessen (vgl. Pooth, 2004: 182).

Das Privilegierungssystem
Zunächst ist es Aufgabe der zertifizierten Selbstkontrolleinrichtungen, Angebote der Anbieter auf ihre Vereinbarkeit mit den bestehenden Jugendschutzbestimmungen zu überprüfen. Die KJM ist erst dann subsidiär zuständig, wenn die Selbstkontrolle versagt (vgl. Bosch, 2007: 65). Die Anerkennung einer solchen Selbstkontrolleinrichtung ist auf vier Jahre befristet und von mehreren Faktoren, wie einer ordnungsgemäßen Finanzierung, abhängig (vgl. Kappenberg, 2008: 190).

Jugendschutzbeauftragte
Sowohl Anbieter von allgemein zugänglichen Telemedien, die beeinträchtigende oder gefährdende Inhalte enthalten als auch Anbieter von Suchmaschinen müssen für gewerbsmäßige Online-Dienste gemäß § 7 JMStV einen Jugendschutzbeauftragten bestellen. In Ausnahmefällen, die in § 7 Absatz 2 JMStV näher erläutert werden, kann dessen Aufgabe auch einer Freiwilligen Selbstkontrolle unterstellt werden (vgl. Pooth, 2004: 207).

Organe der Freiwilligen Selbstkontrolle für Telemedien

Freiwillige Selbstkontrolle Multimedia-Diensteanbieter e.V. (FSM)
Jeder gewerbsmäßige Anbieter eines elektronischen Informations- und Kommunikationsdienstes kann Mitglied im FSM werden (vgl. Kappenberg, 2008: 198). Mit ihrem Beitreten akzeptieren die Anbieter einen Verhaltenskodex, bei dessen Verstoß sie mit unterschiedlichen Sanktionen rechnen müssen. Auch redaktionell gestaltete Inhalte unterliegen diesem Kodex.

Pan-European Game Information Online (PEGI Online)
PEGI Online ist eine Erweiterung des PEGI-Systems und soll vor allem einen besseren Schutz vor jugendgefährdenden Online-Spielen bieten. Die neue Selbstkontrolleinrichtung basiert auf vier Eckpunkten, wobei als wichtigster der *PEGI Online Safety Code* (POSC) zu nennen ist. Bei dem POSC handelt es sich um einen Regelkatalog, mit dessen Unterzeichnung sich alle Mitglieder verpflichten, „unpassende Materialien von ihrer Webseite zu entfernen und für ein angemessenes Verhalten ihrer Nutzer zu sorgen."

Zu den wichtigsten Bestimmungen gehören:

→ *Ein nach dem Alter eingestufter Spielinhalt*
  Für Online-Spiele gelten dieselben Regeln wie für jede andere Unterhaltungssoftware auch. Auf einer Website dürfen nur Spielinhalte angeboten werden, die durch das reguläre PEGI-System oder ein anderes anerkanntes Altersempfehlungssystem wie der USK bewertet wurden.

→ *Melde- und Beschwerdemöglichkeiten*
  Damit Spieler die Existenz unerwünschter Inhalte auf den jeweiligen Websites melden können, müssen entsprechende Melde- und Beschwerdemöglichkeiten eingerichtet werden.

→ *Entfernen unangemessener Inhalte*
  Online-Services dürfen keine rechtswidrigen, beleidigenden, rassistischen, herabsetzenden, bestechlichen, bedrohlichen oder obszönen Inhalte aufweisen bzw. Inhalte enthalten, welche dauerhaft die Entwicklung von Kindern und Jugendlichen beeinträchtigen können.

→ *Eine einheitliche Datenschutzrichtlinie*
  Lizenzinhaber von PEGI-Online, die personenbezogene Daten von Mitgliedern erfassen, verpflichten sich zur Einführung einer effektiven und einheitlichen Datenschutzrichtlinie gemäß EU-Recht und den nationalen Datenschutzgesetzen.

Lizenzinhaber erhalten schließlich das PEGI Online Logo und dürfen ihr Spiel auf der PEGI-Website bewerben.

Unterhaltungssoftware Selbstkontrolle (USK)
Bereits seit 2009 gibt es Diskussionen, ob die Befugnisse der USK auf Onlinespiele auszuweiten sind, da vor allem Browserspiele die derzeitige Teilung von Träger- und Telemedien durchtrennen. Eine Einigung, ob und wie KJM oder USK die Altersempfehlungen für Onlinespiele vergeben werden steht noch aus. Der gegenwärtige Geschäftsführer der USK verspricht jedoch: „Die USK wird kurzfristig ein Verfahren anbieten, dass allen Anbietern die Kennzeichnung ihrer Spiele ermöglicht, egal ob auf Datenträger, zum Download oder als Browserspiel." (usk.de)

Neben den speziell für den Kinder- und Jugendmedienschutz verabschiedeten Gesetzmäßigkeiten, existieren noch weitere, allgemeine Regelungen, die für die Gestaltung von Webinhalten für Kinder relevant sind: das Telemediengesetz (TMG) und das Bundesdatenschutzgesetz (BDSG). Doch diese sollen in diesem Rahmen keine weitere Beachtung finden.

Die Benutzerfreundlichkeit von Trägermedien und Telemedien wird also weder durch die Freiwilligen Selbstkontrollen USK und PEGI noch durch andere Einrichtungen überprüft und fließt somit auch nicht in endgültige Bewertungen und Altersfreigaben ein. Etliche Spiele, die ohne Altersbeschränkung oder im Fall des PEGI ab drei Jahren freigegeben sind, können durch ein Vorschulkind nicht zwangsläufig auch bedient und vollends verstanden werden, sondern überfordern dieses unter Umständen vielmehr hinsichtlich seiner Aufnahmefähigkeit und seines Verständnisses. Daher ist es sinnvoll, neben der gesetzlichen Freigabe auch auf gesonderte Altersempfehlungen der Hersteller zu achten oder namhafte Ratgeber (siehe Kapitel 4 und 5) zu konsultieren.

B

Softwareentwicklung für Kinder

7. Methoden der Softwareentwicklung für Kinder

"Making technology for kids without working directly with them, is like making clothes for someone you don't know the size of."

Allison Druin & Thomas

Für die Entwicklung von Software lassen sich prinzipiell zwei Vorgehensweisen unterscheiden:

- Design ohne Einbeziehung von Nutzern,
- Design unter Einbeziehung von Nutzern.

Werden die späteren Nutzer einer Software in den Entwicklungsprozess interaktiver Produkte einbezogen, liefern sie dem Produktionsteam sowohl wertvolle Informationen über Erwartungen und Vorkenntnisse, die bei der Konzeption berücksichtigt werden müssen, als auch Informationen über Nutzungskontext und Arbeitsaufgaben.

Für die Gestaltung von Software und Websites für Kinder, müssen insbesondere deren Vorlieben, Abneigungen und Bedürfnisse berücksichtigt werden. Prinzipien, die sich im Zusammenhang mit Erwachsenen bewährt haben, sind nicht zwangsläufig auch auf Kinder übertragbar und müssen zunächst auf ihre Tauglichkeit überprüft werden. Viele Designer glauben, sie hätten eine sehr gute Vorstellung hinsichtlich der kindlichen Erwartungen und Wahrnehmung. Betrachtet man diese Vorstellung jedoch genauer, so wird klar, dass sie ein Konstrukt aus eigenen Kindheitserinnerungen, persönlichen Erfahrungen mit Kindern und dem kindlichen Gesellschaftsbild sind.

So sehr sich ein Erwachsener auch anstrengt, sich in ein Kind hineinzuversetzen, er bleibt und denkt vor allem wie ein Erwachsener.

Aus diesen Überlegungen wird klar, dass das Gestalten für Kinder ein äußerst fundiertes und umfassendes Wissen über die Zielgruppe erfordert, welches nur durch den direkten Einbezug in den Entwicklungsprozess erlangt werden kann. Aus diesem Grund wird im weiteren Verlauf nur das „Design unter Einbeziehung von Nutzern", besser bekannt als „User-Centered Design", betrachtet.

7.1 Child-Centered Design

In der Vergangenheit gab es viele Auseinandersetzungen zu dem Thema, *wie* und *wann* zukünftige Nutzer am effektivsten und effizientesten in den Gestaltungs- und Entwicklungsprozess eingebunden werden können. Traditionelle Ansätze des *User-Centered Design* empfehlen, erst zum Schluss Tests und Evaluationen bezüglich der Funktionalitäten eines Systems durchzuführen. Moderne Erkenntnisse widersprechen jedoch diesem Urteil und empfehlen die Einbeziehung der Nutzer zum frühest möglichen Zeitpunkt und während des gesamten Prozesses (vgl. Kelly et al., 2006: 362).

Nach Allison Druin können Kinder im Entwicklungsprozess folglich die Rolle der Nutzer, der Tester, der Informanten und der Design-Partner übernehmen (vgl. Druin, 2002: 3). Mit jeder einzelnen Rolle ist ein bestimmter Grad der Einflussmöglichkeit auf die Entwicklung von sowohl Software- und Webapplikationen als auch von neuen Technologien verbunden:

7.1 Child-Centered Design

Das Kind als...

- Nutzer
- Tester
- Informant
- Design-Partner

Abbildung 7-1: Mögliche Rollen der Kinder im Entwicklungsprozess (vgl. Druin, 2002: 3)

Nutzer

Als *Nutzer* beschäftigen sich die Kinder mit bestehenden Technologien, während ihre Aktivitäten mittels verschiedenster Methoden durch Erwachsene beobachtet und analysiert werden. Mit dieser Taktik verfolgen Entwickler zwei grundsätzliche Ziele: Zum einen erhoffen sie sich mehr Aufschluss über die Wirkung von Softwareapplikationen auf kindliche Lernprozesse, zum anderen suchen sie darin neue Ideen für zukünftige Technologien (vgl. Druin, 2002: 4).

Tester

In der moderneren Rolle des *Testers* setzen sich Kinder mit den Prototypen neu entwickelter Technologien auseinander. Durch gezieltes Nachfragen erhoffen sich Entwickler aufschlussreiches Feedback, das Erkenntnisse bezüglich der Umsetzung des Inhaltes und der Handhabarkeit neuer Programme liefert (vgl. Druin, 2002: 7).

Informant

Informanten sind in mehreren Abschnitten des Entwicklungsprozesses hilfreich.

Im Dialog mit den Entwicklern können sie Aussagen zu bestehender Technologie, zu ersten Skizzen von Neuentwicklungen und auch ausgereiften Prototypen machen. Auf diese Weise ausgearbeitete Schlussfolgerungen sind meist entscheidend für die benutzerfreundliche Umsetzung (vgl. Druin, 2002: 10).

Design-Partner

Die Rolle der Kinder als *Design-Partner* ähnelt in vielen Punkten der des Informanten. Der entscheidende Unterschied liegt in der direkten Teilnahme am Entwicklungsprozess. Als Design-Partner werden Kinder vom reinen Informanten zu gleichberechtigten, ebenbürtigen Partnern, die sich am gesamten Projekt und damit auch an der Umsetzung, beteiligen (vgl. Druin, 2002: 12).

Die in dieser Rollenverteilung in den Prozess eingebundenen Kinder zeichnen sich häufig durch ungeahnte Kreativität und Ehrlichkeit aus. Schlechte Entwürfe werden von ihnen offen kritisiert und die Relevanz manch abwegiger Idee verteidigt. Zusätzlich verdeutlicht die Präsenz der Kinder ihre physischen und kognitiven Unterschiede zu Erwachsenen eindrucksvoller als jedes Lehrbuch. Wichtig hierbei ist, dass möglichst alle Mitglieder des Entwicklungsteams in engen Kontakt mit der Zielgruppe treten, um von diesen Einblicken zu profitieren (vgl. Maly, 2006: 26-27; vgl. Bruckman / Bandlow, 2003: 432).

7.2 Usability Engineering Lifecycle für Kindersoftware

Die Werkzeuge und Techniken des *Child-Centered Design* unterscheiden sich im Wesentlichen nicht von denen des *User-Centered Design* und finden nachfolgend Anwendung im Usability Engineering Lifecycle (UEL) nach Deborah Mayhew (vgl. Mayhew, 1999).

7.2 Usability Engineering Lifecycle für Kindersoftware

Usability Engineering Lifecycle (UEL):

Der UEL lässt sich als eine strukturierte Zusammenfassung gängiger Methoden und Techniken beschreiben, die mittels ihrer logischen Abfolge von Arbeitsschritten zur Konzeption benutzerfreundlicher User Interfaces genutzt werden kann. Somit ist der UEL kein theoretisches Konzept sondern ähnelt vielmehr einem praktischen Handbuch. Obwohl sich der UEL im Wesentlichen auf die Entwicklung typischer Büroanwendungssoftware bezieht, erhebt er dennoch den Anspruch, für die Entwicklung jeglicher interaktiver Produkte geeignet zu sein (vgl. Mayhew, 1999: 5).

Nach Mayhew lässt sich der UEL in die drei Stufen: *Anforderungsanalyse, Design / Testing / Development* und *Installation* einteilen und diese wiederum in weitere Usability Tasks (vgl. Mayhew, 1999: 5).

Da der Fokus des UEL in diesem besonderen Fall jedoch nicht auf der Umsetzung einer bestimmten Softwareapplikation liegt sondern allein auf der Anwendung seiner Methoden, werden diese Stufen bezüglich der kindlichen Rollenverteilung nach Druin adaptiert und auf insgesamt vier Stufen verteilt:

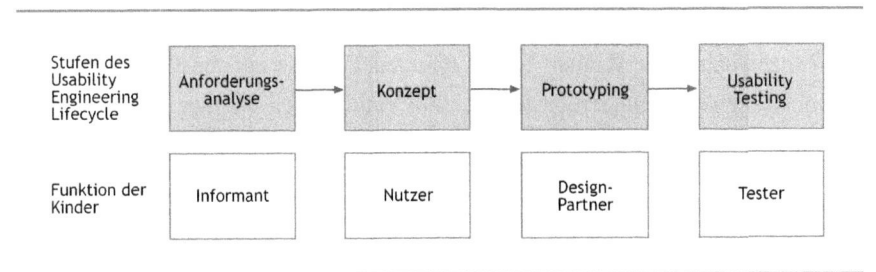

Stufen des Usability Engineering Lifecycle	Anforderungsanalyse	Konzept	Prototyping	Usability Testing
Funktion der Kinder	Informant	Nutzer	Design-Partner	Tester

Abbildung 7-2: Softwareentwicklungsprozess in Anlehnung an den UEL

Anforderungsanalyse

Innerhalb der Anforderungsanalyse rücken die Kinder als Informanten in den Mittelpunkt der Betrachtung. Die Anforderungen an ein zukünftiges Produkt werden mit Hilfe von verschiedenen Ermittlungstechniken bestimmt, die anhand möglicher Einfluss- oder Risikofaktoren ausgewählt werden. Bei der Durchführung einer Anforderungsanalyse mit Kindern, zählen dazu insbesondere die menschlichen Einflussfaktoren wie Motivation, Kommunikationsfähigkeit und Abstraktionsvermögen. Neben der großen Motivation, aktiv zu einer Neuentwicklung beitragen zu wollen, haben insbesondere jüngere Kinder Schwierigkeiten ihre Gedanken in Worte zu fassen. Basierend auf den gravierendsten Risikofaktoren werden je nach Eignung die Techniken ausgewählt, die für die Durchführung der Anforderungsanalyse mit Kindern am sinnvollsten erscheinen und den größtmöglichen, verwertbaren Informationsumfang liefern (vgl. Rupp, 2002: 95-99).

Konzept

Das Konzept erhält in seinem Aufbau bereits die Struktur des späteren Styleguide. Basierend auf einschlägiger Literatur und empirischen Evaluationen mit der Zielgruppe, werden Gestaltungsrichtlinien und -empfehlungen zur benutzerfreundlichen Gestaltung von Software für Kinder ausgewertet und den drei Hauptpunkten *Layout, Steuerung und Interaktion* sowie *Inhalt* zugeordnet. Als Nutzer haben die Kinder keinen direkten Einfluss auf die Gestaltung und Entwicklung der Benutzeroberfläche. Ihre Handlungen werden lediglich beobachtet und können so zu neuen Ideen oder Erkenntnissen führen.

Prototyping

Ein Prototyp bezeichnet „die Darstellung der Gesamtheit oder eines Teils eines Produktes oder Systems, welche, gegebenenfalls mit Einschränkung, für eine Beurteilung verwendet werden kann." (ISO 13407)

7.2 Usability Engineering Lifecycle für Kindersoftware

Mit Hilfe verschiedenster Prototypen ist es den Entwicklern möglich, mit einer weitaus höheren Effizienz Informationen mit den Benutzern auszutauschen. In diesem Fall des Prototyping ist allerdings weniger der Test bestehender Prototypen gemeint, sondern vielmehr die gemeinsame Entwicklung eigener neuer Prototypen in Zusammenarbeit mit Kindern als selbständige Design-Partner. Diese Art des Prototypings nutzt den natürlichen „Spieltrieb" der Kinder als förderlichen psychologischen Effekt. Die Entwicklung und der Test eines eigenen Prototypen wird vielmehr als Erlebnis denn als Arbeit empfunden (vgl. Rupp, 2002: 72).

Usability Testing

Der Usability Test ist die wohl bekannteste Methode zur empirischen Evaluation der Benutzerfreundlichkeit. Mit ihm wird eine in der Entwicklung befindliche Softwareapplikation von den kindlichen Testern anhand realer und realistischer Aufgaben erprobt, wobei sie von Usability Experten beobachtet und befragt werden. Aus den Beobachtungen und Äußerungen der Kinder heraus können Schlussfolgerungen über Probleme und Verbesserungsvorschläge für das Produkt gewonnen werden (vgl. Sarodnick / Brau, 2006: 155-156).

Sowohl die aus den vier Entwicklungsstufen hervorgehenden Empfehlungen zur Gestaltung und Umsetzung der Benutzerschnittstelle als auch die Richtlinien zur Einbindung der Kinder in den Entwicklungsprozess werden bezüglich ihrer Anwendbarkeit gemäß der vier Piaget'schen Entwicklungsstufen unterschiedlich kodiert. Diese Kodierung erfolgt über vier Grundformen die jeweils für eine Altersgruppe stehen und mit steigendem Alter einen stetig höheren Komplexitätsgrad aufweisen.

Sensumotorische Phase:	0 - 2 Jahre	○ ●
Präoperationale Phase:	2 - 7 Jahre	△ ▲
Konkret-operationale Phase:	7 - 11 Jahre	□ ■
Formal-operationale Phase:	11 Jahre und älter	⬡ ⬢

Tabelle 7-1: Kodierung nach Piaget's Entwicklungsstufen

8. Anforderungsanalyse – Kinder als Informanten

"Young children are so radically different from adults, that innovative design requires careful fieldwork."

Amy Bruckman & Alisa Bandlow

Die *Anforderungsanalyse*, die im Softwareentwicklungsprozess auch als *Requirements Engineering* bezeichnet wird, dient der Sammlung und Analyse typischer Anforderungen an ein neues Produkt. Diese können mit Hilfe unterschiedlichster Ermittlungstechniken bestimmt werden, beschreiben Aufgaben, Aussehen und Verhalten des neuen Produktes und erfüllen konkrete Qualitätskriterien (vgl. Rupp, 2002: 13). In Abbildung 8-1 sind die wichtigsten Kriterien abgebildet:

Abbildung 8-1: Qualitätskriterien für Anforderungen (vgl. Rupp, 2002: 24)

Die Kriterien *Vollständigkeit* und *Konsistenz* aber auch *Bewertbarkeit* und *Notwendigkeit* sind mit Kindern allerdings recht schwierig zu erfüllen. Besonders jüngere Kinder haben meist keine spezifischen Anforderungen an ein Produkt. Sie sind begeistert von neuen Ideen, die sie spontan und eigenwillig in großer Vielzahl produzieren. Diese widersprechen sich zum Teil auch oder können aufgrund der teilweise sehr mangelhaften Verbalisierung nicht immer dem Sinn entsprechend verstanden werden. Aufgrund ihrer egozentrischen Weltanschauung und der Schwierigkeit, in komplexen Zusammenhängen zu denken, gelingt die strukturierte Herangehensweise an eine bestimmte Aufgabe meist erst Kindern in der späten konkret operationalen Phase. Aufgabenstellungen und Fragen müssen folglich an die Fertigkeiten und den Wissensstand jüngerer Kinder angepasst werden. Ansonsten fallen Äußerungen und Beschreibungen von Kindern im schlimmsten Fall so gering aus, dass sie für das Entwicklerteam keinen nennenswerten Nutzen bringen (vgl. Kelly, 2006: 363).

8.1 Vorbereitung

Im Rahmen der Vorbereitung ist es zunächst von essentieller Bedeutung, sich mit den ethischen und rechtlichen Rahmenbedingungen einer Anforderungsanalyse auseinanderzusetzen, was schon im Vorfeld eines recht großen Vorbereitungsaufwandes bedarf (vgl. Kelly, 2006: 363).

Ethische und rechtliche Rahmenbedingungen

Bei der Anwendung von Ermittlungstechniken, egal welcher Art, sollte die Teilnahme generell auf freiwilliger Basis beruhen. Es obliegt der Verantwortung des Moderators, die physische und psychische Gesundheit der teilnehmenden Kinder zu schützen und zu fördern.

Diese haben das Recht, Hintergründe zur Erfassung und Verwendung ihrer Angaben zu erfahren und ihre zugesagte Teilnahme ohne Angabe von Gründen zu widerrufen.

Werden private Daten erhoben, muss grundsätzlich die Anonymität der Teilnehmer gewahrt bleiben. Spätestens nach Abschluss der „Feldarbeit" müssen alle erhobenen Daten vernichtet werden und dürfen nicht für andere Zwecke gespeichert oder weitergegeben werden. Wird die Ermittlung der Anforderungen aufgezeichnet, bedarf es im Vorfeld zudem einer Einverständniserklärung durch die Teilnehmer oder, wie im Falle der Kinder, durch die Eltern oder gesetzlichen Vertreter (vgl. Courage / Baxter, 2005: 95-97).

Für diesen besonderen Fall hat der Arbeitskreis Deutscher Markt- und Sozialinstitute e.V. (ADM) eine detaillierte Richtlinie für die Befragung Minderjähriger herausgegeben, die nachfolgend nicht nur für die Anforderungsanalyse gilt, sondern in allen Phasen des UEL zu berücksichtigen ist.

Richtlinie für die Befragung Minderjähriger

Nach deutschem Recht sind Minderjährige Kinder und Jugendliche unter 18 Jahren. Für die Durchführung von Befragungen jeglicher Art gilt es zu beachten, dass zu jeder Zeit die Einwilligung der Kinder oder ihrer gesetzlichen Vertreter vorliegen muss (vgl. adm-ev.de).

Einwilligung

Die Einwilligung des Minderjährigen ist an seine Einsichtsfähigkeit gebunden.

Bei Kindern unter 13 Jahren ist grundsätzlich davon auszugehen, dass eben diese Einsichtsfähigkeit noch nicht vorhanden ist und ihre Teilnahme somit der Einwilligung des gesetzlichen Vertreters oder des Erziehungsberechtigten bedarf. Jugendlichen zwischen 14 und 17 Jahren kann diese Einsichtsfähigkeit bereits unterstellt werden (vgl. adm-ev.de).

Anwesenheit eines gesetzlichen Vertreters

Sollte ein Minderjähriger den Wunsch andeuten, einen gesetzlichen Vertreter während der Befragung bei sich haben zu wollen, so ist diesem Gesuch trotz der möglichen Beeinflussung während der Befragung Folge zu leisten.

Gleichwohl ist es zulässig, den gesetzlichen Vertreter unter Darlegung der Gründe darum zu bitten, die Befragung unter vier Augen durchführen zu dürfen.

Dieselben Regeln gelten für Befragungen in öffentlichen Einrichtungen. Nach vorheriger Genehmigung der Schul-, Kindergarten- oder Hortleitung dürfen Kinder auch in diesen Räumen an Befragungen teilnehmen (vgl. adm-ev.de). Für die Durchführung in öffentlichen Einrichtungen muss allerdings das geltende Landesrecht beachtet werden. Gegebenenfalls bedarf es der Genehmigung des zuständigen Schulamtes, des Kultusministeriums oder im Fall der Kindergärten, des Sozialamtes. Ausgeschlossen von dieser Regelung sind Einrichtungen, die nicht unter stattlicher sondern privater Trägerschaft stehen.

Befragungsthemen

Befragungsthemen und -situationen, die Kinder erschrecken oder ängstigen oder aber auch Konfliktsituationen mit dem gesetzlichen Vertreter hervorrufen, sollten möglichst vermieden werden.

Dazu zählt beispielsweise auch das Verteilen von Süßigkeiten während oder nach der Befragung. Um mögliche elterliche Verbote nicht zu unterwandern, sollte für derartige Fälle ebenfalls eine vorherige Einwilligung eingeholt werden (vgl. adm-ev.de).

8.2 Techniken

Vor diesem Hintergrund haben sich Experten mit möglichen Techniken befasst, die es Entwicklungsteams erleichtern sollen, Kinder in den Entwicklungsprozess mit einzubeziehen und deren Anforderungen, Bedürfnisse und spezifischen Wünsche zu erfassen. Zur Umsetzung dieser Methoden dienen neben einigen traditionellen Techniken, wie Kreativitäts-, Befragungs- und Beobachtungstechniken auch Techniken, die speziell für die Ansprüche der Kinder entwickelt wurden und als solche bessere Ergebnisse liefern, als traditionelle Techniken. Zu diesen zählen *Contextual Inquiry* von Druin (vgl. Druin, 1999a), *KidReporter* von Bekker (vgl. Bekker, 2003) oder der Ansatz der *Mixing Ideas* nach Guha et al. (vgl. Guha, et al. 2004).

Traditionelle Ermittlungstechniken

Kreativitätstechniken

○△■◆◇	Brainstorming	Kinder zeichnen sich durch großen Ideenreichtum aus, der durch gruppendynamische Effekte beschränkt werden kann. Mangelnde Fähigkeiten der jüngeren Kinder bezüglich der Artikulierung erschweren den Ermittlungsprozess.
○△□◇	Mind Mapping	Mind Mapping dient zur Beschreibung komplexer Systeme und ist daher nur für den Einsatz mit älteren und erfahreneren Kindern geeignet.

Befragungstechniken

○△■◇	Fragebogen	Durch den Einsatz von Fragebögen kann bei sehr hoher Konsistenz der Antworten und geringem Zeit- und Kostenaufwand eine große Anzahl von Kindern befragt werden. Jüngere Kinder versuchen allerdings die „richtige" Antwort zu nennen, statt ihre eigene Meinung wiederzugeben.

○△■⬢	Interview	Die Durchführung eines Interviews mit einem einzelnen Kind vermittelt eine typische Prüfungssituation, die im schlimmsten Fall gar keine neuen Erkenntnisse liefert. Mit jüngeren Kindern sollten grundsätzlich nur Gruppeninterviews durchgeführt werden.
○△■⬢	Fokusgruppen	Fokusgruppen stellen eine besondere Form der Befragung mit dem Moderator als Interaktionspartner dar. Die Gruppengröße sollte auf optimalerweise fünf bis sechs gleichgeschlechtliche Kinder beschränkt sein. Altersunterschiede sollten nicht mehr als zwei Jahre betragen und für die Durchführung sollte maximal eine Stunde veranschlagt werden.

Beobachtungstechniken

●△■⬢	Beobachtung	Die Beobachtung stellt besonders im Umgang mit kleinen Kindern die empfehlenswerteste Technik dar. Diese kann sowohl teilnehmend als auch anonym durchgeführt werden. Die teilnehmende Beobachtung gibt Kindern mehr Sicherheit, kann aber die kindlichen Aktivitäten stark beeinflussen.

Nutzerspezifische Ermittlungstechniken

○△■⬢	Contextual Inquiry	Im Zuge des Contextual Inquiry werden Kinder beobachtet und während ihrer Tätigkeiten fortwährend zu den Gründen ihres Tuns befragt. Der Moderator wird auf diese Weise direkt in die Interaktion mit einbezogen.
○△■⬢	KidReporter	Kinder erstellen in vier Schritten eine Zeitung über ihre Interessen und expliziten Wünsche bezüglich eines bestimmten Themas. Diese Methode zeichnet sich durch einen sehr geringen Einfluss durch erwachsene Bezugspersonen und besondere Kreativität der Kinder aus.

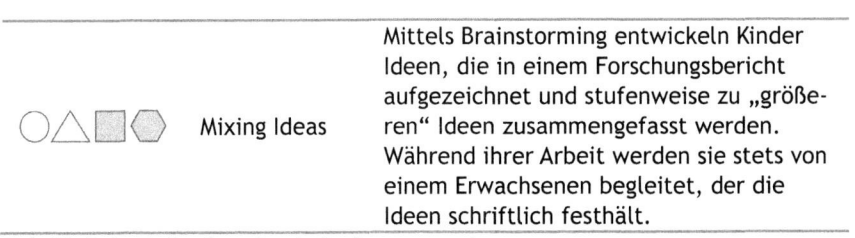

○△□◇ Mixing Ideas	Mittels Brainstorming entwickeln Kinder Ideen, die in einem Forschungsbericht aufgezeichnet und stufenweise zu „größeren" Ideen zusammengefasst werden. Während ihrer Arbeit werden sie stets von einem Erwachsenen begleitet, der die Ideen schriftlich festhält.

Tabelle 8-1: Techniken der Anforderungsanalyse

8.2.1 Traditionelle Ermittlungstechniken

Auf der Basis von verschiedenen empirischen und analytischen Untersuchungen, wurden sechs verschiedene ausgewählt und in ihrer Anwendbarkeit mit Kinder untersucht.

Kreativitätstechniken

Kreativitätstechniken wie *Brainstorming* oder *Mind Mapping* werden stets zu Beginn einer Neuentwicklung eingesetzt, um erste Ideen zu sammeln oder eine erste Übersicht über das zu entwickelnde System zu schaffen (vgl. Rupp, 2002: 109).

Brainstorming
Beim Brainstorming kommen mehrere Teilnehmer in einer Gruppe zusammen, idealerweise fünf bis zehn Personen, was den Vorteil haben kann, dass viele neue Ideen in kurzer Zeit gefunden werden. Handelt es sich in diesem Fall um Kinder, überwiegen aber meist die durch Rupp beschriebenen Nachteile:

Kinder entwickeln so viele verschiedene Ideen, dass sie zum einen nicht alle aufgegriffen und verfolgt werden können. Zum anderen wird an vielen nicht praktikablen Ideen zu lange festgehalten.

Bei Vorschul- und Grundschulkindern treten zudem häufig gruppendynamische Effekte auf, wodurch viele kreative Möglichkeiten verloren gehen (vgl. Rupp, 2002: 110).
Auch der Entwicklungsstand der Kinder spielt eine entscheidende Rolle. Jüngere Kinder haben Schwierigkeiten, ihre Gedanken in Worte zu fassen oder sind so schüchtern, dass sie sich nicht trauen ihre Ideen mitzuteilen.

Aus diesen Gedanken wird klar, dass die Durchführung des Brainstormings mit älteren Kindern durchaus ein sehr erfolgreiches Instrument zur Anforderungsermittlung darstellen kann, aber mit jüngeren Kindern nicht unbedingt neue Erkenntnisse liefert.

Mind-Mapping
Die Technik des Mind-Mappings ist für jüngere Kinder gar nicht geeignet, da sie zur Beschreibung von komplexen Systemabläufen dient, mit deren Hilfe die komplexen Strukturen eines Systems visualisiert und vermittelt werden können. Mit älteren und erfahreneren Kindern lässt sich diese Technik aber durchaus durchführen, da diese bereits über eine weit abstraktere Denkweise verfügen.

Befragungstechniken

Für weniger erfahrene Informanten und zukünftige Nutzer empfiehlt Heinsen et al. die Befragungen mittels *Fragebogen* durchzuführen oder unter bestimmten Umständen das *Interview* heranzuziehen (vgl. Heinsen / Vogt, 2003: 170).

Fragebogen
„Unter einem Fragebogen wird die schriftliche Zusammenstellung von Fragen oder Aussagen in Form so genannter Items verstanden." (Heinsen / Vogt, 2003: 172) Er zählt zu den am häufigsten verwendeten Ermittlungstechniken, da durch seinen Einsatz eine große Anzahl von Kindern bei sehr hoher Konsistenz der Antworten und geringem Zeit- und Kostenaufwand befragt werden kann (vgl. Rupp, 2002: 115-116).

8.2 Techniken

Bei der Erstellung eines Fragebogens muss sehr bewusst mit einem Wechsel zwischen *offenen* und *geschlossenen* Fragen vorgegangen werden. Offene Fragen erlauben eine unbegrenzte Anzahl an Antworten, die im Fall von Kindern ein sehr umfangreiches und gleichzeitig schwer auswertbares Ergebnis liefern kann.
Bei der geschlossenen Fragestellung werden dagegen Alternativen durch Erwachsene vorgegeben. Neue und interessante Ideen können auf diese Weise verloren gehen. Die statistische Auswertung ist allerdings weniger aufwändig und erlaubt eine gezielte Erfassung.

> Häufig empfiehlt sich eine Mischung aus offener und geschlossener Fragestellung, da der Fragebogen zum einen eine gezielte Erfassung gewünschter Informationen erlaubt, zum anderen neue Ideen und Informationen generiert.

Ratingskalen stellen eine Sonderform der geschlossenen Fragestellung dar, die der direkten Selbsteinstufung dienen. Für jüngere, leseunkundige Kinder der präoperationalen und frühen konkret operationalen Phase eignen sich vor allem symbolische oder grafische Marken, die laut Hanna et al. maßgeblich eines aussagekräftigen Anfangs- und Endpunktes bedürfen (vgl. Hanna et al. 1997: 8).

Eine mögliche Anwendungsform ist daher eine Skala von lachenden und traurigen Gesichtern:

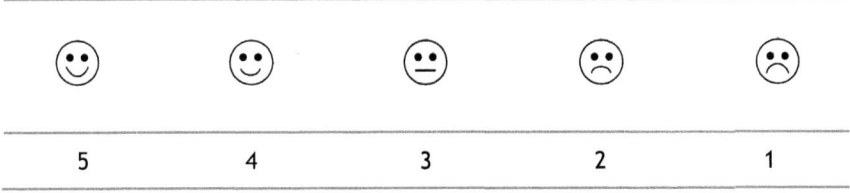

☺	☺	😐	☹	☹
5	4	3	2	1

Abbildung 8-2: Symbolische Ratingskala mit der Wertung von 1 bis 5

> Es lässt sich beobachten, dass jüngere Kinder generell zu positiveren Bewertungen neigen, um dem Testleiter „zu gefallen" und um gelobt zu werden. Laut Maly achten Kinder zudem oftmals gar nicht auf die übertragene Bedeutung der Gesichter. Es hat vielmehr den Anschein, dass Kinder danach entscheiden, welcher ihnen am besten gefällt (vgl. Maly, 2007a: 27). Für sehr junge Kinder reichen daher bereits drei Gesichter, welche die Grundemotionen fröhlich, traurig und „geht so" widerspiegeln und damit eindeutig bestimmbar sind.

Für Kinder der späten konkret operationalen sowie der formal operationalen Phase können bereits numerische und verbale Marken verwendet werden. Sie sind für eine Auswertung wesentlich sinnvoller als symbolische Marken, da sie eine genauere Bestimmung der Merkmalsausprägung ermöglichen. Dabei kann zwischen unipolaren und bipolaren Ratingskalen unterschieden werden.

Eine unipolare Ratingskala wird mit nur einem Begriff konstruiert, wobei nur eine Dimension von Emotion und deren Ausprägung ermittelt wird:

Sehr sicher	6	5	4	3	2	1	Sehr unsicher

Abbildung 8-3: Unipolare numerische Ratingskala mit der Wertung 1 bis 6

Eine bipolare Ratingskala hingegen wird mit zwei Begriffen konstruiert. Im Gegensatz zur unipolaren Skala ist die negative und positive Seite nicht so spezifisch stark ausgeprägt.

Interessant	6	5	4	3	2	1	Langweilig

Abbildung 8-4: Bipolare numerische Ratingskala mit der Wertung 1 bis 6

Ratingskalen bieten die Möglichkeit, eine mittlere Antwortkategorie zu verwenden oder auf diese zu verzichten. Diese kann unterschiedlichste Bedeutungen annehmen:

Es kann sich um eine
- mittlere Antwortposition,
- „Ich weiß nicht" - Antwort,
- „Weder noch" - Antwort,
- „Irrelevanz" - Antwort,
- „Protest" - Antwort handeln.

Dagegen zwingt eine geradzahlige Skala das Kind, sich für eine Richtung zu entscheiden, wodurch die Tendenz zur Mitte vermieden wird und eindeutige Testergebnisse erzielt werden.

Der Fragebogen sollte gemeinsam mit dem Testleiter ausgefüllt werden, da Fragen häufig nicht sinngemäß verstanden werden und einer exakteren Erläuterung bedürfen. Ältere Kinder gehen sehr kritisch mit Fragebögen um und können diese unter Vorbehalt bereits allein ausfüllen.

Interview

Ein Interview hat stets das Ziel, persönliche Informationen oder Sachverhalte zu ermitteln. Ähnlich dem Fragebogen wird dabei auch zwischen einem offenen und geschlossenen Interview differenziert. In einem geschlossenen Interview sind die Fragen vorgegeben und für alle Befragten gleich, wodurch sich die statistische Auswertung wesentlich einfacher gestaltet (vgl. Heinsen / Vogt, 2003: 105).

Die Durchführung eines Interviews mit einem einzelnen Kind erscheint in dessen Augen meist wie eine Prüfungssituation, wodurch es gehemmt ist frei zu sprechen und die eigene Meinung offen mitzuteilen. Durch den so aufgebauten Druck können sich Kinder häufig nicht einmal mehr an Lieblingsspiele oder Lieblingsfreizeitbeschäftigungen erinnern. Für die Durchführung von Interviews mit Kindern sollte folglich eine längere Eingewöhnungszeit veranschlagt werden, in der sich Interviewpartner und Kind näher kennenlernen können.

Fokusgruppen

Fokusgruppen stellen eine weitere Möglichkeit der Befragung dar, die im Gegensatz zu Interviews aus der Interaktion unter mehreren Teilnehmern und mit einem Moderator besteht. Unter der Bezeichnung Fokusgruppe kann man sowohl offene Gruppendiskussionen, strukturierte Gruppeninterviews als auch Workshops, in denen konkrete Lösungen für Probleme erarbeitet werden, verstehen (vgl. Heinsen / Vogt, 2003: 138).

Laut einer Studie von Large sollten Fokusgruppen nicht mit Kindern unter sechs Jahren durchgeführt werden aufgrund deren kurzer Aufmerksamkeitsspanne und der geringen Fähigkeit, Gedanken in Worte fassen zu können. Erst mit Kindern im Alter von zehn bis dreizehn Jahren werden die optimalsten Ergebnisse erzielt (vgl. Large, 2001: 81-82).
Im Vergleich zu Fokusgruppen mit Erwachsenen, soll auch die Gruppengröße mit maximal fünf bis sechs Kindern minimiert und die Dauer auf maximal eine Stunde beschränkt werden (vgl. Large, 2001: 81-82). Für die Durchführung empfiehlt Large außerdem gleichgeschlechtliche Gruppen, also entweder nur Jungen oder nur Mädchen, die einen maximalen Altersunterschied von ein bis zwei Jahren aufweisen. Die kindliche Entwicklung vollzieht sich so schnell, dass bereits kleine Unterschiede in Alter und kognitiven Eigenschaften sehr unterschiedliche Verhaltensmuster hervorbringen (vgl. Large, 2001: 86).

Die Entscheidung darüber, ob sich die teilnehmenden Kinder kennen sollten oder nicht, obliegt dem Moderator. Beide Varianten weisen Vor- und Nachteile auf, die es gegeneinander abzuwägen gilt. Kennen sich die Kinder bereits, ist das deutliche Auftreten von „Gruppenzwang" möglich, wodurch sich die Antworten der Kinder stark ähneln können. Auf der anderen Seite verlieren sie so schneller ihre Scheu vor dem Moderator und sprechen ihre Meinung frei aus. Wenn sich Kinder dagegen nicht kennen, brauchen sie länger um aus sich heraus zu gehen, passen ihre Meinung aber eher selten den anderen an (vgl. Large, 2001: 85-86).

Beobachtungstechniken

Neben dem Fragebogen stellt die *Beobachtung*, besonders im Umgang mit kleinen Kindern, die empfehlenswerteste Ermittlungstechnik dar (vgl. Heinsen / Vogt, 2003: 104).

Beobachtung
Ziel der Beobachtung ist es, Gegenstände des kindlichen Interesses möglichst genau zu erfassen. Sie ist eine grundlegende Technik der Datengewinnung und Faktensammlung mit einer Beschreibung bzw. Rekonstruktion der Wirklichkeit einer Forschungsfrage zum direkten Zeitpunkt des Geschehens. Die Beobachtung kann teilnehmend oder anonym durchgeführt werden (vgl. Heinsen / Vogt, 2003: 104).
Erstere kommt besonders in natürlichen, nicht arrangierten Umgebungen zum Einsatz, wobei der Beobachter selbst aktiver Bestandteil des Beobachtungsfeldes wird. Dadurch hat er die Möglichkeit, per gezielter Nachfrage in den Arbeitsprozess einzugreifen oder bei auftretenden Problemen hilfreich zur Seite zu stehen.

Die teilnehmende Beobachtung birgt den Nutzen, hilfreiche Zusatzinformationen von den Kindern zu erhalten oder geben zu können. Ohne das nötige Fingerspitzengefühl könnte der Moderator jedoch eher den Eindruck eines Aufpassers oder Kontrolleurs erwecken, wodurch er die kindlichen Aktivitäten negativ beeinflusst (vgl. Rupp, 2002: 113).

Darüber hinaus kann die Beobachtung mit oder ohne Aufzeichnung durchgeführt werden. Videoaufzeichnungen ermöglichen das gezielte mehrfache Betrachten von Handlungsdetails oder das Wiedergeben von kindlichen Äußerungen. Gesamteindruck und subjektive Eindrücke können allerdings nur selten mit der Videokamera eingefangen werden (vgl. Heinsen / Vogt, 2003: 104). Möglichst kleine und verborgene Kameras setzen Kinder bei ihren Tätigkeiten nicht so stark unter Druck wie eine Kamera, die direkt auf sie gerichtet und deutlich sichtbar ist.

8.2.2 Nutzerspezifische Ermittlungstechniken

Nutzerspezifische Ermittlungstechniken haben zum Ziel, Kinder zu motivieren und zu stimulieren. Kinder sollten die Möglichkeit haben, für sich selbst etwas aus einer solchen Sitzung mitnehmen zu können.

Contextual Inquiry

Das *Cooperative Inquiry* nach Druin umfasst drei Ansätze zur Einbindung von Kindern in den Entwicklungsprozess: Contextual Inquiry, Technology Immersion und Participatory Design. Für die Durchführung der Anforderungsanalyse ist besonders das Contextual Inquiry geeignet, weshalb es in diesem Rahmen besondere Aufmerksamkeit findet (vgl. Druin, 1999: 593).

Im Zuge dieser Technik werden Kinder nicht nur beobachtet, sondern bezüglich ihrer Tätigkeiten durchgängig befragt. Entwickler erhalten auf diesem Wege einen tieferen und genaueren Einblick in die Beweggründe der Kinder, etwas Bestimmtes zu tun.

8.2 Techniken

Laut Druin fühlen sich Kinder in einer anonymen Beobachtung bedeutend unwohler als bei der Anwesenheit eines Testbegleiters, weshalb dieser grundsätzlich anwesend sein sollte. Macht dieser sich allerdings Notizen, können Kinder stark von ihrer Aufgabe abgelenkt werden (vgl. Druin, 1999: 593; vgl. Large, 2001: 83).

KidReporter
Die Technik KidReporter erlaubt Kindern, mit ihrer eigenen Meinung zu einem bestimmten Problem beizutragen, indem sie ihre Ideen, Gedanken und Vorstellungen dazu in einer Zeitung zusammentragen (vgl. Bekker, 2003: 189).

Die Inhalte werden in einem vierstufigen Prozess durch die Kinder erstellt und erlauben den Entwicklern, die Interessen und Vorlieben der Kinder besser zu verstehen. Folgende vier Phasen werden dazu, hier am konkreten Beispiel, durchlaufen:

→ Fotos,
→ Interviews,
→ Artikel,
→ Fragebögen.

Fotos
Im ersten Schritt werden Kinder dazu aufgefordert, bezüglich einer bestimmten Aufgabenstellung Fotos zu machen.
Für die spezielle Entwicklung einer Lernsoftware über Zootiere, sollten Kinder beispielsweise eigene Fotos von interessanten Objekten und Subjekten im Zoo zu schießen. Anschließend wurden sie gebeten, den Grund näher erläutern, warum sie dieses Foto gemacht haben, was darauf zu sehen ist und warum es so interessant erscheint. Eine Aufgabe für die Kinder wesentlich weniger Zeit aufwenden, als für das Machen der Fotos (vgl. Bekker, 2003: 189).

Interviews
Im zweiten Schritt werden in einer Gemeinschaftsarbeit mehrerer Kinder Fragen entwickelt, die es den kleinen Fotografen ermöglichen sollen, ihre eigene Geschichte in Verbindung zum Foto präziser zu erzählen (vgl. Bekker, 2003: 189).

Artikel
Eine begrenzte Anzahl an Kindern hat anschließend die Möglichkeit, ihre Geschichte auszuformulieren und detailreiche Informationen zu einem interessierenden Thema in einem Artikel zusammenzufassen (vgl. Bekker, 2003: 189).
Eine Aktivität, für die besonders viel Zeit eingeplant werden sollte (vgl. Bekker, 2003: 197). Im Vergleich zu dieser, liefern andere Methoden weitaus weitschweifendere Ideen über eine wesentlich größere aber schwer auswertbare Anzahl an Themen.

Fragebögen
In einem abschließenden Fragebogen werden die Kinder zu den eingefangenen Bildern und ihrer Geschichte befragt (vgl. Bekker, 2003: 189).

Basierend auf den Erkenntnissen Bekkers lässt sich abschließend zusammenfassen, dass sich durch die Möglichkeit zur Auswahl verschiedener Techniken die kindliche Motivation steigern lässt, wodurch sich die Qualität der Vorschläge grundsätzlich verbessert. Außerdem stehen die Ideen und Antworten unter sehr geringem Einfluss der Eltern, Lehrer oder Klassenkameraden (vgl. Bekker, 2003: 195). Die am Ende in einer Zeitung veröffentlichten Fotos, Interviews und Artikel ermöglichen den Entwicklern einen konkreten Einblick in die Interessen der Kinder einer spezifischen Altersgruppe und zu einem bestimmten Thema.

Mixing ideas
Die Technik der Mixing ideas nach Guha et al. wurde entwickelt, um Kinder während einer typischen Brainstorming-Sitzung aktiv zu unterstützen (vgl. Guha et al., 2004: 37). In ihrem Ablauf lässt sie sich in drei Stufen unterteilen:

8.2 Techniken

Stufe 1: Erste Ideenentwicklung durch jedes einzelne Kind.
Stufe 2: Mixen der Ideen.
Stufe 3: Mixen der großen Idee.

Stufe 1: Erste Ideenentwicklung durch jedes einzelne Kind
In der ersten Stufe werden sämtliche Teilnehmer in kleine Gruppen von drei bis vier Kindern unterteilt, wobei jedes Kind eng mit einem Erwachsenen zusammenarbeitet. Die Aufgabe der Kinder besteht darin, basierend auf einer präzisen Fragestellung individuelle Ideen zu entwickeln und diese in bildlicher Form in einem „Forschungsbericht" zu veranschaulichen. Die erwachsenen Betreuer haben parallel dazu die Aufgabe, die Ideen der Kinder in schriftlicher Form festzuhalten (vgl. Guha et al., 2004: 37).

Stufe 2: Mixen der Ideen
Die zweite Stufe befasst sich mit dem ersten Zusammenfassen der Einzelideen zu größeren Ideen, zunächst noch innerhalb der kleinen Gruppen. Jede Gruppe erhält die Aufgabe, aus den vielen vorhandenen Einzelideen eine gemeinsame Gesamtidee zu entwickeln. Anschließend werden einzelne Gruppen zu größeren Gruppen vereint und das vermischen der Ideen beginnt von neuem.

Stufe 3: Mixen der großen Idee
In der dritten Stufe werden optimalerweise die Gesamtideen der zwei letzten verbliebenen Gruppen kombiniert und zu einer großen Gesamtidee verschmolzen (vgl. Guha et al., 2004: 39).

Auf den ersten Blick gehen mittels dieser Technik etliche Einzelideen verloren, weshalb es sinnvoll erscheint, von vornherein eine einzige Gruppe zu bilden. Guha et al. sehen in dieser Vorgehensweise jedoch einen entscheidenden Vorteil: Die einzelnen Stufen wirken sich sowohl nachhaltig auf die Entwicklung des Ideenreichtums und der Innovationskraft auf Seiten der Kinder als auch auf Seiten der Erwachsenen aus.

Für Kinder im Alter von zwei bis sechs Jahren ist diese Technik jedoch nur bedingt geeignet. Aufgrund ihrer egozentrischen Weltanschauung können sie sich nur schwerlich vorstellen, dass viele verschiedene Ideen in eine große Idee einfließen können, ohne dass sie zwangsläufig verloren gehen. Manche Kinder werden traurig, wenn sie meinen, ihre Idee wäre nicht eingeflossen. Andere trauen sich gar nicht, diese in der Gruppe loszuwerden, weil sie glauben, ihren Ideen würde keine Beachtung geschenkt (vgl. Guha et al., 2004: 36).

8.3 Durchführung

Neben der Vorbereitung stellt sich auch die Durchführung einer Anforderungsanalyse mit Kindern als wesentlich zeitaufwändiger heraus als mit Erwachsenen (vgl. Kelly et al., 2006: 363).

Für die Durchführung der Anforderungsanalyse mittels oben beschriebener Techniken sollten die folgenden zehn Prinzipien herangezogen und beachtet werden:

1. Begeben Sie sich in ein vertrautes Milieu.

Ein vertrautes Milieu, wie die Schule oder der Spielplatz, gibt Kindern das Gefühl, die Kontrolle über die Situation zu haben, weshalb sie wesentlich schneller ihre Scheu verlieren und eher bereit sind, sich zu öffnen und ihre Gedanken offen mitzuteilen.

2. Geben Sie den Kindern Zeit.

Kinder müssen sich zunächst auf die ungewöhnliche Situation einstellen, weshalb Befragungen erst nach einer kurzen Eingewöhnungszeit durchgeführt werden sollten. Gespräche über Hobbies und Interessen lockern die Situation auf.

3. Tragen Sie legere Kleidung.

Sportliche, legere Kleidung, bestehend aus Jeans und T-Shirt, trägt dazu bei, dass Kinder den Moderator nicht zu sehr als Autoritätsperson wahrnehmen, sondern vielmehr als „one of the gang". Kinder sollten das Gefühl haben, mit Jemandem reden zu können wie zu einem Freund. Autoritätspersonen vermitteln unweigerlich das beklemmende Gefühl einer Testsituation (vgl. Kelly et al., 2006: 56).

4. Werden Sie zu einem Teil der Kinder.

Für die Durchführung einer Erhebung mit Kindern sollten deren typische Aktivitäten vom Moderator übernommen werden. Die Befragung könnte so zum Beispiel gemeinsam auf dem Boden sitzend oder liegend durchgeführt werden oder auch beim Klettern an der Sprossenwand. So werden die typischen kindlichen Aktivitäten bewahrt und der Moderator nicht als Außenseiter ignoriert (vgl. Kelly et al., 2006: 56).

5. Nutzen Sie ein Objekt als „Brücke".

Objekte können hilfreich sein, um eine Beziehung zwischen dem beobachteten Kind und dem Moderator aufzubauen. Bei einem solchen Objekt kann es sich beispielsweise um einen Computer oder auch ein Videospiel handeln, um das Eis zu brechen. Wenn in der näheren Umgebung keine technischen Geräte oder Spiele zur Verfügung stehen, kann auch etwas anderes benutzt werden, das in irgendeiner Weise Interaktion zwischen Moderator und Kind ermöglicht (vgl. Kelly et al., 2006: 56).

6. Fragen Sie nach kindlichen Meinungen und Gefühlen.

Um die Meinung der Kinder zu einem bestimmten Sachverhalt zu erfahren, muss der Moderator mehr über ihre Gedanken und Gefühle wissen, die automatisch an befragte Sachverhalte gekoppelt sind. Durch eine Formulierung wie: „Ich brauche deine Hilfe [...]", fühlen sich Kinder wichtig und zeigen eine deutlich größere Bereitschaft, ihre Gedanken mitzuteilen (vgl. Kelly et al., 2006: 56).

7. Nutzen Sie eine lockere Umgangssprache.

Eine ungezwungene, lockere Redensart hilft dem Kind sich zu entspannen und sich dem Moderator zu öffnen (vgl. Kelly et al., 2006: 56-57).

8. Der Moderator sollte keine eigenen Notizen machen.

Muss der Moderator die Befragung stoppen, um Notizen zu machen, werden die Kinder dadurch zu stark abgelenkt oder verunsichert. Das Gefühl einer Testsituation entsteht, wobei der Moderator in den Augen der Kinder die typische Funktion eines Lehrers einnimmt. Solche Situationen können vermieden werden, indem eine zweite Person die Aufgabe des Notierens und Protokollierens übernimmt (vgl. Kelly et al., 2006: 57).

9. Nutzen Sie kleine Notizzettel.

Wird für diese Notizen Papier genutzt, sollte dieses möglichst klein sein. Große Blöcke geben Kindern das Gefühl, dass nicht ihre eigenen Gedanken gefragt sind sondern ihre „richtigen Antworten" (vgl. Kelly et al., 2006: 57).

10. Notierende Beobachter sollten ihre Bewegungen einschränken.

Mitarbeiter, die während der Durchführung Notizen machen, sollten zwar in der unmittelbaren Nähe des Geschehens sein, aber den direkten Augenkontakt mit dem Kind sowie größere Bewegungen vermeiden. Idealerweise werden sie zu einem unbeweglichen, nahezu unsichtbaren Teil des Hintergrundes innerhalb der Testumgebung. Auf diese Weise fühlen sich Kinder sicherer, gehen mehr aus sich heraus und zeigen viel lieber was sie mögen (vgl. Kelly et al., 2006: 57).

Tabelle 8-2: Durchführung der Anforderungsanalyse

8.4 Zusammenfassung

Wegen ihrer großen Ideenvielfalt, ihrer blühenden Fantasie und ihrer zwanglosen, unerschrockenen Herangehensweise ist es schwierig, Anforderungen von Kindern an ein bestimmtes Produkt zu sammeln. Erst durch Techniken wie dem KidReporter oder den Mixing Ideas wird die Kreativität der Kinder nachhaltig geweckt, eigene Ideen zu einer ganz spezifischen Aufgabe zu entwickeln.

Kinder brauchen Freiräume um Eigenengagement entwickeln zu können und Erwachsene, die sich in die verrückten Ideen hineindenken und den kindlichen Ideenreichtum zusätzlich fördern.

9. Konzept - Kinder als Nutzer

"Designing an effective interface doesn't happen by chance. Good design happens only when designers understand people as well as technology."

JoAnn Hackos & Janice Redish

In Kapitel 1 wurden die grundsätzlichen Anforderungen an die Gebrauchstauglichkeit: Effektivität, Effizienz und Zufriedenheit bereits kurz erläutert. Die Norm sieht darüber hinaus sieben Gestaltungsprinzipien für den Dialog vor, die so genannten *Grundsätze der Dialoggestaltung*. Nur wenn diese eingehalten werden, können die genannten Eigenschaften erreicht und eine in ihrer Benutzung einfache und gute Software entwickelt werden.

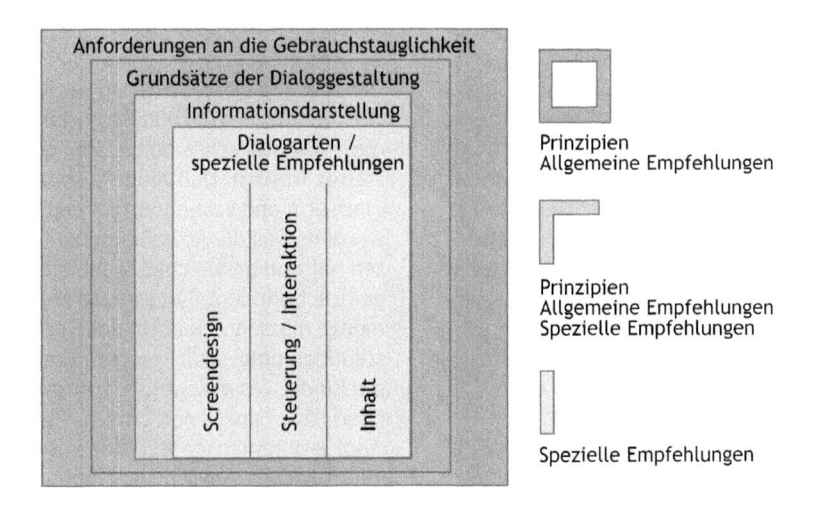

Abbildung 9-1: Zusammenhang relevanter Standards für die Softwaregestaltung

Da diese Grundsätze für ein sehr großes Spektrum von Softwareapplikationen gelten müssen und dabei meist einen hohen Abstraktionsgrad aufweisen, sind sie mitunter schwierig zu interpretieren und praktisch anzuwenden. Daher wird nachfolgend zunächst deren Bedeutung und Besonderheit in ihrer Anwendung für die Entwicklung von Kindersoftware deutlich gemacht.

Grundsätze der Dialoggestaltung

Aufgabenangemessenheit	Besonderheiten für Kindersoftware
Ein Dialog ist aufgabenangemessen, wenn er den Benutzer unterstützt, seine Arbeitsaufgabe effektiv und effizient zu erledigen. Bei der Gestaltung des Dialogs sollte der Komplexität der Arbeitsaufgabe unter Berücksichtigung der Fertigkeiten und Fähigkeiten des Benutzers Rechnung getragen werden.	Für Kinder, die sich noch in der Entwicklung ihrer Fähigkeiten befinden ist es elementar, dass die Erreichung ihres Ziels nicht durch zusätzliche kognitive Anforderungen erschwert wird. Vor allem Web- und Lernapplikationen müssen so gestaltet sein, dass den Kindern keine unnötigen Schritte auferlegt werden, um den Inhalt oder das Ziel zu erreichen.
Selbstbeschreibungsfähigkeit	
Ein Dialog ist selbstbeschreibungsfähig, wenn jeder einzelne Dialogschritt durch Rückmeldung des Dialogsystems unmittelbar verständlich ist oder dem Benutzer auf Anfrage erklärt wird. Im Idealfall sind Benutzungsschnittstellen unmittelbar verständlich, d.h. man benötigt zu ihrer Bedienung kein besonderes Vorwissen oder besondere Hilfestellungen.	Damit komplexe Strukturen für Kinder leichter begreifbar sind, müssen diese selbstbeschreibungsfähig gestaltet werden. Den Kindern sollte eindeutig und schnell aufgezeigt werden, was die Anwendung zu bieten hat und an welcher Stelle sie sich gerade befinden. Eingesetzte Elemente müssen eindeutig und verständlich umgesetzt werden, damit die Kinder wissen, welche Informationen bzw. Funktionen dort zu finden sind. Problematisch ist, dass vor allem jüngere Kinder noch nicht oder nur schwer in der Lage sind zu abstrahieren. Auch dieser Umstand sollte berücksichtigt werden.

9. Konzept – Kinder als Nutzer

Erwartungskonformität	
Ein Dialog ist erwartungskonform, wenn er konsistent ist und den Merkmalen des Benutzers entspricht, z.b. seinen Kenntnissen aus dem Arbeitsgebiet, seiner Ausbildung und seiner Erfahrung sowie den allgemein anerkannten Konventionen.	Kinder sind teilweise noch sehr unerfahren mit dem Computer und dem Internet. Daher ist es von Bedeutung, dass Anwendungen in sich logisch und konsistent aufgebaut sind. Die Barrieren der kognitiven Entwicklung sollten nicht durch unklare Funktionen und Aktionsmöglichkeiten weiter vergrößert werden und damit den Weg zum eigentlichen Inhalt zusätzlich behindern.
Lernförderlichkeit	
Ein Dialog ist lernförderlich, wenn er den Benutzer beim Erlernen des Dialogsystems unterstützt und anleitet.	Einige Anwendungen bergen die Gefahr, dass Kinder an einem Punkt angelangen, an dem sie nicht weiter wissen. Es muss eine geeignete Unterstützung gut sichtbar in Form von Hinweisen, Rückmeldungen oder Anleitungen angeboten werden. Eine gute Möglichkeit stellen hierbei Metaphern dar, die den Kindern aus ihrer Erfahrungswelt bekannt sind.
Steuerbarkeit	
Ein Dialog ist steuerbar, wenn der Benutzer in der Lage ist, den Dialogablauf zu starten sowie seine Richtung und Geschwindigkeit zu beeinflussen, bis das Ziel erreicht ist.	Bei der Unterstützung dieses Kriteriums spielt die Zielgruppenauslegung eine entscheidende Rolle, da den Kindern eine stärkere und aktivere Rolle zugesprochen wird, der vor allem die jüngere Zielgruppe nicht immer gerecht werden kann. Prinzipiell sollten Kinder jedoch die Möglichkeit besitzen, Aktionen selbst kontrollieren und steuern zu können.

Fehlertoleranz	
Ein Dialog ist fehlertolerant, wenn das beabsichtigte Arbeitsergebnis trotz erkennbarer fehlerhafter Eingaben entweder mit keinem oder mit minimalem Korrekturaufwand seitens des Benutzers erreicht werden kann.	Prinzipiell besteht hierbei die Forderung, durch ein sorgfältiges Design Fehlerquellen für Kinder vorbeugend zu vermeiden. Dies wird natürlich dadurch beeinflusst, in welchem Umfang die bereits beschriebenen Kriterien erfüllt werden. Kinder sind in ihrer Aktion mit der Schnittstelle fehleranfällig, weshalb eine weitere Schwierigkeit mit der Darstellung von Fehlermeldungen verbunden ist. Ob Kinder in der Lage sind, diese Hinweise zu interpretieren und wie sie damit umgehen, muss noch in benutzerorientierten Untersuchungen evaluiert werden.
Individualisierbarkeit	
Ein Dialog ist individualisierbar, wenn das Dialogsystem Anpassungen an die Erfordernisse der Arbeitsaufgabe, individuelle Vorlieben des Benutzers und Benutzerfähigkeiten zulässt.	Ähnlich wie die Forderung der Steuerbarkeit setzt dieses Kriterium eine aktive Rolle der Kinder voraus. Zusätzliche Einstellungsmöglichkeiten, die auf eine stärkere Individualität des Anwenders abzielen, bedeuten im Falle von Kindersoftware auch eine höhere mentale Belastung. Daher stellt sich die Frage nach dem Nutzen und der Art und Weise, wie und wo die Individualisierbarkeit eingesetzt werden könnte.

Tabelle 9-1: Grundsätze der Dialoggestaltung

Die Beschreibung der einzelnen Dialogprinzipien macht deutlich, dass die Anwendbarkeit jedes einzelnen Grundsatzes vom jeweils angestrebten Nutzungskontext, der Zielgruppe und der angewendeten Dialogtechnik abhängt.

9.1 Aufbau und Anwendung

Ein auf den Grundsätzen der Dialoggestaltung basierendes Konzept dient nun als Grundlage für einen detaillierten Katalog mit 110 Empfehlungen zur Gestaltung von Benutzeroberflächen für Kindersoftware und -websites.

Die auf empirischen und analytischen Studien zu Kindersoftware beruhenden Empfehlungen geben Anreize und Tipps zur grundlegenden Verbesserung von Design und Benutzerfreundlichkeit. Für eine schnelle Anwendbarkeit sind sie den drei Kategorien *Screendesign*, *Steuerung / Interaktion* und *Inhalt* zugeordnet und erfahren innerhalb dieser eine immer stärkere Konkretisierung.

→ Das *Screendesign* befasst sich mit grundlegenden Fragen der grafischen Gestaltung, angefangen bei verwendeten Farben über den Aufbau einer gelungenen Bildschirmaufteilung bis hin zur Einbindung von auditiven und visuellen Gestaltungselementen.

→ Der Teil *Steuerung / Interaktion* gibt Empfehlungen zur Gestaltung und Verwendung bestimmter Eingabegeräte, diskutiert Interaktionstechniken und Fragen der Benutzerunterstützung und gibt Hinweise zum Einbinden von Feedback oder Hilfefunktionen.

→ Im *Inhalt* werden allgemein inhalt-basierte Fragen aufgegriffen wie der richtigen Menge und Größe an bereitgestelltem Text- und Bildmaterial, der Abfrage von Daten oder der Einbindung von Werbung.

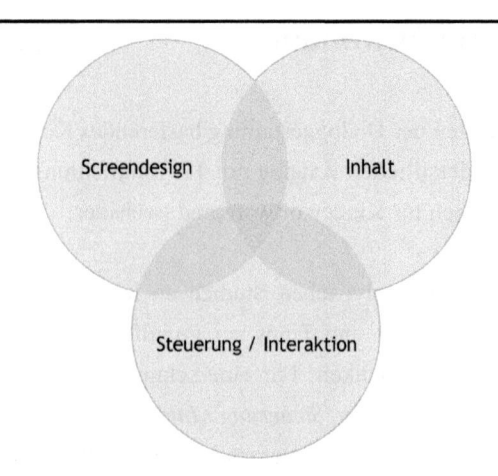

Abbildung 9-2: Kategorisierung der Gestaltungsempfehlungen

Wie in Kapitel 3 bereits angesprochen, verändern sich die Interessen der Kinder mit zunehmendem Alter ebenso kontinuierlich wie ihre Fähigkeiten. Ein Umstand, der in der Gestaltung von Benutzeroberflächen für Kinder Beachtung finden muss und diese im nachfolgenden Katalog auch findet. Um eine klare Unterscheidung zwischen den verschiedenen Altersgruppen vermitteln zu können, sind alle Empfehlungen, wie bereits in Kapitel 7 erläutert, kodiert.

Zum einfachen Nachschlagen und Wiederfinden erhalten alle Empfehlungen neben der Kodierung eine Nummer und einen Verweis X, für welche Art der Benutzeroberfläche sie geeignet und anwendbar sind – Software im Allgemeinen oder Websites im Speziellen. Manche Empfehlungen sind sowohl für Software als auch für Websites anwendbar, andere nur für Software oder Websites. Eine Seitenziffer verweist zudem auf detailliertere Informationen zur jeweiligen Empfehlung im nachfolgenden Kapitel.

Nr.	Kodierung	Gestaltungsempfehlung	Software	Website
48	○△■◇	Ein Navigationselement niemals mit mehreren Funktionen versehen.	X	X

Tabelle 9-2: Beispielhafte Kodierung der Gestaltungsempfehlungen

9.2 Gestaltungsempfehlungen im Überblick

Die nachfolgenden Empfehlungen sind keineswegs starre, fixierte Regeln, die auf jede Software oder Website angewendet werden müssen. Je nach vorgesehener Applikation und Alter der Zielgruppe muss, ähnlich den Dialogprinzipien, erneut abgewogen werden, welche Empfehlungen aufzugreifen und anzuwenden sind. Dabei sind diese durchaus anpassungsfähig und eher als sinnvolle *DO's* und *DON'Ts* anzusehen (vgl. Shneiderman, 2006: 1).

Nr.	Kodierung	Gestaltungsempfehlung	Software	Website
		Screendesign		
		Farbe		
1	○△■◇	Auf eine einheitliche Farbgebung und Logogestaltung achten.		X
2	●△■◇	„Farbe-an-sich-Kontrast" verwenden.	X	
		Schrift und Textgestaltung		
3	○△■●	Die Schriftgröße an die Zielgruppe anpassen: Einfache und relativ große Schriftarten benutzen.	X	X

Nr.	Kodierung	Gestaltungsempfehlung	Software	Website
4	○△■◆	Zwischen Text und Hintergrund einen möglichst hohen Kontrast herstellen.	X	X
5	○△■◆	Text auf Hintergrundbildern vermeiden.	X	X
6	○△■◆	Keinen animierten Text verwenden.	X	X
		Bildschirmaufteilung		
7	○▲■◆	Standardlayouts für Bildschirmmasken verwenden.	X	
8	○▲□◇	Zentrale Informationen im sichtbaren Bereich anordnen.	X	X
9	○▲■◇	Darstellungsbereich des Inhalts nicht zu klein halten.	X	X
10	○▲■◆	Websites nach den drei Vorgaben: Einfachheit, Effizienz und Minimierung der Elemente aufteilen.		X
11	○▲■◆	Zusammengehörige Elemente gruppieren.		X
		Visuelle Gestaltungselemente		
12	○▲■◆	Auf kurze Ladezeiten achten.		X
13	●▲■◆	Funktionsfähigkeit mit verschiedenen Browsern testen.		X
14	○▲■◇	Texte gezielt mit Bildern, Animationen und Videos anreichern.	X	X

9.2 Gestaltungsempfehlungen im Überblick

Nr.	Kodierung	Gestaltungsempfehlung	Software	Website
		Bilder und Grafiken		
15	○△■◆	Bilder und Grafiken zur Unterstützung des Lernprozesses einbinden.	X	
16	○△■◆	Nur Bilder einsetzen, die zum Begreifen nützlich sind.	X	X
17	○△■◆	Aussagekräftigste Darstellung nutzen.	X	X
18	○△■○	Bilder als Link-Anker verwenden.		X
		Animationen		
19	◐△■○	Animationen sind essentielle Bestandteile in interaktiven Anwendungen für Klein- und Vorschulkinder.	X	X
20	◐△■◆	Animationen kurz, aussagekräftig und interessant gestalten.	X	X
		Videos		
21	○△■◆	Aussagekräftigste Abbildungsform wählen.	X	X
22	○△■◆	Umfassende Kontrolle über Videos ermöglichen.	X	X
		Auditive Gestaltungselemente		
		Ton		
23	○△■◆	Ton sichtbar machen.	X	X
24	◐△□○	Websites konsequent und vollständig audiobasiert aufbauen.		X

Nr.	Kodierung	Gestaltungsempfehlung	Software	Website
		Sprache		
25	●▲■◆	Wichtige sprachliche Informationen mit Text und Bild anreichern.	X	X
26	○▲■◆	Umfassende Kontrolle über sprachliche Informationen ermöglichen.	X	X
		Geräusche (Earcons)		
27	●▲■○	Geräusche zur Ergänzung und zur Förderung der Interaktion nutzen.	X	X
28	●▲■◆	Geräusche konsistent einsetzen.	X	X
		Hintergrundmusik		
29	○▲■◆	Hintergrundmusik mit Kontrolle auf Seiten der Nutzer einbinden.	X	X
		Steuerung und Interaktion		
		Eingabegeräte		
		Maus		
30	○▲□○	Allen Maustasten die gleiche Funktion zuweisen.	X	X
		Tastatur		
31	●▲□○	Tastatureinsatz vermeiden.	X	
		Touchscreen		
32	●▲□○	Ausreichend große Touchfelder verwenden.	X	X

9.2 Gestaltungsempfehlungen im Überblick

Nr.	Kodierung	Gestaltungsempfehlung	Software	Website
		Interaktionstechniken		
33	◐△▣◈	Interaktionstechniken innerhalb einer Anwendung konsistent halten.	X	X
34	○△▣◈	Die Verwendung von *Crossing Interfaces* eindeutig visualisieren und Bewegungen bildweise vornehmen.	X	
		Klicks und Doppelklicks		
35	◐△□◇	Doppelklicks vermeiden.	X	X
		Point-and-Click und Drag-and-Drop		
36	○△▣◈	*Point-and-Click* und *Drag-and-Drop* können gleichermaßen zum Einsatz kommen.	X	X
37	◐△▣◇	*Point-and-Click*-Interaktionen sind effektiver und einfacher.	X	
38	○△▣◇	*Drag-and-Drop*-Anwendungen mit kurzen Mauswegen gestalten.	X	X
		Scrollen		
39	◐△▣◇	Scrollen als Interaktionstechnik vermeiden.	X	X
		Navigation und Menü		
40	◐△▣◈	Navigation einheitlich gestalten.	X	X
41	◐△▣◈	Versteckte Navigation vermeiden.		X
42	○△▣◈	Standardisierte Interaktionsschemata verwenden.	X	X

Nr.	Kodierung	Gestaltungsempfehlung	Software	Website
43	○▲■◆	Kindern immer verdeutlichen, wo sie sich gerade befinden.	X	X
44	○△■◆	Mehrere Navigationswege zu einem Ziel anbieten.		X
45	○▲■◆	Einfache Zurück-Wege anbieten und als solche deutlich machen.	X	X
46	○△■◆	Den Homepage- oder Startseiten-Button deutlich von anderen Navigationselementen abheben und mit Text versehen.		X
47	○△■○	Rubriken so einfach und informativ wie möglich benennen.	X	X
48	●▲■◆	Ein Navigationselement niemals mit mehreren Funktionen versehen.	X	X
49	○△■◆	Standard-Navigationselemente des Browsers nicht ausblenden.		X
		Informationsarchitektur		
50	●▲■○	Flache Informationsarchitekturen verwenden.	X	X
		Interface Metaphern		
51	○▲■◆	Metaphern eindeutig und konsistent umsetzen.	X	X
52	●▲■◆	Interface Metaphern mit dem mentalen Modell der Kinder abstimmen.	X	X
53	●▲■◆	Metaphern aus dem täglichen Leben der Kinder, ihren Beschäftigungen und Aussagen schöpfen.	X	X

9.2 Gestaltungsempfehlungen im Überblick

Nr.	Kodierung	Gestaltungsempfehlung	Software	Website
		Icons		
54	○▲■◆	Icons eindeutig gestalten.	X	X
55	○▲■◆	Standardisierte und stereotype Icons verwenden.	X	X
56	○▲■◆	Verständnis neuer Icon-Entwürfe sicherstellen.	X	X
57	●▲■◆	Icons nie mit einer konstanten Animation versehen.	X	X
58	●▲■◇	Bunte Icons verwenden.	X	X
		Schaltflächen		
59	●▲■◆	Anklickbare Objekte deutlich als solche kennzeichnen.	X	X
60	●▲■◆	Schaltflächen durch Sound, Animationen oder grafische Hinweise hervorheben.	X	X
61	○▲□◇	Expandierende Schaltflächen verwenden.	X	
62	○▲■◇	*Click-ons* zur Unterhaltung einbinden.	X	
		Links		
63	○△■◆	Links eindeutig benennen.		X
64	○▲■◆	Links konsequent und konsistent umsetzen.		X
65	●▲■◇	Verlinkungen auf externe Seiten vermeiden.		X

Nr.	Kodierung	Gestaltungsempfehlung	Software	Website
Benutzerunterstützung				
66	○▲■◇	Tutorials und Trainer zum Erkunden anbieten.	X	
67	●▲■○	Entscheidung über Installation von Plug-Ins nicht auf Kinder übertragen.	X	X
Feedback				
68	○▲■◆	Feedback ohne Verzögerung geben, um eine optimale Nutzerkontrolle zu ermöglichen.	X	X
69	○△■○	Fehlermeldungen kindgerecht aufbereiten.	X	X
70	○△■◆	Feedback mit der steigenden Erfahrung der Kinder zurücknehmen.	X	
71	○△■◆	Auf das Verlassen einer Website durch externe Verlinkungen eindeutig hinweisen.		X
Statusanzeige				
72	○▲■◆	Status oder Score deutlich kennzeichnen.	X	X
Cursor				
73	●▲■◆	Den Cursor nie verdecken oder das Verlassen des sichtbaren Bereichs ermöglichen.	X	
74	●▲■◆	Der Cursor muss immer seine aktuelle Funktion widerspiegeln.	X	
75	●▲■◆	Der Aktivierungspunkt des Cursors muss leicht erkennbar sein.	X	X

9.2 Gestaltungsempfehlungen im Überblick

Nr.	Kodierung	Gestaltungsempfehlung	Software	Website
		Hilfe		
76	◐▲☐◇	Interfaces so einfach gestalten, dass auf eine Hilfe - soweit möglich - verzichtet werden kann.	X	X
77	○▲■◆	Hilfefunktionen gezielt anbieten und eindeutig als solche kennzeichnen.	X	X
78	◐▲■○	Auf Rollover-Effekte als Hilfe verzichten.	X	X
79	◐▲■○	Virtuelle, interaktive Begleiter als Hilfefunktion anbieten.	X	
		Instruktionen		
80	◐▲■○	Gesprochene Instruktionen so kurz wie möglich halten.	X	X
81	◐▲■○	Der Erzähler muss langsam und deutlich sprechen.	X	X
82	◐▲■○	Das Ende der Instruktion deutlich machen.	X	X
		Suche		
83	○▲■◆	Suchfunktion und Ergebnisdarstellung so einfach wie möglich einbinden.		X
		Inhalt		
84	◐▲■◆	Eindeutige Zielgruppenabgrenzung vornehmen.	X	X
85	○▲■◆	Der richtige Inhalt ist entscheidend für das Interesse der Kinder.		X
86	○▲■◆	Inhalte in regelmäßigen Abständen aktualisieren.		X

Nr.	Kodierung	Gestaltungsempfehlung	Software	Website
		Entertainment		
87	○▲■⬣	Eine Übersicht über alle vorhandenen Spiele einbinden und deutlich hervorheben.	X	X
88	○▲□◇	Spiele und Aktionen fehlertolerant gestalten.	X	X
89	○▲■◇	Nicht die Grafik sondern den Spaßfaktor in den Vordergrund stellen.		X
90	○▲■⬣	Spielanleitungen zur Verfügung stellen.	X	X
		Interaktionselemente		
91	○▲■⬣	Inhalte interaktiv aufbereiten.	X	X
		Leitfiguren (On-Screen-Character)		
92	●▲■⬣	Leitfiguren einbinden.	X	X
93	●▲■⬣	Leitfiguren in Charakter und Verhalten konsistent halten.	X	X
94	●▲■⬣	Leitfiguren entwickeln, mit denen sich die Kinder identifizieren können.	X	X
95	●▲□◇	Kinder bevorzugen äußerst lebendige, ausdrucksstarke Charaktere, die ihrer Vorstellungskraft entsprechen.	X	X
96	●▲■⬣	Gegensätzliche Positionen durch zwei Leitfiguren verdeutlichen.	X	X

9.2 Gestaltungsempfehlungen im Überblick

Nr.	Kodierung	Gestaltungsempfehlung	Software	Website
97	○△□◇	Bewegungen und Mitteilungen der Leitfiguren an das zeitliche und inhaltliche Geschehen anpassen.	X	
		Text		
98	○△□◇	Leicht verständliche, kurze Textpassagen verwenden.	X	X
99	○△□◇	Auf englische, fachspezifische oder metaphorische Begriffe verzichten.	X	X
		Überschriften		
100	○△□◇	Überschriften so einfach und informativ wie möglich wählen.	X	X
101	○△□◇	Überschriften gegenüber dem Text größer darstellen.	X	X
102	○△□◇	Überschriften eindeutig benennen.	X	X
		Datenabfrage		
103	○△□◇	Datenabfragen altersgerecht gestalten.	X	X
104	○△□◇	Nur die nötigsten Daten abfragen.	X	X
		Anmeldebereiche		
105	○△□◇	Anmeldebereiche als Zusatz einbinden – nicht als Notwendigkeit.		X
		Elternspezifische Inhalte		
106	○△□○	Einen speziellen Informationsbereich für Eltern anbieten.		X

Nr.	Kodierung	Gestaltungsempfehlung	Software	Website
107	○△■◇	Elternspezifische Inhalte als solche kennzeichnen und vom Inhalt für Kinder deutlich abgrenzen.	X	X
		Werbung		
108	○△■◇	Werbung deutlich vom eigentlichen Inhalt abgrenzen.	X	X
109	○△■◇	Ganzseitige oder den Inhalt überdeckende Werbung vermeiden.		X
110	○△■◇	Werbung darf keine aggressive Kaufaufforderung beinhalten.		X

Tabelle 9-3: Gestaltungsempfehlungen im Überblick

9.3 Gestaltungsempfehlungen im Detail

9.3.1 Screendesign

Durch das Zusammenspiel visueller und auditiver Gestaltungselemente und deren konkrete Anordnung zueinander und innerhalb der Bildschirmstruktur stellt das Screendesign sicher, dass Nutzer die Möglichkeit der Interaktion erkennen.

Farbe

Farben lösen Emotionen aus und werden unterschiedlich interpretiert, was eine Schwierigkeit bei der Definition eindeutiger Regeln für ihren Einsatz darstellt. Werden Farben willkürlich verwendet, bewirken sie meist eine unruhige Darstellung, was dazu führen kann, dass eine gewollte Kodierung nicht mehr erkannt wird (vgl. Heinecke, 2004: 132).

9.3 Gestaltungsempfehlungen im Detail

Außerdem müssen Farben zueinander passen, dürfen sich nicht gegenseitig stören und müssen einen ausreichenden Kontrast aufweisen (vgl. Stapelkamp, 2007: 74).

| 1 | ○△▢⬡ | Auf eine einheitliche Farbgebung und Logogestaltung achten. |

Die Farbgebung unterstützt die Ausrichtung einer Website entscheidend und trägt dazu bei, einen positiven ersten Eindruck bei Kindern aufzubauen. Einheitliche und wiederkehrende Elemente helfen, eine Website als Einheit zu sehen. Vor allem Broadcast-Anbieter sollten ihre eigene, den Kindern bereits vertraute, Farb- und Logogestaltung übernehmen. Dies fördert den Wiedererkennungswert und erzeugt Interesse. Eine zu bunte und grafisch dominierende Website wird von Kindern ab etwa zehn Jahren als zu kindisch eingestuft. Je nach Zielgruppenausrichtung sollte dieser Umstand berücksichtigt werden. Der Unterschied zwischen den Geschlechtern spielt ebenfalls eine Rolle, da insbesondere Jungen eine geringe Toleranz gegenüber einer zu mädchenhaften Farbausrichtung aufweisen und diese Website dann auch konsequent ablehnen.

| 2 | ○△▢⬡ | „Farbe-an-sich-Kontrast" verwenden. |

Für jüngere Kinder empfiehlt sich der Einsatz des „Farbe-an-sich-Kontrastes". Durch die Kombination mehrerer verschiedener Farbtöne wird eine kontrastreiche Wirkung erzielt, die sowohl für Lebhaftigkeit als auch für Vielseitigkeit sorgt (vgl. Stapelkamp, 2007: 62).

Ein gutes Beispiel liefert die in Abbildung 9-3 dargestellte Lernsoftware „Das Zauberhaus", die für Kinder ab vier Jahren konzipiert ist. Durch die Verwendung verschiedener Farben erscheinen sämtliche Fenster und Türen anklickbar, wodurch Farbe zu einem zusätzlichen Mittel der Benutzerführung wird. Ältere Kinder empfinden diese Farbigkeit allerdings eher als kindisch und bevorzugen ein weniger buntes Interface.

Abbildung 9-3: Lernsoftware – „Das Zauberhaus"

Schrift- und Textgestaltung

Ausschließlich textbasierte Benutzeroberflächen sind kein geeignetes Mittel, um Informationen an Kinder zu vermitteln, da sie zum einen eine große kognitive Belastung darstellen und zum anderen von leseunkundigen Nutzern gar nicht verstanden und bedient werden können (vgl. Chiasson / Gutwin, 2005: 5). Innerhalb von Lernanwendungen spielt Text jedoch häufig eine wichtige Rolle.

---

3 ○△■⬡ Die Schriftgröße an die Zielgruppe anpassen:
Einfache und relativ große Schriftarten benutzen.

Die Schriftgröße darf keine zusätzliche Hürde darstellen, um Informationen aufnehmen zu können. Hierbei sollte eine Größe von 10 Punkten (pt) nicht unterschritten werden und vergleichsweise der Größe von 12 pt auf Papier entsprechen. Für Leseanfänger empfiehlt sich eine Schriftgröße von 14 pt, da diese besonders einfach und schnell zu lesen ist (vgl. Nielsen / Gilutz, 2002: 15). Formate, die diesen Wert übersteigen sind jedoch in zweierlei Hinsicht nicht zu empfehlen.

9.3 Gestaltungsempfehlungen im Detail

Zum einen lehnen ältere Kinder diese Größe ab, da die Website dadurch zu „kindisch" wirkt, zum anderen stellt es für die Jüngeren auch keine Verbesserung dar, da diese durch ihre fehlende Lesekompetenz nicht davon profitieren können.

Als gebräuchliche Schriftarten empfehlen sich vor allem serifen- und schnörkellose Schriften wie *Comic Sans* oder *Arial*. Handelt es sich bei den Nutzern dazu um sehbeeinträchtigte Kinder oder Legastheniker, bieten sich die Schriftarten *Tiresias* und *Read Regular* an, die im besonderen Maße das Lesen und Lesen lernen unterstützen (vgl. Bernard, 2001: 2).

Arial

Comic Sans MS

Tiresias

Read Regular

Abbildung 9-4: Schriftarten zur Unterstützung der Lesbarkeit

Als gebräuchliche Schriftarten empfehlen sich vor allem serifen- und schnörkellose Schriften wie *Comic Sans* oder *Arial*. Handelt es sich bei den Nutzern dazu um sehbeeinträchtigte Kinder oder Legastheniker, bieten sich die Schriftarten *Tiresias* und *Read Regular* an, die im besonderen Maße das Lesen und Lesen lernen unterstützen (vgl. Bernard, 2001: 2).

4	○△■⬡	Zwischen Text und Hintergrund einen möglichst hohen Kontrast herstellen.

Jedes Element, das zu einer Beeinträchtigung der Erkennbarkeit führt, beansprucht Kinder sehr hinsichtlich ihrer kognitiven Belastbarkeit. Zwischen Text und Hintergrund sollte daher ein möglichst hoher Kontrast vorliegen, ein reines Weiß allerdings vermieden werden. Stattdessen empfiehlt sich ein einfarbiger Hintergrund aus hellem Grau oder Beige. Stark gesättigte Farben der entgegengesetzten Enden des Spektrums, zum Beispiel Rot und Blau, sollten nicht nebeneinander als Text- und Hintergrundfarbe zum Einsatz kommen, da sie Probleme bei der Akkomodation bereiten oder eine unbeabsichtigte Tiefenwirkung verursachen. Da immerhin 8,8 Prozent der Bevölkerung in Europa unter der Rot-Grün-Blindheit leidet, sollte auch diese Kombination vermieden werden (vgl. Stapelkamp, 2007: 62).

5	○△■⬡	Text auf Hintergrundbildern vermeiden.

Text sollte grundsätzlich nicht auf Hintergrundbildern abgebildet werden, da dadurch die Lesbarkeit stark beeinträchtigt wird (vgl. Nielsen / Gilutz, 2002: 35). Je nach Farbe des Textes und Farbe des Hintergrundes auf dem sie erscheinen, entstehen unterschiedliche Farbwirkungen, wodurch dieser entweder gut oder schlecht lesbar ist.

6	○△■⬡	Keinen animierten Text verwenden.

Die Animation von Text ist generell nicht empfehlenswert, da diese zu schnell oder im Gegenzug zu langsam sein kann. Erscheint animierter Text jedoch unvermeidbar, sollte der Nutzer die Möglichkeit haben, die Geschwindigkeit selbst zu regulieren und zu kontrollieren (vgl. Nielsen / Gilutz, 2002: 35).

Bildschirmaufteilung

7	○△■⬡	Standardlayouts für Bildschirmmasken verwenden.

Eine sinnvolle Bildschirmaufteilung ist für die Gestaltung der Benutzeroberfläche in Lernanwendungen von grundlegender Bedeutung, sollte zur Reduzierung von kognitiver Überlastung aber auch in Edutainment- und Spieleanwendungen genutzt werden. Die Softwareergonomie liefert verschiedene Grundgerüste, die unterschiedlich kreativ weiter ausgebaut werden können (vgl. Strzebkowski / Kleeberg, 2002: 238).

9.3 Gestaltungsempfehlungen im Detail

Besonders wichtig ist dabei die konsistente Platzierung des Steuerbereiches. Eine waagerechte Anordnung der Steuer-Icons empfiehlt sich mehr als eine senkrechte, kreisförmige oder „chaotische" Verteilung, da sie den Lesegewohnheiten und dem natürlichen Blickwinkel des Menschen entspricht (vgl. Blumstengel, 1998: 189-190).

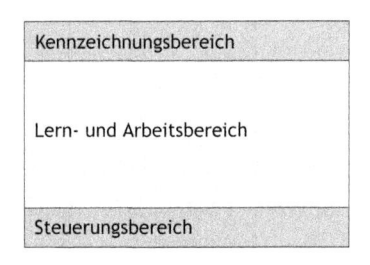

| Kennzeichnungsbereich |
| Lern- und Arbeitsbereich |
| Steuerungsbereich |

Abbildung 9-5: Grundlayout für Lernanwendungen

---

8 ○△■◯ Zentrale Informationen im sichtbaren Bereich anordnen.

Kinder agieren mit einem eingeschränkten Sichtfeld und werden von Elementen angesprochen, die sich ihnen direkt anbieten. Was sich außerhalb des sichtbaren Bereichs befindet existiert schlichtweg nicht. Grundlegende Elemente müssen folglich zentral angeordnet und präsentiert werden.

---

9 ○△■◯ Darstellungsbereich des Inhalts nicht zu klein halten.

Ein kleinerer Darstellungsbereich berücksichtigt den Gesichtspunkt, dass Kinder lediglich einen eingeschränkten Bereich wahrnehmen und primär dort ihre Bewegungen durchführen. Ist dieser jedoch zu klein gestaltet, leidet die Übersichtlichkeit stark darunter. Vor allem wenn einzelne Bereich zusätzlich in mehrere Frames unterteilt sind, müssen Links und Texte mit einer kleinen, möglicherweise deutlich schlechter erkennbaren Größe abgebildet werden.

10	○△□⬡	Websites nach den drei Vorgaben: Einfachheit, Effizienz und Minimierung der Elemente aufteilen.

Jüngere Kinder bringen lediglich ein geringes Verständnis für das Internet auf, weshalb sie hinsichtlich ihres Könnens und Wissens leicht überschätzt werden. Eine Website sollte, unter gleichzeitiger Einschränkung der Elemente, immer so effizient und einfach wie möglich aufgebaut werden. Zu bunt und wild animiert kann eine Website schnell zu einer kognitiven Überlastung führen. Zu einfach gestaltet wird sie dagegen schnell langweilig – eine ständige Gradwanderung zwischen Überforderung und Entertainment.

11	○△□⬡	Zusammengehörige Elemente gruppieren.

Das Gestaltungsgesetz der Nähe besagt, dass Objekte, die nah beieinander liegen, als zusammengehörig erkannt werden. Nähe ist folglich ein dominantes Merkmal für eine Gruppenbildung, welches auch bei der Anordnung von Elementen auf einer Website genutzt werden kann. Durch eine geschickte Gruppierung erhalten Kinder die Möglichkeit, eine Zugehörigkeit aufzubauen. Gleichzeitig wird die Übersichtlichkeit gefördert. Allerdings kann eine Gruppierung auch dazu führen, dass Elemente als zugehörig empfunden werden, obwohl dies nicht der Fall ist. Elemente, die nicht zusammengehörig sind, sollten folglich auch nicht beieinander angeordnet oder entsprechend voneinander abgegrenzt werden.

Visuelle Gestaltungselemente

Durch eine reichhaltige Kombination audio-visueller Elemente wie Text, Bild, Ton und Animation wird sichergestellt, dass eine Information trotz sehr unterschiedlicher Nutzerprofile gut und verständlich wahrgenommen wird (vgl. Borse/ Robles / Schwartz, 2002: 16).

9.3 Gestaltungsempfehlungen im Detail

Da Kinder mit allen Sinnen lernen, sollten die gewählten Elemente in ihrer Präsentationsform auch möglichst viele Sinne ansprechen. Die Erfahrung zeigt, dass dieses Prinzip die Aufnahmefähigkeit der Kinder entscheidend erhöht, da es ihrem natürlichen Lernprozess entspricht.

12	○△■⬡	Auf kurze Ladezeiten achten.

Das Einbinden visueller Gestaltungselemente sollte immer im Einklang mit einer angemessenen Ladezeit erfolgen. Der dauerhafte Einsatz kann dazu führen, dass eine Website eine unnötig lange Ladezeit voraussetzt. Da Kinder meist nicht über die neusten technischen Zugangsmöglichkeiten verfügen, sollte folglich auf einen übermäßigen Einsatz dieser Elemente verzichtet und im Zweifel immer zugunsten der schnelleren Ladezeit entschieden werden.

13	⬤△■⬡	Funktionsfähigkeit mit verschiedenen Browsern testen.

Die Umsetzung einer Website muss stets auch dahingehend überprüft werden, ob alle implementierten Anwendungen, insbesondere Flash-Anwendungen, durch die gebräuchlichsten Browser korrekt dargestellt werden. Insbesondere im Hauptmenü auftretende Flash-Fehler sind als kritisch einzustufen, da derartig zentrale Defizite schnell zu Ablehnung und Verlassen der Website führen.

14	○△■○	Texte gezielt mit Bildern, Animationen und Videos anreichern.

Durch die wechselseitige Ergänzung der Informationen in Text und Bild wird eine intensivere Verarbeitung angeregt, wodurch besonders in Lernanwendungen wesentlich bessere Gedächtnisleistungen erzielt werden können.

Aber auch in Websites bieten sie einen deutlichen Mehrwert, da vor allem der jüngeren Zielgruppe ein leichterer Zugang ermöglicht wird (vgl. Kritzenberger, 2005: 70).

Bilder und Grafiken

Bilder und Grafiken dienen in hohem Grade der Unterstützung in Lernprozessen. Zum einen erleichtern sie den Aufbau mentaler Modelle, zum anderen können sie in darstellender Funktion einen Text oder einen Sachverhalt konkretisieren und veranschaulichen.

15 ○▲■◆	Bilder und Grafiken zur Unterstützung des Lernprozesses einbinden.

Bilder dienen durch ihren hohen Realitätsgehalt häufig als Bezugsrahmen für die im gesprochenen oder geschriebenen Text beschriebenen Sachverhalte. Sie können die Funktion haben, das Interesse und die Motivation des Lernenden zu fördern, Emotionen hervorzurufen oder die generelle Einstellung gegenüber dem Lernmaterial positiv zu unterstützen.

Ihre Funktion hängt stark von der Platzierung innerhalb der Benutzeroberfläche ab. *Vor* einem Text aktivieren sie das Vorwissen eines Lernenden und lenken dessen Aufmerksamkeit gezielt auf einen bestimmten Sachverhalt. Werden Bilder am Ende eines Textabschnittes platziert, helfen sie, die im vorausgehenden Text vermittelte Information zu vertiefen, zusammenzufassen oder zu wiederholen (vgl. Kritzenberger, 2005: 74).

16 ○▲■◆	Nur Bilder einsetzen, die zum Begreifen nützlich sind.

Interessantes aber irrelevantes Bildmaterial kann die Lernleistung hinsichtlich des Verstehens und Behaltens stark beeinträchtigen, da die ohnehin begrenzte Aufmerksamkeit des Lernenden zusätzlich absorbiert wird.

Daher ist es sinnvoll, auf rein dekorative Bilder in Lernanwendungen zu verzichten (vgl. Kritzenberger, 2005: 69).

17	○△▥⬡	Aussagekräftigste Darstellung nutzen.

Realistische Bilder und Darstellungen weisen eine direkte Ähnlichkeit mit dem abgebildeten Objekt auf. Beispiele hierfür sind Fotografien, naturalistische Gemälde oder auch Strichzeichnungen (vgl. Blumstengel, 1998: 197-198). Für den Einsatz in Lernanwendungen empfiehlt es sich, schattierte Strichzeichnungen anstatt einer wesentlich realistischeren Fotografie zu verwenden, da diese die besten Lernerfolge erzielen (vgl. Kritzenberger, 2005: 85). Diese Abbildungen geben noch immer sehr genau die Realität wieder, akzentuieren und strukturieren aber gleichzeitig den Lerngegenstand und nehmen damit eine wichtige Vermittlerrolle zwischen Realität und kognitivem Konzept ein.

18	○△▥⬡	Bilder als Link-Anker verwenden.

Kinder versuchen häufig durch das Anklicken grafischer Elemente tiefer in die Struktur einer Website einzusteigen. Bilder mit überwiegend illustrativem Charakter sollten folglich als Link-Anker verwendet werden und damit anklickbar sein. Zur Erhöhung der Lernförderlichkeit ist es jedoch erforderlich, dies konsequent über die gesamte Struktur der Website fortzusetzen.

Animationen

Animationen können als Sonderformen dynamischer Grafiken angesehen werden, die sich insbesondere bei jüngeren Kindern großer Beliebtheit erfreuen.

19	⬤▲◼⬡	Animationen sind essentielle Bestandteile in interaktiven Anwendungen für Klein- und Vorschulkinder.

Animationen stellen den wichtigsten Bestandteil in Software und Websites für Klein- und Vorschulkinder dar und nutzen sich auch nach mehrmaligem Gebrauch oder automatischer Wiederholung nicht ab (vgl. Böhler / Schönian, 2004: 25). Dabei gilt: Je interaktiver und selbstgesteuerter die Animationen sind, desto engagierter und involvierter sind auch die Vorschulkinder. Der Vergleich mit einer neunjährigen Kontrollperson verdeutlicht, dass sich das Verhalten von Kindern mit dem Eintritt in die Schule jedoch gravierend verändert. Effekte werden zwar immer noch sehr gut angenommen, aber genauso schnell auch wieder uninteressant.

20	⬤▲◼◆	Animationen kurz, aussagekräftig und interessant gestalten.

Animationen bieten viele Vorteile für die Gestaltung kindgerechter Benutzeroberflächen. Sie können abstrakte Informationen, Zusammenhänge und vor allem Veränderungen ohne die Verwendung von Text anschaulich darstellen und die Aufmerksamkeit der Nutzer gezielt lenken (vgl. Maly, 2006: 37-38). Kurze Animationen von maximal zehn bis zwanzig Sekunden sind vor allem beim Starten oder Laden einer Software geeignet. Langweilige Intros oder lange Wartezeiten können dagegen das Interesse der Nutzer kosten (vgl. Nielsen / Gilutz, 2002: 16). Animationen sollten während der Nutzung jedoch nicht allzu lange vom eigentlichen Inhalt ablenken, da sie in den Kindern den Wunsch wecken, diese immer und immer wieder erleben zu wollen.

Videos

| 21 | ○△■⬡ | Aussagekräftigste Abbildungsform wählen. |

Für Videos gelten dieselben Gestaltungsrichtlinien wie für Bilder und Grafiken. Nicht die realitätsnächste sondern die aussagekräftigste Abbildungsform sollte gewählt werden. Oftmals sind jedoch Animationen oder schematische Abbildungen wesentlich besser geeignet (vgl. Blumstengel, 1998: 202).

| 22 | ○△■⬡ | Umfassende Kontrolle über Videos ermöglichen. |

Bei der Verwendung von Videos innerhalb einer Softwareanwendung sollte darauf geachtet werden, dass sie vom Benutzer abgebrochen sowie vor- und zurückgespult werden können (vgl. Blumstengel, 1998: 202). Das gezwungene Anschauen eines Filmes, der schon mehrfach gesehen wurde, löst besonders bei älteren Kindern Frustration aus und veranlasst sie unter Umständen, diese Applikation nicht mehr zu benutzen.

Auditive Gestaltungselemente

Ton

Bei dem Einsatz von Ton kann zwischen Sprache, Geräuschen und Musik unterschieden werden. Durch die zusätzliche Nutzung des auditiven Kanals wird der visuelle Kanal entlastet. Dies ist besonders wichtig, wenn in einer Lernumgebung die visuelle Modalität bereits sehr beansprucht ist. Eine auffällige Gestaltung mit viel Action und Geräuscheffekten kann bei Kindern unter Umständen jedoch auch zu erhöhter Aggression führen (vgl. Nickel / Schmidt-Denter, 1995: 79). Bei der Konzeption sollte daher genau festgelegt werden, in welcher Situation und in welchem Ausmaß Ton zum Einsatz kommt. Bei der Überlegung, ob Ton generell eingebunden werden soll, hilft die Beantwortung der folgenden Fragen:

Passt der Ton inhaltlich zur Anwendung? Erleichtert der Ton die Bedienung der Anwendung? Macht die Anwendung mit Ton mehr Spaß? Wenn wenigstens eine der Antworten „Ja" lautet, sollte über die Einbindung von Ton nachgedacht werden (vgl. Druin, 1996: 19).

23	○△■⬢	Ton sichtbar machen.

Sind in einer Anwendung Audioelemente eingebunden oder ist Ton ein elementarer Bestandteil der Umsetzung, dann sollten Kinder visuell darauf aufmerksam gemacht werden. Das typische Lautsprechersymbol wird von den Kindern gut erkannt und verstanden. Zur Unterstützung kann zusätzlich ein Texthinweis angeboten werden. Ohne geeigneten Hinweis bleibt den Kindern möglicherweise verborgen, dass eine Anwendung über Ton verfügt.

Schalte deinen Ton ein!

Abbildung 9-6: Visueller Hinweis für das Anschalten der Lautsprecher (vgl. lilipuz.de)

24	●△☐◇	Websites konsequent und vollständig audiobasiert aufbauen.

Diese Empfehlung gilt für Anbieter von Websites, die als Zielgruppe jene Kinder anstreben, die noch nicht lesen und schreiben können.

9.3 Gestaltungsempfehlungen im Detail

Viele bekannte Websites geben eine Zielgruppe ab sechs Jahren an, können diese aber infolge ihrer Aufmachung und Gestaltung nicht erreichen. Aufgrund ihrer fehlenden Kompetenzen können sich die Kinder auf vielen Websites nicht ohne Hilfestellungen bewegen.

Hinzu kommt, dass Angebote für Kinder oft nur halbherzig umgesetzt werden. Spiele werden zwar mit einer hohen Audiounterstützung angeboten, bringen den Kindern jedoch immer wieder Textelemente entgegen. Im Besonderen die Funktion der Hilfe bedarf einer durchgängig und konsistent audiobasierten Umsetzung.

Sprache

Die Ausgabe von „gesprochenem Text" ist sowohl in Software für jüngere als auch für ältere Kinder von besonderem Interesse. Entwickler sollten beachten, dass Sprache zwar zur kognitiven Entlastung beitragen kann, da der Blick nicht zwischen Text und Bild hin- und herspringen muss. Durch die vorgegebene Geschwindigkeit wird die Aufmerksamkeit jedoch wesentlich stärker gelenkt, was sich je nach Bedingung des Einsatzes positiv aber auch negativ auswirken kann.

25	○△□◇	Wichtige sprachliche Informationen mit Text und Bild anreichern.

Aus dem alleinigen Einsatz von Sprache können sich folgende Probleme ergeben: Der Zugriff auf einzelne Informationen gestaltet sich im Vergleich zu Text und Bild schwierig. Außerdem bedarf es einer recht zeit- und kostenaufwändigen Produktion von qualitativ hochwertigen Tonaufnahmen. Im Vergleich zu Text lassen sich diese im Nachhinein schlecht ändern und stellen hohe Anforderungen an den Speicherplatz. Aus diesen Gründen sollten wesentliche Informationen nicht ausschließlich über Sprache vermittelt werden. Stattdessen ist beispielsweise eine Kombination aus geschriebenem und gesprochenem Text oder, für jüngere Kinder, aus Bild und gesprochenem Text sinnvoll (vgl. Blumstengel, 1998: 200).

26	○△■⬢	Umfassende Kontrolle über sprachliche Informationen ermöglichen.

Mit gesprochenem Text verhält es sich ebenso wie mit Animationen und Videos. Wenn er bereits bekannt ist oder stört, sollte er abgebrochen werden können. Für den Fall, dass ein Teil nicht richtig verstanden wurde, muss er wiederholbar sein.

Geräusche (Earcons)

Geräusche können verschiedene Funktionen erfüllen. Sie sollten jedoch maßgeblich Rückmeldungen über die Funktionsweise des Systems geben. Sowohl als direktes Feedback, wenn ein Button gedrückt wird oder ein Prozess abgeschlossen ist als auch in Form einer Warnmeldung. Für Geräusche, deren primäre Funktion in der Benachrichtigung über den aktuellen Systemzustand liegt, wird auch der Begriff *Earcon* verwendet (vgl. Blumstengel,1998: 201). Es können ikonische und symbolische Earcons unterschieden werden. Ikonische Earcons bezeichnen dabei Imitationen realer Geräusche, zum Beispiel das Umblättern einer Seite, und symbolische Earcons stellen allgemeine Geräusche dar.

27	●△■○	Geräusche zur Ergänzung und zur Förderung der Interaktion nutzen.

Als Feedback beim Drücken eines Buttons oder als *Rollover* gestalten Geräusche eine Anwendung wesentlich spannender und ereignisreicher. Sie dürfen jedoch nicht die Interaktion schwächen, indem sie von den eigentlichen Aufgaben ablenken, sondern müssen den Nutzer gezielt unterstützen. Kinder sollten außerdem nicht auf Ton angewiesen sein um die Navigation zu verstehen (vgl. Nielsen / Gilutz, 2002: 17).

9.3 Gestaltungsempfehlungen im Detail 151

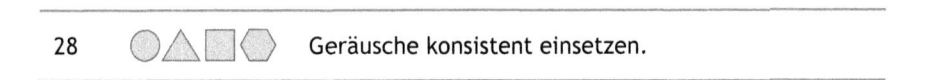

28	◯△▢⬡	Geräusche konsistent einsetzen.

Alle Geräusche sollten grundsätzlich konsistent verwendet werden, damit sie sich dem Benutzer einprägen und später wiedererkannt werden können. Inkonsistenter Einsatz von Geräuschen kann zu kognitiver Überlastung beitragen und die Kinder überfordern. Entwickler sollten neben konsistenter Umsetzung darauf achten, dass ikonische Geräusche stimmig zu verwendeten grafischen Metaphern eingesetzt werden (vgl. Blumstengel, 1998: 201). Das scheinbare Klappern einer Tür passt nicht zum Umblättern einer Seite.

Hintergrundmusik

Musik dient in einer Softwareanwendung in erster Linie der Vermittlung einer bestimmten Stimmung oder Atmosphäre, wie das Aufbauen von Spannung oder im Gegenzug Entspannung (vgl. Blumstengel, 1998: 201).

29	◯△▢⬡	Hintergrundmusik mit Kontrolle auf Seiten der Nutzer einbinden.

In Softwareanwendungen hat Musik eine ähnliche Wirkung wie Animationen, weshalb sie eine gute Ergänzung darstellt, um Kinder zu begeistern und zu involvieren. Kinder sollten jedoch jederzeit die Möglichkeit haben, die Lautstärke zu regeln oder die Musik an- und auszuschalten. Eingesetzte Hintergrundmusik darf nicht aufdringlich wirken und muss innerhalb der Software konsistent angewendet werden. Außerdem ist auf eine hohe Qualität mit natürlicher Klangwiedergabe zu achten.

9.3.2 Steuerung und Interaktion

Das Kapitel *Steuerung und Interaktion* beschäftigt sich mit den für die Anwendung in Kindersoftware geeigneten Eingabegeräten und Interaktionstechniken. Betrachtet werden Methoden zur Navigation und Menüstrukturierung sowie Gestaltungsprinzipien für eine praktikable Benutzerunterstützung.

Eingabegeräte

Inzwischen steht Kindern eine Vielzahl an Eingabegeräten zur Verfügung. Die meisten wurden jedoch für die Nutzung durch Erwachsene entwickelt und entsprechen nur unzureichend den Bedürfnissen und dem Entwicklungsstand der jungen Zielgruppe. Seit wenigen Jahren beschäftigt sich die Industrie daher mit der Entwicklung spezieller Eingabegeräte für Kinder, die eine einfache Steuerung und eine optimale Interaktion mit der Software ermöglichen sollen.
Aber auch Eingabegeräte für Erwachsene können mit geringem Aufwand an die Bedürfnisse der Kinder angepasst werden.

Maus

30	○△□◯	Allen Maustasten die gleiche Funktion zuweisen.

Zu viele Tasten, dazu das Scrollrad, können Kinder stark verunsichern. Durch das Betätigen einer falschen Taste, was durch die wenig ausgebildete Feinmotorik insbesondere Vorschulkindern und Schulanfängern oft passiert, werden teilweise andere oder unerwünschte Ereignisse erzielt, die zu großer Frustration führen können. Um diese Fehler zu vermeiden, ist es ratsam von Vornherein allen Maustasten die gleiche Funktion zuzuweisen. Zudem hat es sich als sinnvoll herausgestellt, in Anwendungen für jüngere Kinder generell nur eine Funktion zu implementieren.

Tastatur

| 31 | ○△□○ | Tastatureinsatz vermeiden. |

Eine grundlegende Voraussetzung für die Nutzung der Tastatur ist die Lesekompetenz, die bei jüngeren Kindern noch nicht vorausgesetzt werden kann. Auch Grundschulkinder, die bereits lesen können, sind mit der Anordnung der Tasten noch nicht zwangsläufig vertraut. Langes Suchen nach einer Taste erfordert viel Zeit und lenkt die Aufmerksamkeit vom Bildschirm ab (vgl. Chiasson / Gutwin, 2005: 4; vgl. Dix, 2004: 391). Speziell für Kinder konzipierte Tastaturen, wie in Abbildung 9-7, liefern zusätzliche Erklärungen zur Verständlichkeit einzelner funktionaler Tasten und unterstützen dadurch deren Erlernbarkeit.

Abbildung 9-7: V.Smile Tastatur für Kinder

Touchscreen

Ein Touchscreen eignet sich besonders für kleine Kinder, da er eine Interaktion mit dem technischen System ohne die Verwendung von Tastatur und Maus ermöglicht. Während der Durchführung verschiedener Usability Tests konnte beobachtet werden, dass jüngere Kinder, die dazu aufgefordert wurden etwas anzuklicken, mit dem Finger auf den entsprechenden Bereich des Bildschirms zeigten, anstatt die Maus zu benutzen. Aus dieser Reaktion wird deutlich, dass die Bedienung mittels Touchscreen einem wesentlich natürlicheren Interaktionsverhalten entspricht als die Bedienung anderer Eingabegeräte.

| 32 | ○△□○ | Ausreichend große Touchfelder verwenden. |

Buttons und Schaltflächen müssen zum Antippen deutlich größer gestaltet werden als für das Anklicken mit einer Maus. Die Informationsfläche sollte dabei stets größer gleich der Fingerfläche des Nutzers sein (vgl. Zühlke, 2004: 247).

Joystick

Die Steuerung des Joysticks ist bedeutend unpräziser als die Steuerung der Maus, weshalb Kinder viel mehr Zeit benötigen, um mit dieser Technik eine Schaltfläche gezielt anzusteuern. Abbildung 9-8 zeigt einen Joystick, der für Kinder ab drei Jahren konzipiert ist.

Seine Funktionen sind auf wenige besonders auffällig gestaltete Tasten beschränkt. Zudem kann der Joystick sowohl für Rechts- als auch für Linkshänder angepasst werden. Ob er außerdem effektiv und effizient eingesetzt werden kann, müsste in weiteren Tests untersucht werden.

Abbildung 9-8: V.Smile Joystick für Kinder

Joypad

Joypads stellen gegenüber anderen Eingabegeräten eine erhöhte kognitive und motorische Belastung dar, da gleichzeitig mehrere Funktionen mit zwei Händen ausgeführt werden müssen.

Erste Joypads, wie in Abbildung 9-9 dargestellt, werden bereits für Kleinkinder ab 18 Monaten entwickelt und dienen vorrangig der Bedienung von Konsolenspielen.

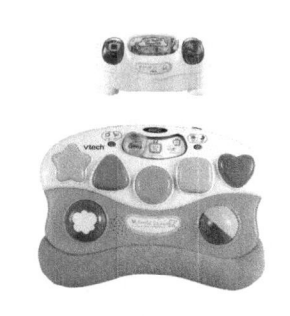

Abbildung 9-9: V.Smile Joypad für Kinder

9.3 Gestaltungsempfehlungen im Detail 155

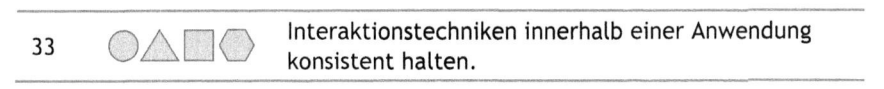

Interaktionstechniken

| 33 | ◯△▢⬡ | Interaktionstechniken innerhalb einer Anwendung konsistent halten. |

Die Verwendung verschiedener Interaktionstechniken innerhalb einer Anwendung verwirrt Kinder sehr. Aus diesem Grund sollte stets eine Technik konsistent angewendet werden. Wird ein Startbild beispielsweise mit *Point-and-Click* bedient, sollten auch Untermenüs und Subgames *Point-and-Click*-Oberflächen anbieten.

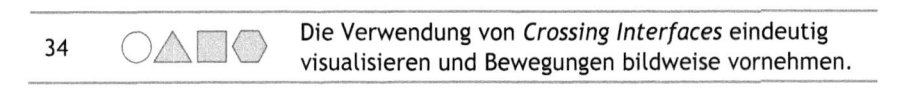

| 34 | ◯△▢⬡ | Die Verwendung von *Crossing Interfaces* eindeutig visualisieren und Bewegungen bildweise vornehmen. |

Crossing Interfaces entlasten die kindliche Motorik, da diese Technik allein auf dem Verschieben der Maus ohne Gedrückthalten der Maustasten beruht. Kinder verstehen das Prinzip recht schnell, sollten allerdings deutlich auf diese Interaktion aufmerksam gemacht werden. Horizontale Mausbewegungen sind einfacher auszuführen als vertikale und sollten langsam und gleichmäßig oder bildweise ablaufen. Unbeständige und vor allem schneller werdende Bewegungen sind besonders für jüngere oder unerfahrenere Kinder nur schwer kontrollierbar.

Klicks und Doppelklicks

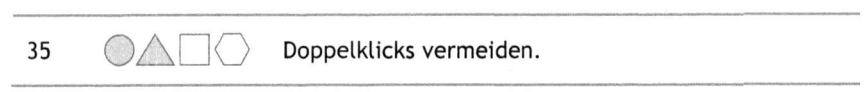

| 35 | ◯△▢⬡ | Doppelklicks vermeiden. |

Interaktionen in grafischen Benutzeroberflächen sollten stets so einfach wie möglich gestaltet werden. So genannte One-Click-Interfaces sind dabei wesentlich einfacher zu bedienen als solche, die Doppelklicks erfordern. Vor allem jüngere Kinder haben Probleme Doppelklicks durchzuführen, da die Maus durch die nicht abgeschlossene Entwicklung der Handmuskulatur während dem Klicken oft verschoben wird.

Point-and-Click und Drag-and-Drop

36	○△■⬢	*Point-and-Click* und *Drag-and-Drop* können gleichermaßen zum Einsatz kommen.

Die Verwendung von *Point-and-Click* und *Drag-and-Drop* ist weniger abhängig vom Können der Kinder sondern vielmehr vom Kontext. Die Technik des *Drag-and-Drop* kommt häufig in Spielen zum Einsatz, um beispielsweise Puzzleteile an die richtige Position zu bringen. Wird die *Drag-and-Drop*-Methode in einem bekannten Kontext angeboten, der jedoch gewöhnlich *Point-and-Click* erfordert, werden die Kinder keine andere Technik ausprobieren, selbst wenn sie diese beherrschen. Folglich sollten Interaktionen, die üblicherweise entweder *Point-and-Click* oder *Drag-and-Drop* voraussetzen wie gewohnt die bekannte Technik beibehalten, anstatt etwas Neues auszuprobieren.

37	●▲■○	*Point-and-Click*-Interaktionen sind effektiver und einfacher.

Besonders jüngere Kinder haben Schwierigkeiten, die Maustaste länger gedrückt zu halten und gleichzeitig die Maus an einen bestimmten Zielort zu bewegen. Aus diesem Grund stellt die Technik des *Point-and-Click* in Benutzeroberflächen für jüngere Kinder eine bedeutend einfachere und damit bessere Interaktionstechnik dar als die des *Drag-and-Drop* (vgl. Joiner, 1998: 515).

38	○△■○	*Drag-and-Drop*-Anwendungen mit kurzen Mauswegen gestalten.

Kommt dennoch *Drag-and-Drop* zum Einsatz, sollten Mauswege so kurz wie möglich gehalten werden (vgl. Böhler / Schönian, 2004: 22). Magnetische Zielpunkte, die ein transportiertes Objekt bei Loslassen der Maustaste anziehen, können diese Interaktion zusätzlich unterstützen.

Click-Move-Click und Sticky-Drag-and-Drop

Neben dem bekannten *Drag-and-Drop* gibt es zwei weitere Techniken, die bislang wenig zum Einsatz kommen: *Click-Move-Click* und *Sticky-Drag-and-Drop*, zwei Interaktionstechniken, mittels derer ein Objekt ebenfalls mit der Maus bewegt und verschoben werden kann.

Click-Move-Click
Im *Click-Move-Click*-Verfahren wird das verschiebbare Objekt durch Klicken angewählt und anschließend die Maus an den gewünschten Ort verschoben. Ein zweiter Klick lässt das gewünschte Objekt am Zielort erscheinen. Allerdings machen Kinder mit dieser Interaktionstechnik bedeutend mehr Fehler und agieren wesentlich langsamer als mit dem bekannteren *Drag-and-Drop* (vgl. Donker/ Reitsma, 2007: 257).

Sticky-Drag-and-Drop
Die Technik des *Sticky-Drag-and-Drop* funktioniert ähnlich. Das angeklickte Objekt bleibt jedoch am Mauszeiger haften und kann während des Transports gesehen und beobachtet werden. Mit einem weiteren Klick wird das Objekt am Zielort abgelegt (vgl. Hanna et al., 1999: 19).

Scrollen

Die Verwendung von Scrollbars führt dazu, dass Kinder den Großteil einer Software oder Website nicht wahrnehmen. Jüngere Kinder scrollen meist gar nicht oder nur wenig, da ihnen einfach die Kenntnis über diese Funktion fehlt oder die zusätzliche Bedienung des Scrollrades zu kompliziert ist.

39	○△■○	Scrollen als Interaktionstechnik vermeiden.

Auf Scrollen als Interaktionstechnik sollte folglich verzichtet werden. Es ist ratsam zentrale Elemente so anzuordnen, dass sie sich stets im sichtbaren Bereich der Benutzeroberfläche befinden. Wenn es unbedingt nötig ist, können Navigationsmetaphern das Scrollen ersetzen, beispielsweise durch die Vorstellung, sich in einem Haus auf eine andere Etage zu begeben oder ein Buch umzublättern.

Navigation und Menü

Benutzeroberflächen müssen berücksichtigen, dass Kinder noch keine abstrakten Konzepte verstehen. Das tiefgründige Wissen, in komplexen Strukturen navigieren zu können, ist noch nicht vorhanden, weshalb auf komplexe Menüs und Untermenüs verzichtet werden sollte. Oftmals fehlt den Kindern schlichtweg die Fähigkeit, diese zu kategorisieren oder inhaltlich zu verstehen, um effizient navigieren zu können.

| 40 | ○△□◇ | Navigation einheitlich gestalten. |

Um die Erwartungskonformität der Kinder zu fördern ist es wichtig, die angebotene Navigationsstruktur in der gesamten Anwendung konstant beizubehalten und konsequent in einem fixen Bereich anzubieten. Verschiedene Navigationselemente und eine inhomogene Ausrichtung erschweren deutlich das Erfassen und Verstehen einer Anwendung. Das Ziel sollte immer daran ausgerichtet sein, Kindern den Zugang zu einzelnen Bereichen leicht und übersichtlich zu gestalten.

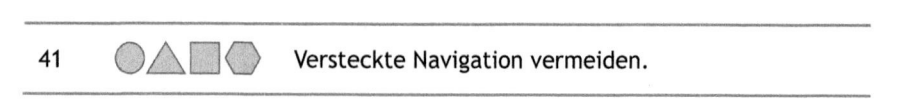

| 41 | ○△□◇ | Versteckte Navigation vermeiden. |

Navigationselemente müssen in jedem Zustand leicht erkennbar sein, da sie eine wesentliche Orientierungsgröße sind.

9.3 Gestaltungsempfehlungen im Detail

Die Hauptnavigation stellt das zentrale Element einer Anwendung dar, weshalb sie gut sichtbar und deutlich hervorgehoben werden sollte. Unterschiedliche Farben und Symbole in den einzelnen Bereichen und Kategorien erhöhen die Übersichtlichkeit und helfen, die Rubriken eindeutig voneinander zu unterscheiden. Es empfiehlt sich, die Navigation im Header oder Standard gemäß auf der linken Seite anzuordnen. Der hohe Anteil grafischer Elemente in Kinderwebsites führt dazu, dass versteckte Navigationsleisten, nicht von anderen Gestaltungselementen unterschieden werden können und damit übersehen werden.

42	○△□◇	Standardisierte Interaktionsschemata verwenden.

Es ist empfehlenswert, standardisierte Interaktionsschemata zu verwenden, die den Kindern aus anderen Anwendungen bereits vertraut sind. Dadurch wird die Notwendigkeit minimiert, zunächst erlernen zu müssen, wie in einem Programm navigiert wird. Vor allem in Lernanwendungen sind vertraute Menüs und bekannte Symbole unerlässlich. Zusätzlich empfehlen sich flache Informationsarchitekturen, aussagekräftige Interface Metaphern und Navigationselemente.

43	○△□◇	Kindern immer verdeutlichen, wo sie sich gerade befinden.

Für Kinder muss von jedem Punkt der Anwendung aus ersichtlich sein, wo sie sich innerhalb der Benutzeroberfläche befinden, wo sie sich als nächstes hinbewegen können und wie sie wieder zurück zu einer Ausgangsposition gelangen.

44	○△□◇	Mehrere Navigationswege zu einem Ziel anbieten.

Bestimmte Rubriken oder Inhalte einer Website können so wichtig sein, dass sie von mehreren Punkten aus angesteuert werden müssen. Durch die gleichzeitige Anordnung verschiedener Links an unterschiedlichen Orten der Website können diese leichter zugänglich gemacht werden. Um dabei sowohl erfahrenere Nutzer als auch Internetneulinge gleichermaßen anzusprechen, können diese entsprechend unterschiedlich gestaltet sein. Um die Übersichtlichkeit nicht zu gefährden sollte diese Methode allerdings nur bei Rubriken von besonders hoher Relevanz angewendet werden.

45	○△■◇	Einfache Zurück-Wege anbieten und als solche deutlich machen.

Link-Anker, die eine Rückwärts-Navigation ermöglichen, müssen konsistent und eindeutig eingebunden werden. Ein Pfeil stellt eine sichere Methode dar, mit der die Kinder bereits vertraut sind. Dessen Umsetzung sollte allerdings nicht zu klein erfolgen und deutlich hervorgehoben sein, damit Kinder diese Möglichkeit auch erkennen können.

46	○△■◇	Den Homepage- oder Startseiten-Button deutlich von anderen Navigationselementen abheben und mit Text versehen.

Kinder kennen häufig nicht die Möglichkeit, über das Logo einer Anwendung wieder auf die Startseite springen zu können. Die Schwierigkeit besteht vor allem darin, das Logo in der Masse an grafischen Elementen ausfindig zu machen und seine Anklickbarkeit zu erkennen. Eine deutliche Hervorhebung oder 3D-Darstellung kann die Erkennbarkeit deutlich erhöhen. Außerdem sollte das Logo beim Einsatz in Websites unbedingt den Textzusatz „Startseite" beinhalten.

Da auf der Startseite einer Website häufig Flash-Elemente eingesetzt werden empfiehlt es sich, den Homepage-Button nur auf Unterseiten, nicht jedoch auf der Startseite anklickbar zu gestalten. Damit wird verhindert, dass die Flash-Elemente noch einmal neu geladen werden müssen.

9.3 Gestaltungsempfehlungen im Detail

| 47 | ○△■◇ | Rubriken so einfach und informativ wie möglich benennen. |

Kinder wissen häufig nicht, in welcher Rubrik sie sich gerade befinden. Und auch eine Bezeichnung trägt nicht zwangsläufig dazu bei, ein besseres Verständnis aufzubauen. Von Modewörtern oder interessanten Wortkreationen ist abzuraten, da Kinder diese meist nicht interpretieren können.
Unter einfachen Formulierungen wie „Spiele", „Spaß" oder „Wissen" können sie sich dagegen etwas vorstellen.

| 48 | ◉△■◇ | Ein Navigationselement niemals mit mehreren Funktionen versehen. |

Ein Logo, das nicht nur mit der Startseite, sondern zeitgleich mit einer Rubrik verlinkt ist, stellt eine unnötige und für Kinder verwirrende Umsetzung dar. Ein Navigationselement sollte generell immer nur einen Links einbinden, um damit vor allem die Lernförderlichkeit zu unterstützen. Ein zufälliges Anklicken des anderen Bereichs führt dazu, dass nicht die gewünschte, sondern eine den Kindern unbekannte Seite erscheint. Dies kann nur zu Verwirrung führen und sollte nicht umgesetzt werden.

| 49 | ○△■◇ | Standard-Navigationselemente des Browsers nicht ausblenden. |

Standard-Navigationselemente sind den meisten Kindern vertraut. Vor allem der Zurück-Pfeil des Browsers wird gerne als Navigationsmittel eingesetzt und hilft den Kindern in jenen Situationen, in denen sie nicht mehr zurück wissen.
Auch das „Kreuz" des Browsers, zum Schließen der Website ist vielen Kindern bekannt. Sich öffnende Pop-Ups oder Website-Fenster, in denen die Navigationselemente des Browsers ausgeblendet werden, haben meist eine verwirrende Wirkung, da die Kinder in eine Situation gelangen, die ihnen nicht vertraut ist. Elemente, die bereits aus eigenen Erfahrungen am Computer bekannt sind und deren Funktionen Kinder aktiv nutzen, sollten daher nicht ausgeblendet werden.

Informationsarchitektur

50	○△▢◇	Flache Informationsarchitekturen verwenden.

Im Gegensatz zu Erwachsenen haben Kinder weniger Angst, eine Benutzeroberfläche durch *Trial-and-Error*-Prozesse zu erkunden, wodurch sie die Navigation meist intuitiv und schnell erlernen. Gerade durch dieses klickfreudige Verhalten, das keiner erkennbaren Systematik folgt besteht aber auch die Gefahr, dass sich die Kinder in den unteren Hierarchieebenen verirren (vgl. Maly, 2006: 29; vgl. Strommen, 1994: 407). Haben die Kinder mittels *Trial-and-Error* einmal eine Methode gefunden die funktioniert, werden sie in den seltensten Fällen nach einem anderen, effizienteren Weg suchen. Unterstützung bieten flache Informationsarchitekturen, die nach Möglichkeit nicht mehr als eine Ebene tief sind (vgl. Maly, 2006: 31).

Diese verhindern, dass sich die Kinder in komplexen Navigationsstrukturen verirren, die ihre Vorstellungskraft übersteigen (vgl. Chiasson / Gutwin, 2005: 3). Als zusätzliche Hilfestellung können *Sitemaps* angeboten werden. Sie befriedigen das kindliche Bedürfnis, den eigenen Standpunkt und die aktuelle Aufgabe zu überprüfen und bieten den Kindern eine geeignete „Nothilfe" (vgl. Maly, 2006: 30).

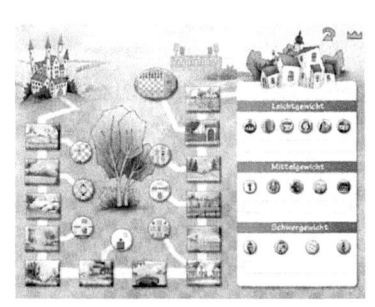

Abbildung 9-10: Sitemap in „Fritz und Fertig – Schach lernen und trainieren"

Interface Metaphern

Um die kognitive Last in Anwendungen für Kinder zu minimieren, können Interface Metaphern eingesetzt werden. Sinnvoll gewählt, wird eine komplexe und abstrakte Umgebung dadurch wesentlich leichter erfassbar und erfahrbar.

9.3 Gestaltungsempfehlungen im Detail

51	○△□⬡	Metaphern eindeutig und konsistent umsetzen.

Kinder interpretieren Metaphern grundsätzlich nach deren Aussehen. Enthält eine Metapher beispielsweise ein Schachspiel als Sinnbild für den Spielebereich, so glauben Kinder ausschließlich das Schachspiel dahinter vorzufinden. Metaphern müssen folglich einfach und deutlich zu erkennen sein und eine Analogie zur realen Welt aufbauen, um richtig verstanden zu werden. Auch die durchgängig konsistente Darstellung in der gesamten Applikation hilft den Kindern sehr hinsichtlich Verständlichkeit und Orientierung.

Abbildung 9-11: Beispielmetaphern

52	○△□⬡	Interface Metaphern mit dem mentalen Modell der Kinder abstimmen.

Neue Informationen werden, soweit vorhanden, in bereits bestehende Strukturen und mentale Modelle eingeordnet, um die aufwändige Bildung neuer Modelle zu vermeiden. Dieses Verhalten funktioniert, im Sinne der kognitiven Ökonomie, auch bei der Übertragung von einem Wissensbereich in einen anderen (vgl. Kritzenberger, 2005: 112).

Werden grafische Elemente in Benutzeroberflächen übertragen, sollten sie folglich aus Bereichen stammen, die den Kindern bereits vertraut sind. Interface Metaphern müssen stets so gewählt werden, dass sie mit dem mentalen Modell der Kinder übereinstimmen und ihrer Erfahrungswelt entstammen (vgl. Uden / Dix, 2000). Sie spiegeln ihre Sprache, ihre Perspektive und ihr Weltverständnis wieder und funktionieren sehr konkret und symbolisch.

53	⬤△◻⬧	Metaphern aus dem täglichen Leben der Kinder, ihren Beschäftigungen und Aussagen schöpfen.

Um dem mentalen Modell der Kinder zu entsprechen, sollten Metaphern aus deren täglichem Leben gezogen werden (vgl. Druin, 1996: 21). Kinder beginnen die interaktive Umgebung mit ihrer realen Umwelt zu assoziieren und interagieren dadurch in einer sehr natürlichen Form. Bewegungen am Bildschirm werden beispielsweise vor dem Computer imitiert.

Da Metaphern kein reines Analogiemodell darstellen, kann ihr Einsatz neben all ihren Vorteilen aber auch Probleme mit sich bringen. Metaphern werden meist in ungeahntem Ausmaß mit der Realität gleichgesetzt, was dazu führt, dass Kinder dem Bildschirm denselben Umfang an Eigenschaften zuschreiben wie seinem reellen Vorbild (vgl. Maly, 2006: 31). Diese Erwartungshaltung kann eine Benutzeroberfläche in den wenigsten Fällen erfüllen, da nicht alle Eigenschaften, Relationen und Attribute aus der Realität in die Fiktion übertragen werden können.

Icons

Eine ausschließlich textbasierte Menüführung stellt sowohl für Vorschulkinder als auch für Leseanfänger eine große Barriere dar, weshalb diese permanent durch eine bildliche Darstellungsform, die so genannten Icons, ersetzt werden muss (vgl. Uden / Dix, 2000: 2).

Icons bieten sich als Bestandteil der Benutzeroberfläche als kleine symbolhafte Repräsentationen von Befehlen, manipulierbaren Objekten oder Statusanzeigen an (vgl. Blumstengel, 1998: 199). Ebenso wie Interface Metaphern müssen auch Icons und Symbole der kindlichen Erfahrungswelt entsprechen, um die Funktion einer Schaltfläche angemessen widerspiegeln zu können.

9.3 Gestaltungsempfehlungen im Detail

54　○△▢⬡　Icons eindeutig gestalten.

Ein Icon muss eindeutig einer bestimmten Funktion zugeordnet werden können und darf keine Assoziationen zu abweichenden Bedeutungen zulassen. Das größte Problem stellt daher das Finden eines eindeutigen Begriffs dar, der den Kindern hinsichtlich seiner Bedeutung bekannt ist und ausschließlich mit einer einzigen Funktion assoziiert wird.

55　○△▢⬡　Standardisierte und stereotype Icons verwenden.

Kinder kommen durch die Nutzung und Handhabung alltäglicher Gebrauchsgegenstände immer wieder mit Icons die sie kennen und mit bestimmten Funktionen assoziieren in Berührung. Dazu zählen beispielsweise standardisierte Icons zur Steuerung von Audio und Video wie: Play, Pause, Stop oder Vor- und Zurückspulen. Im Sinne der Wiedererkennbarkeit sollten in Benutzeroberflächen für Kinder eher diese standardisierten Icons, anstatt mit hohem Aufwand neu entwickelte Icons verwendet werden.

56　○△▢⬡　Verständnis neuer Icon-Entwürfe sicherstellen.

Werden neue Icons entwickelt, ist es ratsam die Kinder zu Entwürfen und eigenen Ideen zu befragen, da der Begriff, der dem Entwickler passend erscheint, durchaus abwegig sein kann (vgl. Mano / Campos, 2004: 1). Falls eine Befragung nicht möglich ist, sollten in jedem Fall Objekte und Vorgänge aus dem Alltag der Kinder als Referenzmaßstab herangezogen werden. So ist zum Beispiel eine Tür zum Verlassen des Programms dem wesentlich abstrakteren Kreuz vorzuziehen.

| 57 | ⬤▲■⬣ | Icons nie mit einer konstanten Animation versehen. |

Animierte Icons stimulieren und fördern das Interesse der Kinder und wirken sich positiv auf deren Vorstellungskraft aus (vgl. Uden / Dix, 2000: 2). In Tests erkannten Kinder vergleichsweise häufiger die Funktion eines animierten Icons als die Funktion statischer Icons. Eine konstante Animation sollte allerdings vermieden werden, da sie die Aufmerksamkeit zu sehr auf sich zieht und von anderen Inhalten ablenkt (vgl. Druin, 1997: 469). Dagegen ist es eher ratsam, eine Rolloveranimation auszulösen, sobald der Mauszeiger ein Icon berührt.

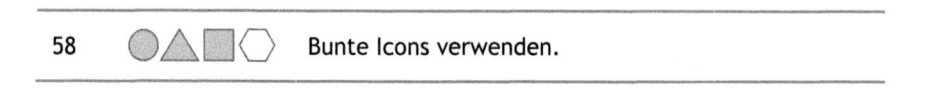

| 58 | ⬤▲■⬡ | Bunte Icons verwenden. |

Auf schwarz-weiße Icons sollte komplett verzichtet werden, da Kinder diese zum einen nur schwer erkennen können und zum anderen auch nicht sonderlich mögen (vgl. Uden / Dix, 2000: 5).

Schaltflächen

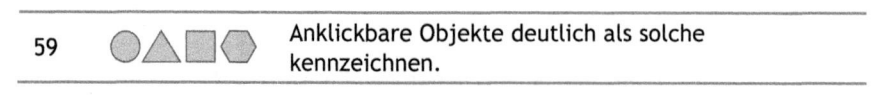

| 59 | ⬤▲■⬣ | Anklickbare Objekte deutlich als solche kennzeichnen. |

Insbesondere jüngere Kinder durchsuchen eine Oberfläche explorativ nach anklickbaren Schaltflächen. Dieses Verhalten wird häufig auch als *Mine Sweeping* bezeichnet. Wenn eine Schaltfläche jedoch nicht vermittelt, dass sie anklickbar ist, wird diese Gegebenheit einfach übersehen (vgl. Nielsen / Gilutz, 2002: 79). Aktive, anklickbare Objekte müssen hinsichtlich ihrer Gestaltung von passiven und somit nicht-anklickbaren Objekten eindeutig unterschieden werden können.

9.3 Gestaltungsempfehlungen im Detail

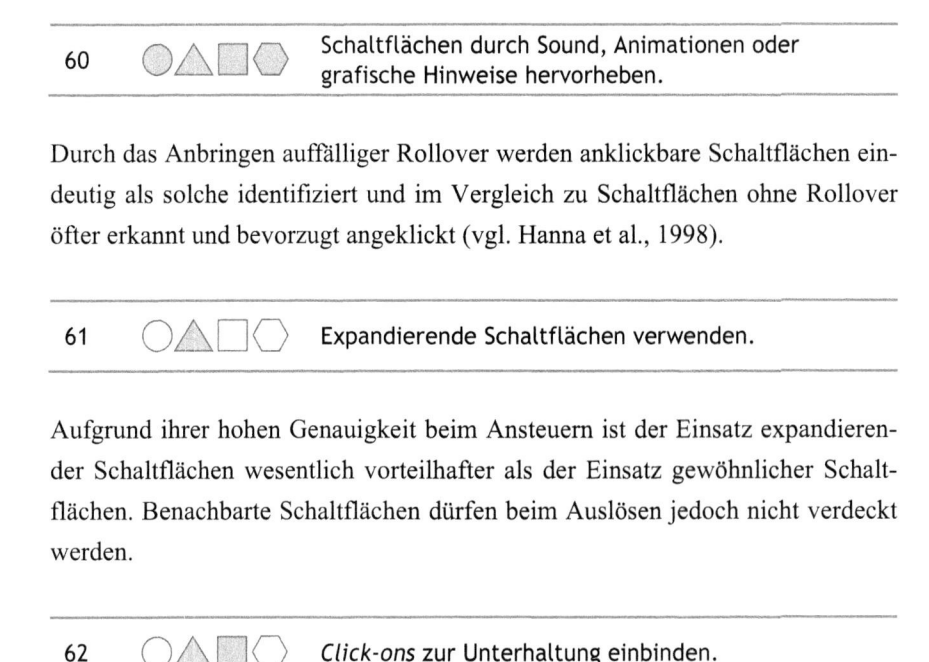

| 60 | ◉△▣⬡ | Schaltflächen durch Sound, Animationen oder grafische Hinweise hervorheben. |

Durch das Anbringen auffälliger Rollover werden anklickbare Schaltflächen eindeutig als solche identifiziert und im Vergleich zu Schaltflächen ohne Rollover öfter erkannt und bevorzugt angeklickt (vgl. Hanna et al., 1998).

| 61 | ○△□◉ | Expandierende Schaltflächen verwenden. |

Aufgrund ihrer hohen Genauigkeit beim Ansteuern ist der Einsatz expandierender Schaltflächen wesentlich vorteilhafter als der Einsatz gewöhnlicher Schaltflächen. Benachbarte Schaltflächen dürfen beim Auslösen jedoch nicht verdeckt werden.

| 62 | ○△▣○ | *Click-ons* zur Unterhaltung einbinden. |

Bei Vorschulkindern ist das interessante Phänomen zu beobachten, dass Schaltflächen aus purer Neugier oft mehrfach hintereinander gedrückt werden. Dieses Verhalten wird in so genannten *Click-ons* gezielt ausgenutzt. *Click-ons* sind Schaltflächen, die den Nutzer beim Klicken mit einem unterhaltsamen Ton oder einer Animation belohnen, aber ansonsten über keine weitere Funktion verfügen. Diese funktionslosen Schaltflächen sind bei Kindern äußerst beliebt, weshalb sie viel Zeit damit verbringen, diese gezielt zu suchen. Im Gegensatz zu Navigationsschaltflächen müssen *Click-ons* ausnahmsweise nicht sofort als anklickbare Schaltflächen erkennbar sein (vgl. Maly, 2006: 35).

Links

---

63 ○△■⬢ Links eindeutig benennen.

Um unterschiedliche Elemente gezielt ansteuern zu können, benötigen Kinder eindeutige und bekannte Bezeichnungen. Wortkreationen und Modewörter führen eher zu Verwirrung, Demotivation und Frustration. Um die Kinder anzusprechen, sollten Bezeichnungen folglich so einfach wie möglich gewählt werden und dabei auch die Erkenntnisse hinsichtlich bekannter Metaphern berücksichtigen.

---

64 ○▲■⬢ Links konsequent und konsistent umsetzen.

Die Darstellung der Links sollte konsistent und konsequent über die komplette Struktur der Website angewendet werden, da sie nur so die Lernförderlichkeit und Orientierung der Kinder unterstützen kann. Werden Links zusätzlich mit einer Unterstreichung hervorgehoben, erhöht sich zudem deren Erkennbarkeit.

---

65 ●▲■○ Verlinkungen auf externe Seiten vermeiden.

Verlinkungen auf externe Seiten unterbrechen immer die Struktur der Website und lassen neue Hürden entstehen. Erscheinen diese Verlinkungen jedoch notwendig, sollten Inhalt und Grafik der externen Website ebenfalls für Kinder aufbereitet worden sein und einen thematischen Zusammenhang zur ursprünglichen Website herstellen. Zudem muss den Kindern eine einfache Möglichkeit geboten werden, ohne Schwierigkeiten zur Ausgangsseite zurückzunavigieren.

Eine wesentlich benutzerfreundlichere Variante stellt, sofern nicht rechtlich geschützt, das Einbinden der externen Inhalte in die Struktur der eigenen Website dar. Auf diese Weise kann der eigene Inhalt erweitert, die Navigationsstruktur und der Aufbau jedoch beibehalten werden.

Benutzerunterstützung

Die oberste Richtlinie eines User-Interface-Designers sollte lauten: Erwarten Sie von Ihren Nutzern nicht, dass sie eine Anleitung lesen (vgl. Federoff, 2002). Vor allem dann nicht, wenn es sich bei den Nutzern um Kinder handelt. Die Benutzeroberfläche einer Applikation muss intuitiv bedienbar sein oder eine ausreichende Benutzerunterstützung gewährleisten, die sich je nach Genre unterschiedlich gestalten lässt.

66	○△☐⬡	Tutorials und Trainer zum Erkunden anbieten.

Für den Einstieg bieten sich interessante Tutorials an, um in einem separaten, nicht zielorientierten Bereich Verständnis bezüglich der benötigten Interaktionen zu erzeugen. Für kleine Kinder eignen sich vor allem einfache Maustrainer, die sich unterstützend auf die Handhabung der Maus auswirken (vgl. Böhler / Schönian, 2004: 22).

67	○△☐⬡	Entscheidung über Installation von Plug-Ins nicht auf Kinder übertragen.

Da Kinder technische Fachbegriffe nicht verstehen, sollte auch auf gezielte Abfragen nach dem Vorhandensein diverser Plug-Ins verzichtet werden. Stattdessen empfehlen sich Applikationen, die das Fehlen eines Plug-Ins automatisch feststellen und dies durch einen geeigneten Hinweis verdeutlichen.

Wesentlich einfacher, aber zugleich aufwändiger ist die Variante, eine zusätzliche Version anzubieten und – bei Nichtvorhandensein eines Plug-Ins – direkt auf diese zu verlinken. Wird stattdessen nur ein Hinweis angeboten sollte dieser so formuliert werden, dass die Kinder das vorliegende Problem verstehen und die Notwendigkeit der elterlichen Hilfe erkennen.

Abbildung 9-12: Pluginabfrage (vgl. kakadu.de)

Feedback

68	○▲■⬢	Feedback ohne Verzögerung geben, um eine optimale Nutzerkontrolle zu ermöglichen.

Kinder erwarten – ebenso wie Erwachsene – eine unmittelbare Reaktion auf ihre Aktionen. Bleiben diese aus, werden sie als misslungener Klick gewertet und so lange wiederholt, bis womöglich etwas Unerwartetes passiert oder sie frustriert und enttäuscht aufgeben. Im Gegensatz zu Erwachsenen erwarten sie umgehend auditives oder visuelles Feedback, da ihre Toleranz gegenüber langen Reaktions- und Wartezeiten noch sehr gering ist (vgl. Borse / Robles / Schwartz, 2002: 15).

69	○△■○	Fehlermeldungen kindgerecht aufbereiten.

Kinder können mit Fehlercodes und einer unklaren Formulierung ebenso wenig anfangen wie Erwachsene. Eine lustige, farbenfrohe Umsetzung kann dazu motivieren, es wenigstens noch einmal zu versuchen, anstatt die Anwendung sofort zu schließen.

9.3 Gestaltungsempfehlungen im Detail 171

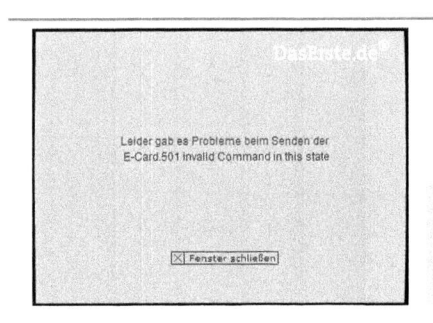

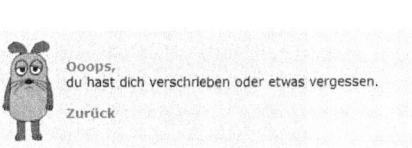

Abbildung 9-13: Fehlermeldungen (vgl. checkeins.de, vgl. wdrmaus.de)

70	○△□⬡	Feedback mit der steigenden Erfahrung der Kinder zurücknehmen.

Mit der steigenden Erfahrung der Kinder im Umgang mit dem Produkt und dessen zunehmender Komplexität sollte das Feedback nach und nach zurückgenommen werden (vgl. Chiasson / Gutwin, 2004: 6). Misserfolge sollten allerdings nicht bestraft werden, sondern viel eher durch entsprechende Instruktionen das Kind zu einem erneuten Versuch auffordern.

71	○△□⬡	Auf das Verlassen einer Website durch externe Verlinkungen eindeutig hinweisen.

Um den Kindern zu verdeutlichen, dass sie mit dem gewählten Link die Website verlassen, sollte ein einfach und eindeutig formulierter Hinweis angeboten werden. Da jedoch insbesondere Leseanfänger einige Zeit zum Lesen benötigen, ist es sinnvoll, diesen Hinweis permanent abzubilden, bis die Kinder selbst die Weiterleitung bestätigen und durchführen. Auch das Zurückkehren zur Ausgangswebsite sollte möglich und einfach durchzuführen sein.

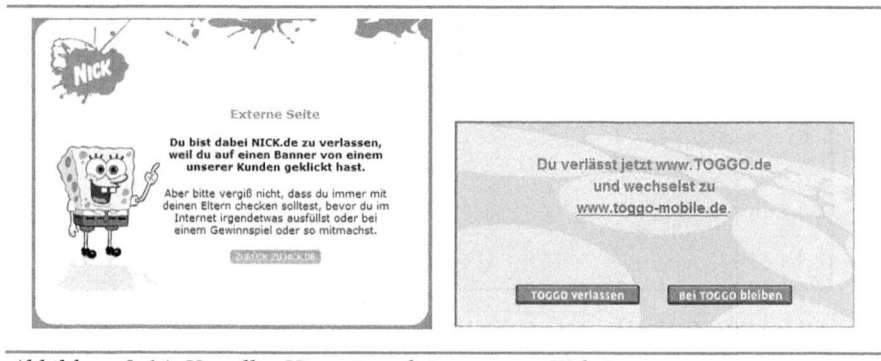

Abbildung 9-14: Visueller Hinweis auf eine externe Website (vgl. nick.de, vgl. toggo.de)

Statusanzeige

72	○▲■◇	Status oder Score deutlich kennzeichnen.

Für jüngere Kinder sind Fortschrittsbalken, in denen Start- und Endpunkt klar festgelegt sind, als Statusanzeige wesentlich besser geeignet als eine Zeitmessung, da sie eine schnellere Ablesbarkeit gewährleisten und ihr Sinn eindeutig verstanden wird (vgl. Maly, 2006: 35).

Cursor

73	●▲■◇	Den Cursor nie verdecken oder das Verlassen des sichtbaren Bereichs ermöglichen.

Ist der Cursor für die Aktivierung einer Schaltfläche nicht komplett sichtbar, weil er verdeckt wird oder den sichtbaren Bereich verlässt, sind Kinder stark verunsichert. Idealerweise sollten alle Schaltflächen stets so platziert werden, dass nicht nur der Aktivierungspunkt sondern der gesamte Cursor sichtbar ist.

9.3 Gestaltungsempfehlungen im Detail

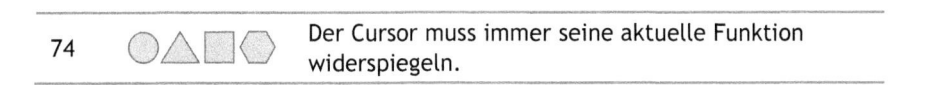

74	○△▢⬡	Der Cursor muss immer seine aktuelle Funktion widerspiegeln.

Optimalerweise sollte der Cursor drei Standard-Stadien darstellen:

1. Im Ruhestadium führt der Cursor keine besonderen Funktionen aus.
2. Das Aktivstadium nimmt der Cursor ein, wenn signalisiert werden soll, dass an dieser Stelle geklickt werden kann. Für jüngere Kinder eignen sich beispielsweise kleine bunte Animationen.
3. Das Wartestadium signalisiert, dass aufgrund von Systemvorgängen gerade keine Aktion ausgeführt werden kann.

Für alle drei Stadien muss eine eindeutige Darstellungsform gefunden werden, die ebenso wie Icons und Metaphern keine abstrakten Begriffe aufgreift, sondern der kindlichen Erfahrungswelt entspringen muss (vgl. Maly, 2006: 36).

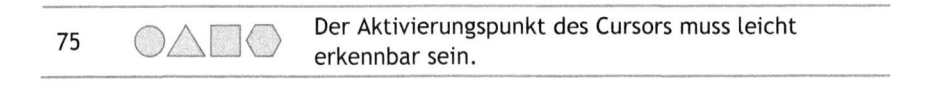

75	○△▢⬡	Der Aktivierungspunkt des Cursors muss leicht erkennbar sein.

Für gewöhnlich haben die bekannten pfeilförmigen Cursor ihren Aktivierungspunkt an der Pfeilspitze an der oberen linken Ecke. Bei anderen Cursorformen ist dieser nicht immer sofort ersichtlich. Werden beispielsweise Icons statt eines Pfeils verwendet, muss entweder sicher gestellt werden, dass Kinder erkennen, welcher Teil des Cursors als Aktivierungspunkt die Interaktion auslöst oder aber die Schaltflächen müssen so groß sein, dass der Aktivierungspunkt unwichtig wird.

Hilfe

| 76 | ●▲□⬡ | Interfaces so einfach gestalten, dass auf eine Hilfe – soweit möglich – verzichtet werden kann. |

Hilfefunktionen werden von Kindern in einer Benutzeroberfläche recht selten in Anspruch genommen. Wird in einem Programm Hilfe benötigt, greifen insbesondere jüngere Kinder gerne auf die Unterstützung Erwachsener zurück, die sie auch in ihrer alltäglichen Umgebung in Anspruch nehmen. Folglich sollte Software für Kinder so einfach gestaltet sein, dass auf die Implementierung von Hilfe ganz oder teilweise verzichtet werden kann (vgl. Böhler / Schönian, 2004: 23).

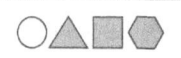

| 77 | ○▲■⬢ | Hilfefunktionen gezielt anbieten und eindeutig als solche kennzeichnen. |

Kann auf eine Hilfe nicht in Gänze verzichtet werden, sollte diese situationsbezogen in der zugehörigen Rubrik oder neben bestimmten Aktionselementen angeordnet sein, um den Kindern einen schnellen und direkten Zugang zu ermöglichen. Die Hilfe sollte zudem so formuliert werden, dass die Kinder auch einen tatsächlichen Nutzen daraus ziehen können. Grundsätzlich sollte die Hilfe durch ein eindeutiges Symbol und Beschriftung deutlich gekennzeichnet sein. Möchte man den Kindern ohne Lesekompetenz ebenfalls eine Hilfsmöglichkeit anbieten, dann kann diese nur über Audio- und Videoelemente erfolgen.

| 78 | ●▲■○ | Auf Rollover-Effekte als Hilfe verzichten. |

Wenn eine Hilfe angeboten wird, dann sollte dies nicht über Rollover erfolgen, da die wenig ausgebildete Feinmotorik kleiner Kinder ein längeres Verharren auf einem Symbol erschwert. Die Zeit reicht meist nicht aus, um ein Rollover so lange auszulösen, bis die Hilfe abgerufen und gelesen werden kann (vgl. Böhler, 2004: 23).

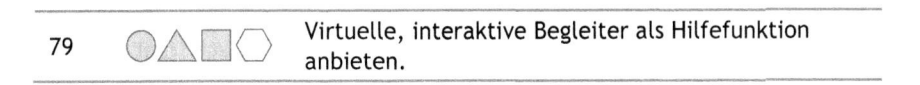

| 79 | ⊙△▢⌬ | Virtuelle, interaktive Begleiter als Hilfefunktion anbieten. |

Wenn in einer Anwendung aufgrund sehr hoher Komplexität Hilfe unverzichtbar erscheint, so sollte diese selbsterklärend sein. Es empfiehlt sich, die Hilfe in Form eines menschlichen oder tierischen virtuellen Begleiters darzustellen, mit dem Kinder auf natürliche Weise kommunizieren können (vgl. Böhler / Schönian, 2004: 24). Kinder schenken den Äußerungen einer Figur weit mehr Aufmerksamkeit als rein gesprochenem Text. Zudem wird die Instruktion auf diese Weise interaktiver gestaltet, weil Kinder wiederholt auf die Figur klicken, um die Anweisung immer wieder abzuspielen.

Instruktionen

In vielen Softwareanwendungen für Kinder wird die Navigation zu Beginn von einem Erzähler ausführlich erläutert. Damit diese Instruktionen verstanden und im Geschehen angewendet werden können, sollten nachfolgende Gestaltungsempfehlungen beachtet werden.

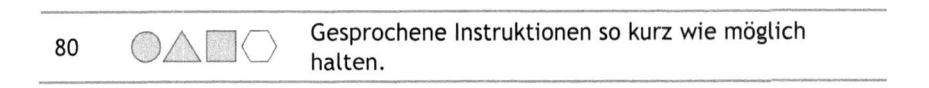

| 80 | ⊙△▢⌬ | Gesprochene Instruktionen so kurz wie möglich halten. |

Nach etwa 15 Sekunden lässt die Aufnahmefähigkeit jüngerer Kinder für gesprochene Instruktionen rapide nach, weshalb bei einer durchschnittlichen Dauer von 60 Sekunden wichtige erstgenannte Informationen verloren gehen. Außerdem ist nichts langweiliger als ein langer Monolog.
Als äußerst sinnvoll hat sich die Variante herausgestellt, Instruktionen so kurz wie möglich zu gestalten und diese dafür an mehreren Stellen in das Programm einzubinden anstatt komplett am Anfang (vgl. Böhler / Schönian, 2004: 22).

| 81 | ⬢▲■◇ | Der Erzähler muss langsam und deutlich sprechen. |

Auch wenn Instruktionen sehr kurz sind, muss der Erzähler langsam und deutlich sprechen, damit alles korrekt verstanden werden kann. Empfehlung Nummer 27 sollte in gesprochenen Instruktionen generell auch Beachtung finden: Bekannte Instruktionen sollten abgebrochen und nicht verstandene Instruktionen sollten wiederholt werden können.

| 82 | ⬢▲■◇ | Das Ende der Instruktion deutlich machen. |

Bei zu langen Instruktionen bemerken vor allem jüngere Kinder meist nicht, wenn diese zu Ende sind und ihre Interaktion gefragt ist. Die beste Möglichkeit Kinder darauf aufmerksam zu machen ist, sie während der Erklärung in das Geschehen mit einzubinden, um sie dadurch zur Interaktivität zu bewegen. Ist dies nicht möglich, müssen die Kinder auf jeden Fall am Ende darauf hingewiesen werden, dass die Instruktion beendet ist und sie nun interagieren dürfen.

Verbale Verweise am linken oder rechten Bildschirmrand bereiten vielen Kindern Schwierigkeiten und sind zudem nicht eindeutig. Aus diesem Grund sollte stets eine visuelle Verbindung zwischen Instruktion und erklärtem Element geschaffen werden. Auf diese Weise wird die Aufmerksamkeit des Kindes gezielt auf die relevanten Stellen gelenkt (vgl. Hanna et al., 1999: 18).

Suche

| 83 | ○△■⬢ | Suchfunktion und Ergebnisdarstellung so einfach wie möglich einbinden. |

Die Möglichkeit, Begriffe über eine eingebundene Suchfunktion finden zu lassen, ist in mehrerer Hinsicht mit gestalterischen Herausforderungen verbunden. Zunächst muss das Suchfeld so gestaltet sein, dass Kinder dieses auch als solches erkennen.

Empfehlenswert ist, das Eingabefeld leer zu lassen und lediglich den Button zur Auslösung der Suche mit „Such!" oder „Suche" zu kennzeichnen. Enthalten sowohl das Suchfeld als auch der Button, der die Suche startet Text, so wird letzterer meist mit anderen Inhalten statt der eigentlichen Suche verknüpft.

Abbildung 9-15: Suchfunktionen (vgl. kika.de, vgl. lilipuz.de)

Auch die Ergebnisdarstellung ist mit Herausforderungen verbunden. Kinder erwarten mit ihrer Suche solche Ergebnisse, die allein das Thema ihres Suchbegriffs zum Inhalt haben. Eine große Auswahl verwirrt und überfordert die Kinder vielmehr. Zur besseren Erkennbarkeit empfiehlt es sich, diese mit großen, eindeutigen Bildern zu verknüpfen. Diese erhöhen gezielt die Aufmerksamkeit der Kinder und erleichtern den Zugang zu den einzelnen Ergebnissen. Die Anzahl sollte dabei auf maximal ein bis vier Ergebnisse beschränkt und innerhalb der Website dargestellt werden.

9.3.3 Inhalt

Basierend auf ihren entwicklungs- und altersbedingten Erfahrungen sowie ihren geschlechtspezifischen Ansichten entwickeln Kinder für bestimmte Softwareinhalte typische Vorlieben oder Abneigungen.

Aber auch unabhängig von kindlichen Präferenzen müssen verschiedene Empfehlungen zur Gestaltung des Inhalts herangezogen werden. Dazu gehören die Gestaltung der für Kindersoftware typischen Leitfiguren und Charaktere, die Empfehlungen zur Verwendung von Sprache, Wortschatz und Textmenge sowie die deutliche Abgrenzung elternspezifischer Inhalte vom Inhalt der Kinder.

| 84 | ●▲□◆ | Eindeutige Zielgruppenabgrenzung vornehmen. |

Der Wunsch, Applikationen für alle Kinder im Alter von sechs bis zwölf Jahren gleichermaßen anbieten zu wollen, ist nicht realistisch. Kinder ohne Lesefähigkeiten benötigen eine andere Struktur um den zur Verfügung gestellten Inhalt erreichen zu können. Wie bereits in Empfehlung 24 erläutert, benötigt diese Gruppe eine hundertprozentige Audiounterstützung. Mit einer solchen Umsetzung können die älteren Kinder jedoch nicht mehr angesprochen werden.

Die Vorstellung, dass die Kinder ausschließlich gemäß ihrem Alter abgegrenzte Bereiche einer Applikation aufsuchen, funktioniert nicht. Sobald Textelemente vorhanden sind, können Vorschulkinder und Schulanfänger nichts damit anfangen. Wenn also der Wunsch besteht, eine Applikation bereits für Sechs- oder Siebenjährige anzubieten, dann muss dieser Zielgruppe eine separate, ausgegliederte Applikation zur Verfügung gestellt werden. Ausschließlich eine konsistente und konsequente Umsetzung führt dazu, dass die Kinder dieser Altersgruppe selbständig in einer Applikation navigieren können.

| 85 | ○▲■◆ | Der richtige Inhalt ist entscheidend für das Interesse der Kinder. |

Eine Website sollte weit mehr tun als lediglich den Grundgedanken widerzuspiegeln, auch im Internet vertreten zu sein. Der dargebotene Inhalt trägt entscheidend dazu bei, ob das Interesse der Kinder geweckt und aufrecht gehalten wird oder nicht. Stellt die Website jedoch keinen ausreichenden Umfang zur Verfügung, dann kann auch die Gestaltung nicht dazu beitragen, die Kinder längerfristig als Besucher zu halten.

Entwickler von Kinderwebsites sollten sich stets auf die zwei Säulen *Entertainment* und *Infotainment* stützen und – je nach Zielgruppenausrichtung – den Schwerpunkt auf eine der Beiden verlagern. Infotainment fordert hinsichtlich der Umsetzung einen weit größeren Aufwand, wenn für Kinder ohne Lesekompetenz entwickelt wird, da alle Textelemente auditiv oder visuell implementiert werden müssen. Für diese Altersgruppe sollte der Entertainmentteil einen weit größeren Stellenwert einnehmen. Je älter die Kinder werden, desto stärker rückt das Interesse an reinen Informationen und Wissensbeiträgen in den Vordergrund.

86	○△□⬡	Inhalte in regelmäßigen Abständen aktualisieren.

Stetige Aktualisierungen oder Neuerungen bieten einen großen Anreiz, Websites auch zukünftig zu besuchen. Eine solche Aktualisierung, sei es das Einbinden neuer Informationen oder neuer Spiele, muss den Kinder deutlich, wenn möglich bereits auf der Startseite, aufgezeigt werden. Auch die Überprüfung von Fehlern oder das Entfernen bereits abgelaufener Sendungen oder Aktionen sollte in diese Aktualisierung mit einfließen.

Entertainment

87	○△□⬡	Eine Übersicht über alle vorhandenen Spiele einbinden und deutlich hervorheben.

Spielen stellt eines der Hauptmotive für Kinder dar, das Internet zu nutzen. Auf einschlägigen Kinderwebsites sollte folglich eine entsprechende Anzahl an Online-Spielen bereitgestellt werden. Eine geeignete Übersicht über alle auf der Website implementierten Spiele bietet den Kindern hierbei einen guten Überblick und verringert das Risiko, verschiedene Angebote zu übersehen.

Der entsprechende Link sollte jedoch nicht erst in den tieferen Ebenen der Websitestruktur zu finden sein, sondern bereits deutlich also solche gekennzeichnet und hervorgehoben auf der Startseite zur Verfügung stehen. Eine geeignete Sortierung der Spiele nach Genre, Charakteren oder in alphabetischer Reihenfolge erhöht zudem die Übersichtlichkeit und ermöglicht den Kindern einen leichteren Zugang, ohne die Website zunächst absuchen zu müssen.

| 88 | ○▲☐⬡ | Spiele und Aktionen fehlertolerant gestalten. |

Vor allem jüngere Kinder haben häufig noch Schwierigkeiten, die Maus fehlerfrei zu bedienen. In Verbindung mit sehr schnellen und aktionsreichen Spielen kann es passieren, dass diese nicht erfolgreich abgeschlossen werden können. Um diesem Aspekt positiv zu begegnen, sollten Spiele möglichst fehlertolerant gestaltet sein. Die Website „Die Seite mit dem Elefanten" liefert hierbei ein schönes Beispiel: Bei einem Tortenspiel werden die Kinder aufgefordert, mittels der Maussteuerung eine Person auf dem Bildschirm mit einer Torte zu bewerfen. Es liegt eine hohe Fehlertoleranz vor, weil die Kinder lediglich auf die Maustaste drücken müssen, um die Torte abzuwerfen. Ein Zielen ist zwar möglich, hat aber keinen Einfluss darauf, ob man die Person trifft oder nicht. Entscheidend ist vor allem, dass den Kindern diese Unterstützung nicht bewusst wird. Diese Hilfe, die maßgeblich im Hintergrund abläuft, ermöglicht es vor allem Kindern, die noch Schwierigkeiten mit der Steuerung haben, positive Ergebnisse zu erzielen und eine entsprechende Motivation aufzubauen.

| 89 | ○▲☐⬡ | Nicht die Grafik sondern den Spaßfaktor in den Vordergrund stellen. |

Die Grafik ist in der Regel nicht entscheidend für die Auswahl eines Spiels, sondern der damit verbundene Spaßfaktor. Vermittelt ein Spiel Vergnügen, Spaß, Humor oder Spannung, dann kann die Grafik selbst schlicht umgesetzt sein. Der Spiel-Charakter und die musikalische Umrahmung tragen ebenfalls dazu bei, ob ein Spiel präferiert oder eher abgelehnt wird. Daher sollte die Zeit nicht in die Entwicklung qualitativ hochwertiger Grafiken gesteckt werden, sondern vielmehr in die Ausarbeitung lustiger Figuren und anspruchsvoller Spielideen.

9.3 Gestaltungsempfehlungen im Detail 181

90   ○△▢⬡   Spielanleitungen zur Verfügung stellen.

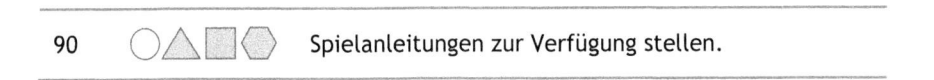

Neben einer intuitiven Spielführung sollten zur Unterstützung eines Spiels vor allem einfache und gut verständliche Spielanleitungen angeboten werden. Ein Großteil der Kinder startet ein Spiel häufig, ohne die entsprechende Anleitung vorher gelesen zu haben. Demgegenüber stehen jedoch die Kinder, die eine Anleitung zunächst sehr akribisch durchforsten, ehe sie mit dem eigentlichen Spiel beginnen.
Neben geeigneten Formulierungen sollten auch visuelle Erläuterungen zur Verfügung stehen, um damit zur besseren Verständlichkeit beizutragen. Werden die Spiele für jüngere Kinder ohne entsprechende Lesekompetenz entwickelt, sollte auf eine textbasierte Umsetzung zugunsten einer auditiven oder visuellen Anleitung verzichtet werden.

Interaktionselemente

91   ○△▢⬡   Inhalte interaktiv aufbereiten.

Insbesondere jüngere Kinder können mit verschiedenen Elementen gezielt zur Interaktion bewegt werden, was den Spaßfaktor deutlich erhöht. Sei es ein Musikvideo, das dazu auffordert mitzutanzen oder ein interaktives Gespräch mit verschiedenen Personen. Kinder antworten auf Fragen oder rufen Lösungen zum Bildschirm, eine abwechslungsreiche Alternative, die zur Attraktivität einer Applikation beitragen kann.

Leitfiguren

| 92 | ○△□◇ | Leitfiguren einbinden. |

Leitfiguren bieten die Möglichkeit, Nutzer emotional stärker in die Anwendung einzubinden. Dies funktioniert bei Kindern sehr gut. Sie akzeptieren Leitfiguren als soziale Bezugspersonen mit denen sie ohne Scheu interagieren (vgl. Chiasson / Gutwin, 2004: 4). Durch die Ansprache auf emotionaler Ebene erhöhen sich indirekt Aufmerksamkeit und Konzentration der Kinder. Zudem geben Leitfiguren durch Hilfestellungen und Tipps eine Form von Sicherheit (vgl. Maly, 2006: 33). Beim Öffnen oder Starten einer Applikation fallen vor allem bekannte Comic-Helden sofort ins Auge und erleichtern den Einstieg in die tieferen Ebenen.

| 93 | ○△□◇ | Leitfiguren in Charakter und Verhalten konsistent halten. |

Einzigartige Eigenschaften wie Stärken, Schwächen, Wünsche und Ängste lassen eine Figur noch realistischer erscheinen. Diese sollten durchgängig konsistent eingehalten werden, damit das Verhalten für den Nutzer bis zu einem gewissen Grad vorhersehbar bleibt. Gab die Figur beispielsweise in bisherigen Problemsituationen hilfreiche Tipps, wird das Kind diese bei der nächsten Schwierigkeit ebenfalls erwarten (vgl. Maly, 2006: 33).

| 94 | ○△□◇ | Leitfiguren entwickeln, mit denen sich die Kinder identifizieren können. |

Es lässt sich beobachten, dass mit der Zunahme des kooperativen Spiels besonders Freundschaften zwischen sich ähnelnden Kindern geschlossen werden. Auch bei Software entwickelt sich eine besondere Vorliebe für Charaktere, mit denen sich die Kinder identifizieren können (vgl. Valkenburg / Cantor, 2000: 143). Vorschulkinder tendieren besonders zu physischen, Grundschulkinder achten dagegen mehr auf psychologische und soziale Gemeinsamkeiten.

9.3 Gestaltungsempfehlungen im Detail

Dabei schenken sie gleichgeschlechtlichen Leitfiguren wesentlich mehr Beachtung als dem anderen Geschlecht.
Wenn Software nicht nur Mädchen oder Jungen, sondern beide Geschlechter gleichermaßen ansprechen soll, ist es hilfreich, die Kinder zu Beginn eine Leitfigur entsprechend ihres Geschlechts selbst auswählen zu lassen.
Das Alter der Figuren sollte äußerlich dem Alter der Zielgruppe angepasst werden, da Kinder Applikationen mit deutlich jüngeren Charakteren meiden (vgl. Valkenburg / Cantor, 2000: 143).

95	○△□◇	Kinder bevorzugen äußerst lebendige, ausdrucksstarke Charaktere, die ihrer Vorstellungskraft entsprechen.

Für Kinder im Kleinkind- und Vorschulalter sollten Leitfiguren sehr ausdrucksstark konzipiert werden und sich durch einen ganz eigenen Charakter auszeichnen. Auch stark verniedlichte Kreaturen treffen auf große Begeisterung. Bis zum fünften Lebensjahr etwa können Kinder nicht zwischen Realität und Fantasie unterscheiden, weshalb sie sich vor „hässlichen" aber ungefährlichen Figuren fürchten und im Gegenzug „niedliche" aber gefährliche Figuren mögen. Dabei konzentrieren sie sich nicht so sehr auf das, was die Leitfiguren tun oder sagen. Sie schenken ihre Aufmerksamkeit hauptsächlich hellen bunten Farben, unkomplizierten und unbedrohlichen Charakteren (vgl. Valkenburg / Cantor, 2000: 137).

Ab dem Alter von fünf Jahren beginnen sich Kinder zunehmend für realistische und komplizierte Charaktere in ebenso realistischen Umgebungen zu interessieren. Grundschulkinder besitzen bereits ein außerordentlich ausgeprägtes Verständnis für die Unterscheidung von realen und irrealen Inhalten und teilen ihre Kritik bezüglich unrealistischer Leitfiguren unumwunden mit. Die Begeisterung für „Superhelden" bleibt allerdings, besonders bei Jungen, bis in die späte konkret operationale Phase erhalten (vgl. Valkenburg / Cantor, 2000: 135-142).

| 96 | ⬢▲■⬟ | Gegensätzliche Positionen durch zwei Leitfiguren verdeutlichen. |

Zur Verdeutlichung zweier gegensätzlicher Positionen empfiehlt sich die Verwendung von zwei unterschiedlichen Leitfiguren (vgl. Maly, 2006: 33). Diese sollten nicht gegeneinander wetteifern, sondern sich stattdessen gegenseitig ergänzen.
Um Mädchen und Jungen gleichermaßen anzusprechen ist es sinnvoll, zwei verschieden geschlechtliche Figuren einzusetzen, ohne dabei in ein typisches Rollenverhalten verfallen zu dürfen.

| 97 | ⬢▲■⬟ | Bewegungen und Mitteilungen der Leitfiguren an das zeitliche und inhaltliche Geschehen anpassen. |

Um unnötige Ablenkung zu vermeiden sollte eine Figur sich nur dann bewegen oder sprechen, wenn tatsächlich Mitteilungsbedarf besteht.
Aussagen müssen dabei sowohl zeitlich als auch inhaltlich zum Geschehen passen und über vergangene, gegenwärtige oder zukünftige Ereignisse informieren (vgl. Maly, 2006: 33).

Text

Lesen am Bildschirm ermüdet die Augen und nimmt etwa ein Viertel mehr Zeit in Anspruch als das Lesen von Papier (vgl. Nielsen / Gilutz, 2002: 37).
Anstelle von Text sollten daher vielmehr aussagekräftige Bilder und Icons genutzt werden, um Inhalt und Navigation zu vermitteln. Ist Text jedoch unerlässlich, wie es in einigen Lernprogrammen der Fall ist, sollten neben bereits genannten Gestaltungsempfehlungen folgende Regeln eingehalten werden.

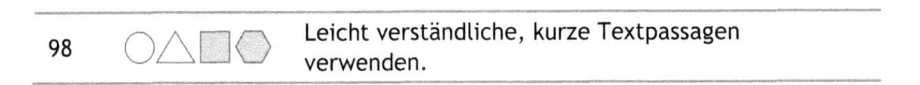

| 98 | ○△▢⬡ | Leicht verständliche, kurze Textpassagen verwenden. |

Wird Text in Software für Kinder verwendet, müssen Textpassagen weitestgehend minimiert werden. Text sollte nicht zentriert werden, sondern gemäß der jeweiligen Sprache von links nach rechts oder von rechts nach links verlaufen (vgl. Nielsen / Gilutz, 2002: 39). Obwohl zwischen kurzen und langen Zeilenlängen kein Unterschied bezüglich der Effizienz der Lesbarkeit festgestellt werden kann, empfiehlt es sich, diese möglichst kurz zu halten, da Kinder für kurze Zeilen eine eindeutige Präferenz entwickeln.

| 99 | ○△▢⬡ | Auf englische, fachspezifische oder metaphorische Begriffe verzichten. |

Fachterminologie, Jargon und Metaphern werden von Kindern nicht verstanden. Auch auf englische Begriffe wie *Sitemap*, *Download* oder *Podcast* sollte zugunsten der Verständlichkeit verzichtet werden, sofern sie keine explizite Erklärung erhalten.

Applikationen für Kinder sollten sich immer auf den vorhandenen Wortschatz der Kinder beschränken oder gegebenenfalls mit einer adäquaten deutschen Übersetzung arbeiten, die von allen Kindern verstanden wird.

Überschriften

| 100 | ○△▢⬡ | Überschriften so einfach und informativ wie möglich wählen. |

Zur Einleitung von neuen Bereichen oder Textabschnitten können Überschriften der Übersichtlichkeit dienen und Kindern direkte Hinweise auf nachfolgenden Inhalt geben, ohne sie zu überfordern.

101 ○△■⬣	Überschriften gegenüber dem Text größer darstellen.

Damit Überschriften besser wahrgenommen werden empfiehlt es sich, diese im Vergleich zum Text deutlich größer darzustellen, zu unterstreichen oder farblich hervorzuheben.

102 ○△■⬣	Überschriften eindeutig benennen.

Wie im übrigen Text sollte auch bei der Wahl der Überschrift auf Fachbegriffe, Metaphern oder selbst erdachte Kunstwörter verzichtet werden.
Stattdessen eignen sich simple Wörter aus dem täglichen Sprachgebrauch, die eine Kategorie wie *Spielen* auf einfache aber informative Weise umschreiben können.

Datenabfragen

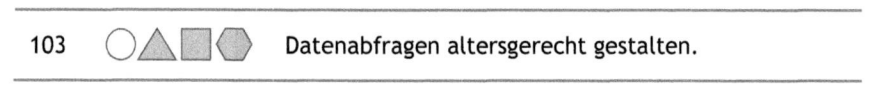

103 ○△■⬣	Datenabfragen altersgerecht gestalten.

Datenabfragen, die einer bestimmten und möglicherweise unbekannten Schreibweise bedürfen oder aber auch aufgrund mangelnden Wissens nicht beantwortet werden können, wirken sich sehr negativ auf die Haltung der Kinder gegenüber der Anwendung aus. Im schlimmsten Fall starren sie gebannt auf den Bildschirm, ohne überhaupt eine Interaktion auszuführen, was schließlich dazu führt, dass eine Anwendung nicht wieder besucht bzw. genutzt wird.

| 104 | ○△▢⬡ | Nur die nötigsten Daten abfragen. |

Auf umfangreiche Datenabfragen sollte insbesondere beim jüngeren Publikum verzichtet werden. Zum einen fehlt Kindern häufig das Wissen, bestimmte Daten wie das Geburtsdatum einzugeben, zum anderen mangelt es an den nötigen Lese- bzw. Schreibkompetenzen. Kinder sollten auch nicht gezwungen sein, persönliche Daten angeben zu müssen, um eine Applikation starten oder ein Spiel spielen zu können.

Anmeldebereiche

| 105 | ○△▢⬡ | Anmeldebereiche als Zusatz einbinden – nicht als Notwendigkeit. |

Die Schwierigkeit, die mit einer Online-Anmeldung einhergeht besteht darin, dass die Kinder natürlich nicht selbständig darüber entscheiden dürfen und die Eltern zunächst ihre Bestätigung abgeben müssen.
Möchte man also einen Online-Club einbinden, müssen zuallererst die Eltern über sämtliche Einzelheiten aufgeklärt und der Nutzen des Clubs erläutert werden.
Auf der anderen Seite stehen auch die Kinder einem Anmeldebereich skeptisch gegenüber. Sie wollen sich nicht erst einer scheinbar umständlichen und langen Anmeldeprozedur unterziehen, sondern die Applikation sofort und ohne Verzögerung starten. Daher sollten derartige Features nur als Zusatz angeboten werden, um beispielsweise erfahreneren Nutzern weitere Möglichkeiten und Anreize bieten zu können.

Elternspezifische Inhalte

106 ○▲■◯	Einen speziellen Informationsbereich für Eltern anbieten.

Der Anbieter von Kindersoftware und -websites hat eine große Verantwortung zu tragen, da die entsprechend junge Zielgruppe in einem besonders schutzbedürftigen Alter ist und in solchem noch keine eigenständigen Entscheidungen treffen darf. Die Entscheidungsträger sind noch immer die Eltern. Verantwortung heißt daher auch, die Erziehungsberechtigten ausreichend über einer Anwendung oder Website zu informieren und den möglichen Mehrwert für das Kind zu erläutern. Die Überzeugung der Eltern ist ein wesentlicher Schritt, damit deren Kinder überhaupt den Zugang ermöglicht bekommen.

In Applikationen für jüngere Kinder werden darüber hinaus häufig themenspezifische Inhalte angeboten, die das elterliche Umfeld in die Interaktion miteinbezieht. Diese Inhalte dienen allem Voran der Bildung einer Vertrauensbasis zwischen Anbietern und Eltern, bieten aber auch kleine Funktionen, die durch die Eltern bedient werden müssen, zum Beispiel das Ausdrucken einer Mal- oder Bastelvorlage. Um diese Anforderungen geeignet erfüllen zu können, ist es sinnvoll, einen separaten Elternbereich anzubieten.

107 ○▲■◯	Elternspezifische Inhalte als solche kennzeichnen und vom Inhalt für Kinder deutlich abgrenzen.

Der elterliche Informationsbereich sollte sowohl inhaltlich als auch gestalterisch auf die Eltern abgestimmt sein, damit sich dieser deutlich vom restlichen Inhalt der Kinderapplikation unterscheidet (vgl. Nielsen / Gilutz, 2002: 42). Es empfiehlt sich, den Elternbereich so anzuordnen, dass Kinder nicht sofort auf diesen Bereich stoßen können. Eine Positionierung im zentralen sichtbaren Bereich der Applikation sollte folglich vermieden werden. Kinder müssen zudem beim Eintritt den Elternbereich als solchen erkennen und einen einfachen, deutlich hervorgehobenen Rückweg angeboten bekommen.

9.3 Gestaltungsempfehlungen im Detail

Werbung

Der Einsatz von Werbeelementen muss angemessen und verantwortungsvoll vollzogen, kann jedoch nicht vollständig verboten werden. Insbesondere die privaten Sender stehen vor dem Problem, ihre Angebote durch Werbung als Einnahmequelle finanzieren zu müssen. Ein Verbot würde einem Großteil der Anbieter die finanzielle Grundlage entziehen. Aber auch für die Anbringung der Werbung sind einige Richtlinien zu beachten.

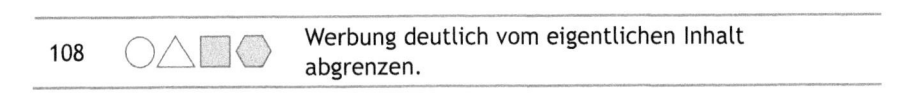

108	○△□⬡	Werbung deutlich vom eigentlichen Inhalt abgrenzen.

Während Erwachsene offenbar eine Abneigung gegenüber Werbebannern hegen oder diese schlichtweg übersehen, können Kinder in ihrer Interaktion nicht zwischen Werbung und Inhalt unterscheiden. Eine geschickte Positionierung und durch Animationen auffallende Elemente führen dazu, dass die Kinder von der Werbung geradezu angezogen werden. Da die winzigen Werbekennzeichnungen in den meisten Fällen unentdeckt bleiben, ist eine deutliche Abgrenzung dieser Vermarktungselemente vom eigentlichen Inhalt vorzunehmen.
Wenn auf Werbung nicht in Gänze verzichtet werden kann, so sollte diese zumindest in einem thematischen Zusammenhang mit der Kinderapplikation stehen und nicht auf externe oder kostenpflichtige Angebote verlinken.

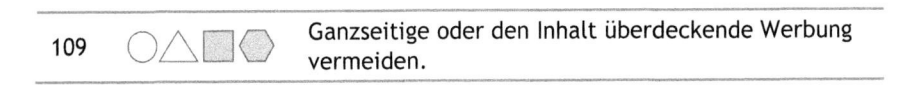

109	○△□⬡	Ganzseitige oder den Inhalt überdeckende Werbung vermeiden.

Ganzseitige oder den Inhalt und Navigationsbereich überdeckende Werbebanner verwirren die Kinder und bergen zudem die Gefahr, dass diese eine negative Verknüpfung hinsichtlich des zuvor angeklickten Buttons aufbauen. Wenn große Werbeflächen verwendet werden, sollten sich diese selbständig nach wenigen Sekunden schließen und dies den Kindern auch deutlich anzeigen. Die Möglichkeit, weiterzunavigieren muss zusätzlich gegeben sein, damit Kinder nicht den angeklickten Button als Auslöser für die Werbung vermuten.

110	○△■⬡	Werbung darf keine aggressive Kaufaufforderung beinhalten.

Der Gesetzgeber verbietet ausdrücklich, aggressive Kaufaufforderungen an Minderjährige zu richten, da diese als beschränkt geschäftsfähig einzustufen sind. Eine Zuwiderhandlung kann strafrechtliche Folgen nach sich ziehen und sollte daher von vornherein vermieden werden.

9.4 Zusammenfassung

Die 110 Gestaltungsempfehlungen für Kinderapplikationen bieten eine gute und umfangreiche Grundlage zur Entwicklung von Websites und Software für Kinder. In ihrer Form sind sie als beispielloses Fundament zu sehen, dass dennoch in etlichen Bereichen Erweiterung finden kann.

Sei es aufgrund der rasanten Entwicklung neuer Technologien und neuer Trends auf dem Kindersoftwaremarkt oder der Umsetzung von Spaß und Motivation, ein Styleguide zur softwareergonomischen Gestaltung von Software für Kinder wird vermutlich nie vollständig sein.

10. Prototyping - Kinder als Design-Partner

> *"Full participation requires training and active cooperation, not just token representation."*
>
> Joan Greenbaum & Morten Kyng

Die Beteiligung der Kinder am Entwicklungsprozess als Design-Partner erfolgt maßgeblich im Bereich des Prototyping.

Ein *Prototyp* ist die Simulation von Aussehen und Verhalten eines Softwaresystems (vgl. Köth, 2001: 63). Er kommt meist in frühen Entwicklungsphasen zum Einsatz, da Änderungen am fertigen Endprodukt wesentlich teurer und zeitaufwändiger sind. *Prototyping* bezeichnet den Prozess der Entwicklung eines Prototyps sowie dessen Test und Beurteilung durch die späteren Nutzer eines Systems.

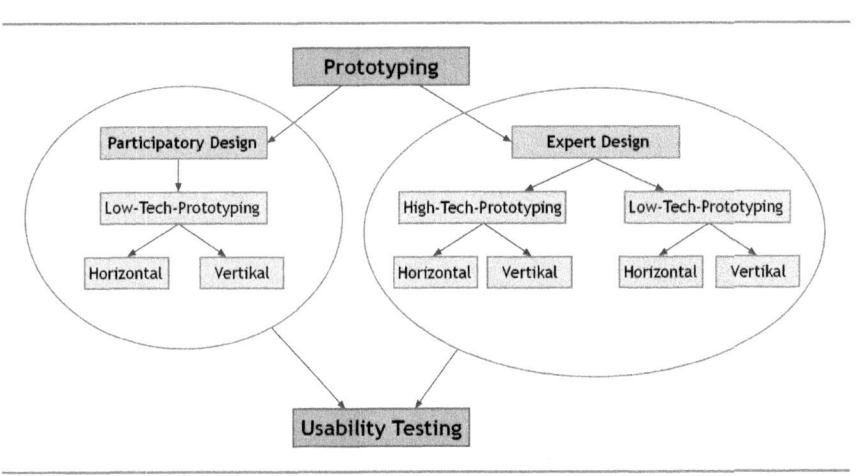

Abbildung 10-1: Prozesse des Prototypings

Abbildung 10-1 präsentiert die zwei typischen Ansätze zur Vorgehensweise:

Im Zuge des *Participatory Design* werden Kinder als vollwertige und gleichberechtigte Design-Partner aktiv in den Entwicklungsprozess mit einbezogen. Unter Verwendung verschiedener Materialien und Hilfsmittel erhalten sie die Möglichkeit, einen eigenen Prototypen bezüglich einer neuen Idee oder einer bestimmten Aufgabe zu erstellen. Aufgrund fehlender Kompetenzen kann dieser Prototyp jedoch ausschließlich als *Low-Tech-Prototyp* entwickelt werden.

Der zweite Ansatz wird nachfolgend auch als *Expert Design* bezeichnet. Dieser beschäftigt sich mit der wohl typischeren Entwicklung eines Prototypen, nämlich durch die Entwickler selbst. Im Vergleich zum ersten Ansatz können die Prototypen der Entwickler sowohl als *High-Tech-* als auch als *Low-Tech-Prototyp* umgesetzt werden. Der entstandene Prototyp wird dabei lediglich mit den Kindern getestet und bezieht diese nicht mit ein. Allerdings nimmt dieser Prozess weitaus weniger Zeit in Anspruch, da bereits vorhandene Ideen einfach umgesetzt werden. Neue Ideen gewinnt man dadurch allerdings nicht. Und Kinder trauen sich häufig nicht die Arbeit der Erwachsenen in Frage zu stellen und nehmen einen Prototyp als gegeben hin.

Neben der Wahl der technischen Umsetzung, als High-Tech- oder Low-Tech-Prototyp, können Entwickler auch den Funktionsumfang eingrenzen. Laut Nielsen kann dabei zwischen *horizontalen* und *vertikalen Prototypen* unterschieden werden (vgl. Nielsen, 1993: 94).

10.1 Vorbereitung

Die Vorbereitung des Prototypings gestaltet sich prinzipiell genauso wie die Vorbereitung der Anforderungsanalyse (Kapitel 8.1).

Für Minderjährige muss im Vorfeld die Einwilligung des gesetzlichen Vertreters bzw. der Erziehungsberechtigten eingeholt werden und die Teilnahme der Kinder darf ausschließlich auf freiwilliger Basis erfolgen.

In der Phase der Vorbereitung müssen sich Entwickler zudem entscheiden, auf welcher Basis der Prototyp entwickelt werden soll und in welcher Art und Weise das Prototyping durchgeführt wird.

10.2 Varianten von Prototypen

Die zuvor erwähnten Varianten von Prototypen und deren Umsetzung werden nachfolgend noch einmal aufgegriffen und ausführlich erklärt.

```
        High-Tech-Prototyping          Low-Tech-Prototyping
           /        \                      /         \
      Horizontal   Vertikal           Horizontal   Vertikal
```

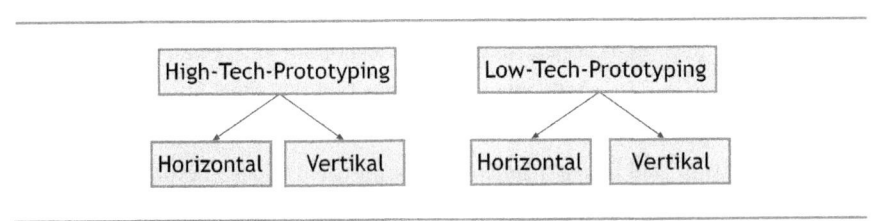

Abbildung 10-2: Varianten von Prototypen

10.2.1 High-Tech-Prototyping

High-Tech-Prototypen sind vergleichsweise zeit- und kostenaufwändig, weshalb sie häufig erst gegen Ende der Entwicklung zum Einsatz kommen.
Sie liefern einen realistischen Eindruck des Programms, das zumindest teilweise technisch umgesetzt wurde, und ermöglichen dadurch ein sehr ausführliches Feedback. Trotz der noch eingeschränkten Funktionalität sind sie interaktiv, weshalb auch der zeitliche Ablauf getestet werden kann.

> Der fertige Eindruck eines *High-Tech-Prototypen* kann sich nachteilig auf die Meinungen der Kinder auswirken. Diese trauen sich möglicherweise nicht mehr grundlegende Eigenschaften in Frage zu stellen und beschränken sich auf vage Detailkritik. Für die stark eingeschränkten Möglichkeiten zur Interaktion mit dem Prototyp bringen Kinder nur wenig Verständnis auf.

10.2.2 Low-Tech-Prototyping

Low-Tech-Prototypen werden im Vergleich zu High-Tech-Prototypen mit wesentlich einfacheren und kostengünstigeren Mitteln gefertigt und genutzt.

Gewöhnlich stellen einfache Papier-Prototypen hierfür die Grundlage dar. Sie eignen sich besonders zu Beginn einer Analyse, wo es weniger auf Präzision ankommt, sondern das Hauptaugenmerk vielmehr auf grundlegenden Abläufen, Darstellungen und Funktionen liegt. Die Gestaltung der Benutzeroberfläche kann damit ebenso dargestellt werden wie die funktionellen Strukturen des zu entwickelnden Systems (vgl. Hanna et al., 1999: 9). Kinder können innerhalb der Oberfläche etwas „anklicken", indem sie es mit dem Finger berühren. Klicken sie auf ein Navigationselement, wechselt der Testbegleiter das Interface, das ebenfalls aus einem Blatt Papier besteht, einfach aus. Aktive Elemente können durch ausgeschnittene Teile nachgebildet werden, welche die Kinder frei betätigen und manipulieren dürfen (vgl. Hanna et al., 1999: 10).

> Nach Auffassung der Autoren bringen Kinder meist wesentlich mehr Verständnis für die „Nichtfunktionalität" von *Low-Tech-Prototypen* als für die „Nichtfunktionalität" von *High-Tech-Prototypen*. Aufgrund ihres ungewohnten und bisweilen bewusst hässlichen Erscheinungsbildes können sie die Kinder jedoch verunsichern.

10.2.3 Horizontale, vertikale und Szenario-Prototypen

Horizontale Prototypen

Bei der Anwendung von horizontalen Prototypen wird weniger die Funktionalität des Systems betrachtet sondern vorwiegend die grafische Gestaltung der Benutzeroberfläche. Aus diesem Grund kommt diese Form des Prototypings im Entwicklungsprozess meist sehr früh zum Einsatz. Typische Beispiele sind komplette Fenster mit Menüeinträgen, Listen, Kombinationsfeldern und anderen Bildschirmelementen. Eine Dateneingabe ist genauso wenig möglich, wie die Auswahl einer Systemfunktion. Der Benutzer bekommt lediglich einen Gesamteindruck, wie die Anwendung später aussehen wird und welche Funktionen an welcher Stelle bereit stehen werden (vgl. Köth, 2001: 64).

Mit dieser Technik kann zum Beispiel die in Kindersoftware häufig verwendete Navigationsform der Interface Metaphern hinsichtlich ihrer Verständlichkeit evaluiert werden. Die Bewertung der Effizienz ist dagegen nicht möglich, da keine bestimmten Aufgaben durchgespielt werden können. Es lassen sich lediglich begrenzte Aussagen über die Effektivität treffen (vgl. Köth, 2001: 64; vgl. Nielsen, 1993: 94).

Vertikale Prototypen

Für einen vertikalen Prototypen wird die Funktionalität eines kleinen Teilbereiches des Systems komplett realisiert. Damit kann der Nutzer eine Teilaufgabe vollständig bearbeiten. Sowohl die Datenein- und -ausgabe als auch die Datenverarbeitung sind möglich. In dieser Phase stellt der Prototyp bereits eine fortgeschrittene, dem Endprodukt nahe Realisierung dar, anhand der eine konkrete Evaluierung der umgesetzten Funktionen durchgeführt werden kann (vgl. Köth, 2001: 64; vgl. Nielsen, 1993: 95).

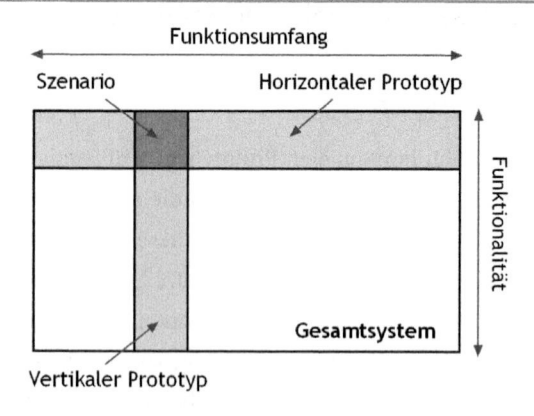

Abbildung 10-3: Horizontaler, vertikaler und Szenario-Prototyp
(vgl. Nielsen, 1993: 95)

Szenario-Prototypen

Basierend auf horizontalen und vertikalen Prototypen kann ein Szenario erstellt werden. In diesem Fall kann der Benutzer sowohl die Darstellung der Benutzeroberfläche als auch die Funktionalität bezüglich einer eindeutigen Aufgabe bewerten (vgl. Dumas / Redish, 1999: 73). Es werden jedoch keine Freiheiten im Sinne von alternativen Lösungsmöglichkeiten angeboten. Das Szenario bestimmt die Umstände und den zeitlichen Ablauf der modellierten Aufgabe.

„Mittels des Szenario Prototypen kann bereits in einer frühen Phase die Nutzung einer bestimmten Funktion beschrieben und getestet werden, ohne einen kompletten Prototyp entwickeln zu müssen." (Köth, 2001: 65)

Kinder durchsuchen eine Benutzeroberfläche meist explorativ nach Inhalten, die ihr Interesse wecken. Während der Tests mit den beschriebenen Prototypen sind Kinder häufig enttäuscht bezüglich der geringfügigen Möglichkeiten zur Interaktion. Horizontale Prototypen, bei denen augenscheinlich „gar nichts passiert" werden als besonders langweilig oder frustrierend wahrgenommen.

10.3 Techniken

Erst das Participatory Design ermöglicht es den Kindern, sich aktiv am Entwicklungsprozess zu beteiligen, weshalb diese Technik nachfolgend als einzige näher betrachtet wird.

Participatory Design

○△□⬢	Participatory Design	Low-Tech-Prototypen werden mit Hilfe verschiedenster Materialien durch Kinder und Erwachsene gleichsam hergestellt und dienen der Entwicklung neuer Ideen. Diese Technik kann mit Kindern ab drei Jahren durchgeführt werden, ist aber mit Kindern im Alter von sieben bis zehn Jahren am effektivsten.

Tabelle 10-1: Techniken des Prototypings

Participatory Design

Im Zuge des Participatory Design arbeiten Kinder in einem Team mit Entwicklern an neuen Low-Tech-Prototypen, die aus Materialien wie Papier, Kleber, Stiften, Knetmasse und vielem mehr entwickelt werden können – der Kreativität sind keine Grenzen gesetzt (vgl. Druin et al., 1999c: 61).

Aus den entstandenen Prototypen der Kinder können Forscher und Entwickler neue Möglichkeiten und Gestaltungswege zur Umsetzung von Technologie ableiten, die andernfalls möglicherweise nie entdeckt werden würden.

Kinder, die im Entwicklungsprozess unerfahren und schüchtern auftreten, werden häufig erst durch die Zusammenarbeit mit Erwachsenen begeistert und ermuntert, neue Ideen zu generieren. Um eine gleichwertige Basis zu schaffen aber auch als „Eisbrecher", sollten Erwachsene die gleichen Werkzeuge und Materialien zur Anfertigung ihrer Prototypen benutzen wie die Kinder.

> Laut Druin et al. sind Kinder im Alter von sieben bis zehn Jahren als Design-Partner am effektivsten. Sie verstehen den Sinn hinter der abstrakten Idee, dass etwas auf Papier oder aus Ton innerhalb zukünftiger Technologien umgesetzt werden kann. Ältere Kinder scheinen zu stark mit vorgefassten Meinungen belastet, immer schon wissend wie Dinge sein müssen und jüngeren Kindern fehlt aufgrund ihrer egozentrischen Weltanschauung das Verständnis für den späteren Sinn dieser Vorgehensweise (vgl. Druin, 1999c: 62).

10.4 Durchführung

Da das Participatory Design als einzige Technik die Kinder als aktive Design-Partner mit einbezieht, werden im folgenden wesentliche Hinweise zu dessen Durchführung geliefert.

Die Durchführung der anderen Techniken basiert grundlegend auf Richtlinien des Usability Testing, auf das in Kapitel 11 präziser eingegangen wird.

1. Design-Partner im Alter von 7 bis 10 Jahren auswählen.

Kinder im Alter von sieben bis zehn Jahren stellen die idealen Design-Partner dar. Sie besitzen die Fähigkeit, anhand von abstrakten Konzepten neue Ideen zu entwickeln, was jüngeren Kindern aufgrund ihrer egozentrischen Weltanschauung meist noch Schwierigkeiten bereitet (vgl. Druin, 1999c: 62).

2. Immer mehrere Kinder pro Entwicklerteam einsetzen.

Es hat sich als unproduktiv und daher als nicht ratsam herausgestellt, ein einziges Kind mit mehreren Erwachsenen in einer Gruppe zusammenarbeiten zu lassen. Das Kind sieht sich in der Minderheit und fühlt sich vermutlich in kürzester Zeit von seinen erwachsenen Design-Partnern nicht ausreichend wahr- beziehungsweise ernstgenommen und beachtet (vgl. Druin, 1999c: 63).

3. Immer mehrere Erwachsene pro Entwicklerteam einsetzen.

Auch ein Erwachsener sollte nicht alleine mit einer größeren Gruppe von Kindern zusammenarbeiten. Die Dynamik der Gruppe kann sonst schnell die Atmosphäre eines Klassenzimmers mit einem Lehrer und vielen Kindern erzeugen. Eine Verteilung von zwei bis drei Erwachsenen und drei bis vier Kindern in einem Team stellt daher die ideale Zusammensetzung dar (vgl. Druin, 1999c: 63).

4. Interaktion zwischen den Erwachsenen nicht vernachlässigen.

Oftmals befassen sich Erwachsene so intensiv mit den teilnehmenden Kindern, dass sie darüber hinaus ganz vergessen, die anderen Erwachsenen der Gruppe mit einzubeziehen (vgl. Druin, 1999c: 63).

5. Unterschiedlichste Materialien verwenden.

Die Materialien für die Erstellung des Low-Tech-Prototypen sollten verschiedenste Ausdrucksformen sowohl in 2D als auch in 3D ermöglichen. Gestalterische Hilfsmittel wie Stifte, Kreide, Papier, Klebestreifen, Ton, Garn, Ballons oder Bausteine können hierzu genutzt werden (vgl. Druin, 1999c: 63).

6. Materialien frei kombinieren.

Kinder kombinieren in ihren Prototypen freigiebig sämtliche Materialien auf durchaus unkonventionelle Weise. Erwachsene sollten sich gleichermaßen von traditionellen Vorgehensweisen mit ihren Schranken und Richtlinien befreien und es den Kindern gleich tun.

7. Erwachsene sollten „verspielt" sein.

Geben sich Erwachsene ungezwungen und locker und kommunizieren sie mit den Kindern auf spielerische Art und Weise, fühlen sich diese wohler, öffnen sich schneller und teilen freigiebiger ihre Gedanken mit (vgl. Druin, 1999c: 63).

8. Das Ziel des Participatory Design sollte flexibel sein.

Der Ausgang einer Sitzung sollte flexibel gehalten werden. Durch auftretende Probleme oder neue, abstrakte Ideen ohne genaues Ergebnis sollten sich weder die Kinder noch die Erwachsenen aus der Ruhe bringen lassen (vgl. Druin, 1999c: 63).

Tabelle 10-2: Durchführung des Prototypings

10.5 Zusammenfassung

Entscheiden sich Entwickler, Kinder am Prototyping zu beteiligen, so sollten sie vorab schon bedenken, dass dies sowohl hinsichtlich der Effektivität als auch der Effizienz ein zeitraubendes und möglicherweise erfolgloses Unterfangen sein kann. Im schlechtesten Fall bringt dieser deutliche Mehraufwand nur unverständliche oder gar keine neuen Erkenntnisse. Im besten Fall entstehen eine oder viele neue Ideen, auf die ansonsten Niemand gekommen wäre.

7- bis 10-Jährige scheinen am besten geeignet, obwohl auch Jüngere bereits mit den Materialien umgehen können. Sie sind kreativer und zugleich unvoreingenommener als ältere Kinder. Gegenüber jüngeren Kindern haben sie bereits eine Ahnung von komplexen Vorgängen und können sich vorstellen, was aus einem Prototyp später einmal werden könnte. Bei den Jüngeren besteht dagegen die Gefahr, dass sie schnell die Lust verlieren und sich von der Aufgabe abwenden, um sich mit etwas anderem zu beschäftigen.

11. Usability Testing - Kinder als Tester

"Kids are aware of aspects of the use of technology that we [adults] are not sensitive to and that we need to be told of."

Mike Scaife & Yvonne Rogers

Usability Testing bezeichnet eine Methode zur systematischen und zielgerichteten Sammlung, Analyse und Bewertung von Daten für die Qualitätssicherung eines zu entwickelnden Produktes in der Endphase. *Usability Tests* zeichnen sich dadurch aus, dass nicht nur Meinungen und Ideen erhoben werden, sondern das vielmehr typische Benutzer eines Produktes unter standardisierten Bedingungen mit typischen Nutzungsaufgaben betraut und bezüglich dieser systematisch befragt und beobachtet werden.

Kinder werden bereits seit geraumer Zeit als Tester in Usability Tests involviert. Aussagen über die Anwendbarkeit verschiedener Techniken sind daher in einer Vielzahl von Fachliteratur vorhanden, variieren aber stark hinsichtlich ihres Aufbaus und ihrer Ziele (vgl. Markopoulos / Bekker, 2003: 228). Die meisten Techniken wurden zunächst für Erwachsene entwickelt und nur wenige Untersuchungen existieren bezüglich ihrer effektiven Anwendung mit Kindern (vgl. Kesteren et al., 2003: 41). Laut Druin stellen Usability Tests kein großes Problem für Kinder dar, da sie lediglich in die Rolle der Nutzer schlüpfen, was sie anschließend ohnehin tun würden (vgl. Markopoulos / Bekker, 2003: 228).

Wie die Praxis zeigt, werden jedoch wesentlich größere Anforderungen an die Kinder als Tester gestellt, als die ausschließliche Nutzung des Testgegenstandes: Kinder müssen sich an eine fremde Testumgebung gewöhnen, mit dem Testleiter interagieren, den Vorgang auf dem Bildschirm verfolgen und zusätzlich ihre erfahrenen Erlebnisse mitteilen (vgl. Markopoulos / Bekker, 2003: 228-229). Alles zusammen entspricht einem sehr unnatürlichen und unangenehmen Vorgang (vgl. Höysniemi / Hämäläinen / Turkki, 2003: 209).

> Soziale Fertigkeiten, die richtige Kommunikationsstrategie und eine sorgfältige Aufgabenstellung spielen folglich eine wesentlich größere Rolle als in Usability Tests mit Erwachsenen (vgl. Maly, 2007a: 25).

11.1 Vorbereitung

Im Rahmen der Vorbereitung muss sich der Testleiter zunächst Gedanken über die benötigte Anzahl und die demografischen Eigenschaften der Probanden sowie über deren erforderliche Fähigkeiten machen.

Auswahl der Testteilnehmer

Laut Nielsen sind drei bis fünf Testpersonen vollkommen ausreichend, um etwa 80 Prozent aller Nutzungsschwächen in einem Produkt ausfindig zu machen (vgl. Nielsen, 1993: 47). Handelt es sich bei diesen jedoch um Kinder, sollte die Anzahl der Probanden auf mindestens acht erhöht werden (vgl. Barendregt / Bekker, 2005: 1).

> Bei diesen Zahlen handelt es sich jedoch nur um grobe Richtwerte. Bei jüngeren Kindern ist die Ausfallquote durch abbrechende Motivation beispielsweise sehr hoch, weshalb die Zahl der benötigten Probanden deutlich ansteigen kann (vgl. Maly, 2007a: 26).

11.1 Vorbereitung

Erfahrungsbedingte Unterschiede

Für die Auswahl der teilnehmenden Kinder müssen insbesondere deren entwicklungstypischen Fähigkeiten beachtet werden. Hanna et al. weisen darauf hin, dass Kinder unabhängig vom Evaluationsziel mindestens sechs Monate Erfahrung mit den verwendeten Ein- und Ausgabemedien wie der Maus haben sollten, da es die knapp bemessene Zeit des Usability Tests nicht erlaubt, die Kinder zunächst in die Nutzung der Technik einzuführen (vgl. Hanna / Risden / Alexander, 1997: 11).

Auf der anderen Seite sollten auch Kinder mit überdurchschnittlichen Computererfahrungen nicht am Test teilnehmen, da sie nicht der breiten Masse entsprechen. Dies gilt auch für Kinder, deren Eltern in informationstechnischen Berufen tätig sind oder eigene Kinder. Durch ihr Umfeld besitzen sie meist umfangreichere Erfahrungen mit technischen Produkten und verspüren eventuell auch Hemmungen, sich frei über ein Thema zu äußern, dass in Verbindung zu ihren Eltern steht (vgl. Maly, 2007a: 25-26).

Altersbedingte Unterschiede

Zwei- bis fünfjährigen Kindern fällt die Konzentration auf einen bestimmten Sachverhalt sehr schwer. Sie sind leicht ablenkbar, können ihre Empfindungen nur schlecht in Worte fassen und den Instruktionen des Testleiters nicht dauerhaft folgen.

Sechs- bis Zehnjährige sind dagegen relativ leicht in einen Usability Test zu integrieren. Die Fähigkeit zur Konzentration auf ein bestimmtes Problem oder eine bestimmte Aufgabe fällt ihnen wesentlich leichter. Aber auch sie haben noch Schwierigkeiten, Eindrücke und Empfindungen in Worte zu fassen.

Kinder ab elf Jahren können, nach Erfahrung der Autoren, bereits problemlos in Tests eingebunden werden und unterscheiden sich nur wenig von erwachsenen Probanden.

Da kindliche Erfahrungen und Entwicklungsschritte jedoch nicht immer eindeutig einer bestimmten Altersstufe zugeordnet werden können, ist es sinnvoll zusätzlich einige ältere oder jüngere Kinder in die Untersuchung mit einzubeziehen (vgl. Maly, 2007a: 25).

Geschlechtsbedingte Unterschiede
Neben der Beachtung des Alters ist für eine Untersuchung auch eine gleichmäßige Verteilung der Geschlechter zu berücksichtigen. Laut Maly ergeben sich zwar für Mädchen und Jungen die gleichen Usability Probleme, hinsichtlich ihrer Interessen aber sind ganz wesentliche Unterschiede auszumachen (vgl. Maly, 2007a: 26). So ergeben sich für Jungen ganz andere Inhalte und eine andere Oberflächengestaltung als für Mädchen.

Auswahl der Testumgebung

Im Allgemeinen lassen sich zwei Testumgebungen unterscheiden: Die *gewohnte Umgebung* und das *Usability Labor*, wie Kindergarten, Schule oder Hort. Für beide Örtlichkeiten ergeben sich typische Vor- und Nachteile, Richtlinien und Bestimmungen, die es vorab zu kennen und abzuwägen gilt. Die gewählte Umgebung sollte auf jeden Fall kindgerecht gestaltet werden, da sie großen Einfluss auf die Psyche der Kinder und damit auf die Testergebnisse hat.

Gewohnte Umgebung
In ihrer gewohnten Umgebung wie der Schule oder dem Kindergarten gehen Kinder wesentlich schneller aus sich heraus und fühlen sich sicherer als im Labor, wodurch sie mehr Probleme aufspüren und Informationen liefern. Wichtig ist, dass die Tests den typischen Tagesablauf nicht beeinträchtigen oder den Unterricht stören. Ein gravierender Nachteil sind dabei allerdings die variierenden Störvariablen: Lärm durch andere spielende Kinder oder Unterbrechungen durch Lehrer und Erzieher können den Testverlauf negativ beeinflussen.

Technik muss zudem auf- und abgebaut werden und ist meist nicht so unauffällig zu verstecken wie im Labor.

Die Anwesenheit der Eltern oder eines gesetzlichen Vertreters ist dagegen nicht erforderlich. Lediglich deren Einwilligung sowie die Erlaubnis der zuständigen Schul-, Kindergarten- oder Hortleitung muss vorliegen.

Werden die Tests in staatlichen Einrichtungen durchgeführt, ist zudem eine Genehmigung bei den verantwortlichen Behörden einzuholen. Handelt es sich dabei um Schulen und Kindergärten in einem bestimmten Landkreis, reicht die Genehmigung durch das zuständige Schul- bzw. Sozialamt. Befinden sich die Einrichtungen jedoch in verschiedenen Landkreisen, muss der Antrag zur Genehmigung der Tests an das jeweilige Kultusministerium gestellt werden. Dieser schriftlich einzureichende Antrag muss beinhalten, welche Tests, mit welcher Altersgruppe, in welcher Einrichtung, zu welchem Zweck durchgeführt werden. Auch das verwendete Testmaterial, wie Fragebögen oder Aufgabenblätter und der Elternbrief sind dem Antrag beizufügen.

Nach Erfahrung der Autoren benötigt die Genehmigung des Antrags etwa zwei bis vier Wochen, weshalb er rechtzeitig vor Beginn der Tests eingereicht werden sollte.

Möchte man Untersuchungen in gewohnter Umgebung durchführen aber auf die bürokratischen Behördengänge verzichten, sollten Einrichtungen gewählt werden, die nicht der staatlichen Aufsicht unterstehen, sondern durch private Träger finanziert werden. Bezüglich der Störvariablen lässt sich mit den Leitern der Einrichtung gewöhnlich eine Lösung finden, die Tests beispielsweise in einem abgetrennten Raum ungestört durchführen zu können.

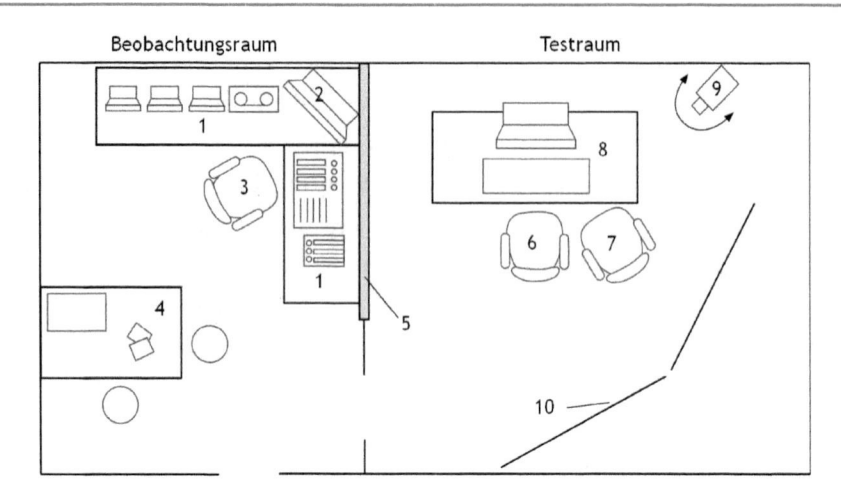

Usability Labor

```
Beobachtungsraum          Testraum
```

1 Technik	5 Verspiegelte Wand
2 Monitor	6 Proband
3 Zweiter Testbegleiter / Betreuer	7 Testbegleiter
	8 Arbeitsplatz mit Testgegenstand
4 Platz für Zusatzmaterial, Give-Aways, Begleitpersonen	9 Schwenkbare Kamera
	10 Aufstellwände mit Postern

Abbildung 11-1: Möglicher Aufbau eines Usability Labors (hier: TU Ilmenau)

Ein großer Vorteil des Labors gegenüber der gewohnten Umgebung liegt in den konstanten Störvariablen, die für alle Testteilnehmer die gleichen Bedingungen schaffen und damit eine bessere Vergleichbarkeit der Ergebnisse erlauben. Die benötigte Technik, wie Kameras, Computer oder Schnittplatz ist außerdem bereits vor Ort vorhanden und muss nicht erst mit großem Zeitaufwand auf- und abgebaut werden.

Neben der Erlaubnis der Eltern ist auch deren Anwesenheit erforderlich, was häufig mit großem organisatorischen Aufwand verbunden ist. Mit jedem Kind ist ein geeigneter Termin zu finden, zu dem auch die Eltern Zeit haben. Tests können sich so über einen langen Zeitraum hinziehen. Insbesondere dann, wenn unvorhergesehen ein Kind oder mehrere Kinder als Probanden ausfallen. Zusätzlich schreckt die ungewohnte Umgebung möglicherweise ab oder verängstigt die Kinder so sehr, dass diese das Produkt nicht mehr selbstständig untersuchen und bewerten wollen.

Um die negativen Einflüsse des Labors zu minimieren, sollte viel Wert auf eine kinderfreundliche Einrichtung gelegt werden. Kleinere Möbel erleichtern die Testsituation und bunte Poster lockern die Atmosphäre ein wenig auf. Auf zu viele Elemente und Spielzeug sollte jedoch verzichtet werden, da sie das Kind vom eigentlichen Testobjekt ablenken können.

Beim Aufbau der Technik sollte darauf geachtet werden, dass sich Kinder nicht Aug in Aug mit der Kamera oder der Spiegelwand wiederfinden. Viele Kinder neigen dazu, vor einer Kamera herum zu albern oder fühlen sich beobachtet. Damit nicht der Anschein einer typischen Prüfungssituation erweckt wird, sollte sich der Testleiter zudem auf gleiche Augenhöhe mit dem Kind begeben.

Je nach Budget und maximal möglichem zeitlichen Aufwand muss jeder Testleiter selbst einschätzen, welche Umgebung er nutzen möchte und dementsprechend Vorbereitungen treffen. Für eine gute Vergleich- und Bewertbarkeit der Ergebnisse wird empfohlen, eine Testreihe grundsätzlich nur in einer der beiden Umgebungen durchzuführen.

11.2 Techniken

Im Rahmen eines Usability Tests stellen Aussagen und Äußerungen zum Testobjekt das bedeutendste Hilfsmittel dar, um Probleme aufzuspüren. Die typischen Gedankengänge der Nutzer liefern Einsichten in die genauen Hintergründe von Interaktionsproblemen (vgl. Kesteren et al., 2003: 41).

Kesteren et al. haben sich in einer Studie mit der Anwendbarkeit verschiedener Verbalisierungstechniken in Kompatibilität zu kindlichen Fähigkeiten beschäftigt (vgl. Kesteren et al., 2003: 41). Dazu kommen Nonverbalisierungstechniken, die Kindern erlauben, ihre Empfindungen zu äußern, ohne sie in Worte fassen zu müssen.

Verbalisierungstechniken		
○△■⬡	Thinking Aloud	Mit der Technik des Thinking Aloud sind die Kinder gebeten, ihre Gedanken und Empfindungen während des gesamten Tests laut mitzuteilen. Das Sprechen ohne einen aktiven Ansprechpartner wird jedoch als unnatürlich empfunden. Und die fehlende systematische Sicht auf das Produkt schränkt die Anzahl konkreter Aussagen stark ein.
○▲■⬡	Active Intervention	Mittels des Active Intervention werden die Kinder während des gesamten Tests bezüglich der Lösung einer Aufgabe sowie bezüglich ihrer Gedanken und Empfindungen durch den Testbegleiter befragt.
○△■⬡	Retrospection	Nach dem eigentlichen Test sehen sich Kind und Testbegleiter gemeinsam den Videomitschnitt an, wobei das Kind gebeten wird, zu aufgetretenen Problemen Stellung zu nehmen. Die Aufmerksamkeit ist zu diesem Zeitpunkt bereits sehr beansprucht, weshalb viele Probleme bereits wieder in Vergessenheit geraten sind. Dieser Teil sollte in spielerischer Form durchgeführt werden.

○△□⬡	Co-Discovery	Im Rahmen des Co-Discovery arbeiten zwei Kinder gemeinsam mit dem Produkt. Testsituationen lassen jedoch, auch beim Test eines Spiels, eine Konkurrenzsituation entstehen, in der jedes Kind das „bessere" sein möchte. Statt zu kooperieren arbeiten Kinder parallel zueinander und versuchen eine vom anderen unabhängige Lösung zu finden.
○△□⬡	Peer Tutoring	Während des Peer Tutorings durchläuft ein Kind der Reihe nach die Rolle des Tutors und des Tutee. Der Tutee erhält Instruktionen zur Interaktion mit dem Produkt, während der Tutor die Fragen des Testbegleiters beantwortet.
Nonverbalisierungstechniken		
○▲□⬡	Picture Cards Method	Sehr jungen Kindern fehlt die Kompetenz, ihre Gedanken zu verbalisieren, weshalb der Umstieg auf die Methode der Picture Cards sinnvoll erscheint. Verschiedene Karten versinnbildlichen auftretende Probleme oder Empfindungen.
Sonstige Techniken		
●△□⬡	Beobachtung	Negative Emotionen können anhand von Mimik und Körpersprache besser eingeschätzt werden, da Kinder generell zu positiven Äußerungen neigen.
○△□⬡	Post-Task Interview	Post-Task Interviews und Nachtestfragebögen können in Verbindung mit Thinking Aloud eine große Anzahl an Usability-Problemen aufdecken. Am geeignetsten sind Kinder im Alter von 8 bis 14 Jahren.

Tabelle 11-1: Techniken des Usability Testings

11.2.1 Verbalisierungstechniken

Im Folgenden werden fünf Techniken erläutert, die den Kindern im Testverlauf auf unterschiedlichste Art und Weise verbale Äußerungen entlocken sollen. Zwei der fünf Techniken, das *Co-Discovery* und das *Peer Tutoring* basieren auf der Idee, eine größere Anzahl an spontanen Äußerungen durch die Zusammenarbeit mit einem zweiten Kind zu erhalten.

Thinking Aloud
Thinking Aloud stellt die bekannteste Technik zur Verbalisierung von Usability Problemen dar. Die Kinder werden hierbei gebeten, ihre Gedanken und Empfindungen bezüglich des Produktes über den gesamten Testzeitraum hinweg dem Testbegleiter laut mitzuteilen. Es ist sinnvoll, den Kindern diese Technik vorab anhand eines Beispiels zu demonstrieren. Wird die Verbalisierung während der Tests vernachlässigt oder ganz vergessen, sollten sie konkret dazu aufgefordert werden (vgl. Kesteren et al., 2003: 44).

Stellt bereits das Produkt eine sehr hohe kognitive Belastung für die Kinder dar, fällt es ihnen besonders schwer, zeitgleich ihre Gedanken in Worte zu fassen. Besonders jüngere Kinder haben Schwierigkeiten sich auf mehrere Anweisungen gleichzeitig zu konzentrieren: Das Bearbeiten der Aufgabe am Produkt oder die Aufgabe des lauten Denkens. Folglich bleibt meist eine der beiden Aufgaben auf der Strecke (vgl. Kesteren et al., 2003: 42). Hinzu kommt, dass es Kinder unnatürlich finden zu sprechen, aber keinen Ansprechpartner zu haben, der darauf antwortet (vgl. Barendregt / Bekker, 2005: 3).

Active Intervention
Die Technik des Active Intervention vereinfacht dieses Unterfangen erheblich. Im Vergleich zu Thinking Aloud greift der Testbegleiter sprichwörtlich gezielt in das Geschehen ein, indem er das Kind während der Bearbeitung der Aufgaben zu seinem Vorgehen befragt. Diese Fragen werden nicht zufällig gewählt, sondern bereits im Vorfeld aufgabenspezifisch erarbeitet (vgl. Kesteren et al., 2003: 42).

Das Kind sollte vor Beginn des Usability Tests darauf hingewiesen werden, dass es währenddessen befragt wird. Typische Fragen könnten wie folgt formuliert werden: Was glaubst du, was passiert, wenn du diesen Knopf drückst? Oder: Hast du vermutet, dass so etwas passiert? (vgl. Kesteren et al., 2003: 44). Da Kinder von sich aus keine breite und systematische Sicht auf das Produkt entwickeln, hängt die Anzahl der Aussagen maßgeblich vom Testbegleiter und der Anzahl seiner Fragen ab.

Retrospection
Im Rahmen der Retrospection wird der Test zunächst mittels Videokamera aufgezeichnet und im Anschluss gemeinsam ausgewertet. Für diesen Zweck sehen sich das Kind und der Testbegleiter gemeinsam das Video an und der Testbegleiter stellt dem Kind Fragen bezüglich dessen Interaktion und Problemen mit dem Produkt.

Bis in die späte konkret operationale Phase hinein haben Kinder Probleme, ihre Gedanken gezielt zu einem Ausgangspunkt zurückzuführen. Dadurch können sie sich an bestimmte Gedanken während der Tests im Nachhinein nicht mehr erinnern. Zudem nimmt das Anschauen des Videos noch einmal genauso viel Zeit in Anspruch, wie der gesamte Test an sich, was sich bei der begrenzten Aufmerksamkeitsspanne der Kinder zusätzlich negativ auf deren Erinnerungsvermögen auswirkt (vgl. Kesteren et al., 2003: 48).

Co-Discovery
Im Zuge des Co-Discovery dürfen zwei Kinder während des Tests gemeinsam die gestellten Aufgaben am Produkt lösen. Hinter dieser Technik steht die Annahme, dass Kinder in einer wesentlich natürlicheren Art und Weise miteinander reden als mit einem Erwachsenen. Damit sie tatsächlich miteinander kooperieren, muss zuvor noch einmal klar herausgestellt werden, dass es nicht wichtig ist, wer von Beiden der „Bessere" ist sondern dass vielmehr die gemeinsame Lösung einer Aufgabe gefragt ist. Zu diesem Zweck sollten beide Kinder zwei unterschiedliche Aufgaben bekommen, die aber nur in Gemeinschaftsarbeit zum Ziel und damit zu einem bewertbaren Ergebnis führen (vgl. Kesteren et al., 2003: 42)

Wie Kapitel 3.2.3 – Emotionale und soziale Entwicklung – entnommen werden kann, entwickelt sich das kindliche Spiel vom Parallelspiel über assoziatives Spiel im Vorschulalter zu kooperativem Spiel im Grundschulalter. Basierend auf diesen Erkenntnissen, sollte es Kindern ab dem Alter von sechs bzw. sieben Jahren bereits möglich sein zu kooperieren. Wie die Resultate in Kesterens Studie belegen, trifft das jedoch nicht zwangsläufig auch auf Testsituationen zu. Während einer solchen Situation kann beobachtet werden, dass jedes Kind, anstatt zu kooperieren, individuell für sich allein die Aufgaben bearbeitet (vgl. Kesteren et al., 2003: 47).

Peer Tutoring
Die Technik des Peer Tutoring erlaubt Kindern an zwei, nacheinander durchgeführten Testdurchgängen teilzunehmen. Während des ersten Durchgangs erledigt das Kind auf gewohnte Art und Weise die gestellten Aufgaben, wodurch es sich mit dem Produkt vertraut machen und Erfahrungen sammeln kann. Während des zweiten Durchgangs wird es dazu angehalten, einem anderen Kind zu erklären, wie das Produkt funktioniert und wie es mit diesem interagieren muss. So übernehmen beide Kinder jeweils einmal die Rolle des Tutors und des Tutee (vgl. Kesteren et al., 2003: 42).

11.2 Techniken

Peer Tutoring ist die einzige Technik, die speziell für die Durchführung von Usability Tests mit Kindern konzipiert wurde und weist im Vergleich zu anderen Techniken klare Vorteile auf:
Zwischen Tutor und Tutee entwickelt sich ein Gespräch, dass wesentlich natürlicher ist als die Technik des Thinking Aloud. Hinzu kommt, dass die kognitive Belastung nunmehr auf zwei Kinder aufgeteilt wird. Der Tutee kann sich ganz auf seine Aufgabe am Produkt konzentrieren, während sich der Tutor um die Kommunikation kümmert. Er unterrichtet den Tutee und beantwortet zugleich die Fragen des Testbegleiters. Dieser gewinnt dadurch die Möglichkeit, die Situation durch die Augen des anderen Kindes wahrzunehmen (vgl. Höysniemi / Hämäläinen / Turkki, 2003: 216-217).

Kinder in der Rolle des Tutee sind meist still, lauschen den Instruktionen ihrer Tutoren und stellen nicht viele Fragen. Tutees, die anschließend in ihrer Rolle wechseln und zu Tutoren werden, sind dagegen überaus lebhaft, redselig und suchen den ständigen Augenkontakt zu anderen Personen in der Testumgebung. Höysniemi et al. fanden allerdings heraus, dass Kinder in der Rolle des Tutors nur die Dinge erklären, die sie selbst mögen, verstehen und von denen sie glauben, dass sie wichtig sind (vgl. Höysniemi / Hämäläinen / Turkki, 2003: 219).

Basierend auf der Anzahl der verbalen Äußerungen, des zeitlichen Aufwands und der Anzahl der Testpersonen scheint die Technik des *Active Intervention* am besten geeignet für die effektive Ermittlung von Usability Problemen mit Kindern (vgl. Kesteren et al., 2003: 48). Allerdings macht den Kindern die Technik des *Peer Tutoring* wesentlich mehr Spaß. Ein Kriterium, das laut Hanna wesentlicher Bestandteil eines Produktes und eines Usability Tests sein sollte (vgl. Höysniemi / Hämäläinen / Turkki, 2003: 209).

11.2.2 Nonverbalisierungstechniken

Da im Besonderen jüngere Kinder noch Probleme haben, verbale Aussagen über ein Produkt zu treffen, sollte mit ihnen eine andere Technik angewendet werden. Barendregt und Bekker haben sich vor diesem Hintergrund mit einer Technik beschäftigt, mit deren Hilfe Kinder auf ihre Gefühle oder Probleme aufmerksam machen können, ohne diese verbal äußern zu müssen: die Picture Cards Methode (vgl. Barendregt / Bekker, 2005).

Picture Cards Method
Treten während des Usability Tests Probleme auf, haben Kinder die Möglichkeit, eine bestimmte, problemsymbolisierende Karte aufzunehmen und diese in einer dafür vorgesehenen Kiste abzulegen. Jedes einzelne Problem wird folglich durch eine neue Karte symbolisiert. Wird im Anschluss an den Test der Videomitschnitt ausgewertet, kann der Testbegleiter die Karten als eindeutige Indikatoren für ein vorhandenes Problem bewerten (vgl. Barendregt / Bekker, 2005: 2).

Abbildung 11-2 zeigt acht typische Picture Cards, die unterschiedliche Emotionen oder Probleme visualisieren.

| Langweilig | Versteh' ich nicht | Lustig | Schwierig | Dauert zu lang | Kindisch | Albern / Komisch | Gruselig |

Abbildung 11-2: Picture-Cards zur Visualisierung von Empfindungen und Usability Problemen (vgl. Barendregt / Bekker, 2005)

11.2.3 Sonstige Techniken

Neben den genannten Techniken sollten auch Ermittlungstechniken, wie sie bereits in Kapitel 8, der Anforderungsanalyse, und Kapitel 10, dem Prototyping, benutzt wurden zum Einsatz kommen.

Beobachtung
Da Kinder generell eher zu positiven Äußerungen als zu negativen neigen, sollten verstärkt Nutzerbeobachtungen durch Kameras eingesetzt werden (vgl. Maly, 2007a: 26). Negative Emotionen können anhand der Körpersprache und der Mimik eindeutig identifiziert werden. Gelangweiltes Kippeln, Seufzen oder Abwenden vom Bildschirm sind besonders deutliche Anzeichen dafür (vgl. Hanna, 1997: 13). Lächeln, Lachen und ein typisches Nachvornelehnen in Richtung des Bildschirms sind dagegen Anzeichen für eine positive Bewertung des Produktes (vgl. Maly, 2007a: 26).

Post-Task Interview
Baauw et al. und Barendregt et al. empfehlen, ähnlich der *Retrospection*, die Durchführung eines Interviews in Verbindung mit einem Nachtestfragebogen im Anschluss an die Tests. Antworten müssen jedoch nicht zwangsläufig mit der vorher beobachteten Körpersprache korrelieren, da Kinder generell zu positiveren Antworten neigen (vgl. Baauw / Markopoulos, 2004: 115; vgl. Barendregt / Bekker, 2005: 3).

11.3 Durchführung

Für die Durchführung von Usability Tests mit Kindern sollten folgende Richtlinien Beachtung finden:

1. Bauen Sie eine Verbindung zu den Kindern auf.

Fragen Sie nach Lieblingsspielen, Fernsehsendungen oder Freizeitbeschäftigungen. Damit reduzieren sie den Stressfaktor der Testsituation und lockern das Treffen auf. Die Kommunikation sollte auf Augenhöhe stattfinden.

2. Erläutern Sie dem Kind die Testsituation.

Jedem Kind sollte vorab erklärt werden, dass nicht seine Leistungen, sondern das Produkt getestet wird. Ein kleiner Leitfaden hilft, jedem Kind die gleiche Einführung in die anschließende Testsituation zu geben. Eine zu strikte Vorgehensweise sollte aber vermieden werden.
Hanna et al. liefern eine mögliche Testeinleitung: „Obwohl ich von einem Test spreche, teste ich nicht dich, dein Wissen oder dein Können. Stattdessen möchte ich, dass du mir hilfst herauszufinden, was zu schwer und was zu leicht ist für Kinder in deinem Alter, um das Produkt besser machen zu können. Ich werde dich allein ausprobieren lassen. Aber wenn du Probleme hast oder nicht weiter kommst bin ich hier und kann dir helfen." (Hanna et al. 1997: 12)

3. Motivieren Sie ältere Kinder.

Motivieren Sie ältere Kinder, indem Sie die Bedeutung ihrer Rolle als Tester betonen und hervorheben. Sagen Sie zum Beispiel, dass Sie vergessen hätten, was ein Kind mag und das Sie Hilfe bräuchten, um ein gutes Produkt herzustellen. Weisen Sie darauf hin, welch großen Einfluss es auf die Gestaltung ausübt und das es maßgeblich an einer neuen Entwicklung beteiligt ist.

4. Verbreiten Sie keine falschen Erwartungen.

Verbreiten Sie keine falschen Erwartungen bei den Kindern. Erklären sie in angemessener Art und Weise was sie erwartet und warum es wichtig ist, ihre Meinung zu erhalten.

5. Lassen Sie die Kindern, sich mit dem Produkt vertraut machen.

Für die Ermittlung von Usability Problemen, wie sie in realistischen Situationen auftreten können, ist es notwendig die Kinder das Programm vorab ausprobieren zu lassen. Nur wenn sie die Struktur und die Funktionen nachvollziehen können, können sie im Anschluss die Aufgaben auch effizient bearbeiten (vgl. Barendregt / Bekker 2005: 3).

6. Lassen Sie auf Wunsch die Anwesenheit der Eltern zu.

Der Testbegleiter sollte generell mit im Testraum sein, um das Kind aufzubauen und ihm Zuversicht zu zusprechen. Hinweise über einen Lautsprecher machen die Situation für das Kind noch ungewohnter.
Kinder unter fünf Jahren oder diejenigen die sehr schüchtern sind, benötigen eventuell auch die Eltern mit im Raum. Geschwister sollten jedoch separiert werden um den Probanden nicht zu sehr abzulenken.

7. Planen Sie eine höhere Ausfallquote ein.

Entwicklungsdefizite, aber auch eine abbrechende Motivation können verantwortlich für eine hohe Ausfallquote sein.

8. Geben Sie Hilfestellung.

Kinder fragen sehr schnell nach Hilfe, wenn sie sich nicht mehr sicher sind. Ermutigen Sie das Kind, es doch noch einmal zu versuchen und geben Sie Fragen mit einer Gegenfrage zurück.

9. Loben Sie das Kind.

Während und nach dem Test sollte das Kind unbedingt gelobt werden, da es dessen Motivation steigert. Betonen Sie wie hilfreich seine Arbeit ist.

10. Die Dauer von einer Stunde nicht überschreiten.

Berücksichtigen Sie, dass Kinder nach einiger Zeit müde werden und vielleicht eine Pause brauchen. Planen sie genügend Spielraum zwischen den Testsitzungen ein und überplanen sie nicht den Tag.

11. Bereiten Sie das Kind auf das Ende der Testsitzung vor.

Gerade wenn Spiele getestet werden fällt es Kindern schwer, ein Ende zu finden. Es kann sich als hilfreich erweisen, ein bestimmtes Ziel im Spiel vorzugeben, mit dessen Erreichen der Test beendet wird (vgl. Barendregt / Bekker 2005: 3).

12. Vergeben Sie kleine Geschenke als Dankeschön.

Kinder freuen sich, wenn sie für ihre Teilnahme ein kleines Geschenk bekommen. Als Beweis der erbrachten Leistung eignet sich auch eine Urkunde, zur erfolgreichen Teilnahme am Computertest. Ein Hinweis auf die Geschenke kann bereits bei der Akquirierung der Teilnehmer gegeben werden, um den Anreiz zu erhöhen.

Tabelle 11-2: Durchführung des Usability Testings

11.4 Zusammenfassung

Wie sich in vielen eigenen Studien gezeigt hat, ist es sinnvoll, nicht nur auf eine einzige, sondern auf mehrere verschiedene Techniken zurückzugreifen. Manche Kinder sind sehr offen und gesprächig und beteiligen sich sehr eifrig an den Tests. Andere sind sehr schüchtern und still. Der Testbegleiter muss sich immer wieder neu auf einen jungen Probanden einstellen und mal mehr, mal weniger unterstützend in das Geschehen eingreifen.

Es empfiehlt sich grundsätzlich, den Testdurchgang mittels Kamera oder zweitem Testbegleiter zu beobachten um auch später noch Rückschlüsse aus Gestik und Mimik des Kindes ziehen zu können. Picture Cards können auch während der Nutzung anderer Techniken als Unterstützung angeboten werden, wenn einem Kind die passenden Worte fehlen. Auch im Rahmen des Nachtest-Interviews haben sich die Bilder als hilfreich erwiesen.

Bei allem gilt es, Rücksicht auf die Individualität der Kinder zu nehmen, sie zu ermutigen und zu loben. Erst wenn sie ihre Angst verlieren, etwas falsch oder kaputt zu machen, werden sie effektive und hilfreiche Tester.

12. Ausblick

Aufgrund der rasanten Entwicklung neuer Technologien und neuer Trends kann festgehalten werden, dass ein *Handbuch zur softwareergonomischen Gestaltung von Software und Websites für Kinder* wahrscheinlich nie vollständig sein kann. Allerdings bietet es eine gute Grundlage für weiterführende Evaluationen. Dazu zählt die Einbindung neuer, alternativer Eingabegeräte ebenso wie die Gestaltung innovativer Benutzeroberflächen vor dem Hintergrund des Web 2.0 oder des Social Gaming. Aber auch Grundsatzfragen nach dem Spaß und der Motivation können aufgegriffen werden. Nutzerfreundliche, intuitiv bedienbare Produkte scheinen unter Betrachtung der Zufriedenheit bereits durchaus positive Auswirkungen auf Spielspaß und Motivation zu haben.

Auch kann es dienlich sein, Gestaltungsempfehlungen so weit zu präzisieren, dass sie als Design Pattern für jedwede Applikation für Kinder Anwendung finden können.

Wie auch immer sich der Markt interaktiver Unterhaltungssoftware für Kinder entwickeln mag, die vorliegenden Handlungs- und Gestaltungsempfehlungen werden permanent eine große Rolle spielen.

Glossar

Adoleszenz
(lat.: adolescere = heranwachsen) Übergangsstadium in der Entwicklung des Menschen von der Kindheit (Pubertät) hin zum vollen Erwachsensein und Zeitabschnitt, während dessen eine Person biologisch gesehen ein Erwachsener, aber emotional und sozial noch nicht vollends gereift ist.

Anforderungsanalyse
(engl.: requirements analysis) Bestandteil des Requirements Engineering zur Ermittlung, Formulierung und Validierung von Nutzeranforderungen.

Education
Computerprogramme die sich vorwiegend an Inhalten des Schulunterrichts orientieren und klare Lernziele verfolgen.

Edutainment
Edutainment setzt sich aus den englischen Wörtern Education (Bildung) und Entertainment (Unterhaltung) zusammen und bezeichnet ein Konzept der elektronischen Wissensvermittlung, bei dem die Inhalte spielerisch und gleichzeitig auch unterhaltsam vermittelt werden.

Effektivität
Effektivität bezeichnet die Genauigkeit und die Vollständigkeit, mit der Benutzer ein bestimmtes Ziel erreichen.

Effizienz
Effizienz ist der im Verhältnis zur Genauigkeit und Vollständigkeit eingesetzte Aufwand, mit dem Benutzer ein bestimmtes Ziel erreichen.

Entertainment
Computerprogramme, in welchen ohne Einbindung in ein didaktisches Konzept im Wesentlichen Spiel und Spaß im Vordergrund stehen.

Entwicklungspsychologie
Teilgebiet der Psychologie zur Beschreibung und Erklärung sowie der Vorhersage und Beeinflussung menschlichen Erlebens und Verhaltens

unter dem Aspekt der Veränderung über die gesamte Lebensspanne.

Evaluation

„Überprüfung der Wirksamkeit einer Intervention [...] mit den Mitteln der empirischen Forschung. Neben der Überprüfung des Endergebnisses einer Maßnahme (summative Evaluation) wird auch der Verlauf der Intervention in einer Evaluationsstudie mitverfolgt und ggf. beeinflusst (formative Evaluation)." (Borse / Robles / Schwartz, 2002: 676)

Hilfsmittel

Hilfsmittel innerhalb einer Usability-Evaluation sind Werkzeuge, die Varianten und Techniken in effizienter Weise unterstützen und ein von der jeweiligen Technik abhängiges Instrument zur direkten Datenerhebung. Beispiele: Videoaufnahme, Fragebogen, Interviewleitfaden.

Indizierung

bezeichnet die Einschränkung von Abgabe und Verbreitung jugendgefährdender Medien, die in einer spezifischen Liste zusammen getragen werden und sehr strengen Restriktionen unterworfen sind.

Mensch-Computer-Interaktion

(engl. *Human-Computer-Interaction*, *HCI*) Die Mensch-Computer-Interaktion hat das Ziel, interaktive Systeme benutzergerecht zu gestalten.

Mentales Modell

Unter einem mentalen Modell wird ein individuelles Denkmodell verstanden, welches das Verständnis eines Sachverhalts prägen, mit deren Hilfe wir planen und entscheiden, vorausschauen und erklären, kurz: mit deren Hilfe wir denken.

Methode

Ein Prozess, der auf ein bestimmtes Ziel ausgerichtet ist oder ein System von Regeln umfasst.

Objektivität

Gelangen mehrere Tester bei derselben Testperson zu den gleichen Resultaten, so ist ein Test objektiv und unabhängig. Die Objektivität wird als gegeben betrachtet, wenn das Messergebnis nur von dem zu messenden Merkmal und nicht vom dem Tester abhängt.

Prototyping
Alle Verfahren, bei denen ein Prototyp hergestellt und getestet wird.

Reliabilität (Zuverlässigkeit)
Reliabilität bezeichnet die formale Genauigkeit einer wissenschaftlichen Untersuchung. Reliable wissenschaftliche Ergebnisse sind frei von Zufallsfehlern. Würde der Test unter gleichen Rahmenbedingungen wiederholt werden, müsste er folglich das gleiche Messergebnis erzielen (vgl. wikipedia.org). Typische Faktoren die die Reliabilität einer Testmethode beeinflussen sind vor allem die Unterschiede zwischen den einzelnen Testteilnehmern. Auch die Räumlichkeiten und deren Kulisse können das Ergebnis unter der verwendeten Technik wesentlich beeinflussen (vgl. Markopoulos / Bekker, 2002: 154).

Situationsanalyse
Die Situationsanalyse dient der Gewinnung und Auswertung von Informationen über derzeitige und zukünftige Tatbestände.

Styleguide
Empfehlungen, die das Look-and-Feel einer Bedienoberfläche durch definierte Standards und Regeln eindeutig beschreibt.

Technik
Als Technik werden die Aktionen bezeichnet, die zur Umsetzung einer Methode oder Variante zur Anwendung kommen. Beispiele: Beobachtung, schriftliche Befragung, Interview.

Testgütekriterien
Die Testgütekriterien dienen zur Bestimmung der Qualität eines Tests. Die wichtigsten Gütekriterien sind die Reliabilität, die Validität und die Objektivität.

Usability
Usability ist das Ausmaß, in dem ein Produkt durch bestimmte Benutzer in einem bestimmten Nutzungskontext genutzt werden kann, um bestimmte Ziele effektiv, effizient und zufrieden stellend zu erreichen.

Usability Engineering Lifecycle
Der UEL ist eine strukturierte Zusammenfassung gängiger Methoden und Techniken, die mittels ihrer logischen Abfolge von Arbeitsschritten

zur Konzeption benutzerfreundlicher User Interfaces genutzt werden kann.

positive Einstellung gegenüber der Nutzung des Produkts.

Usability Test

Methode der empirischen Software-Evaluation, die mit Hilfe potentieller Endbenutzer die Gebrauchstauglichkeit einer Software (oder Hardware) überprüft.

Validität (Gültigkeit)

Im Rahmen eines Usability Tests bezieht sich Validität in erster Linie auf die Gültigkeit ermittelter Usability Probleme. Ein Hinweis auf dessen Gültigkeit kann durch die Anwendung einer weiteren Testmethode mit demselben Endergebnis geliefert werden.

Variante

Varianten sind Ausprägungen einer Usability-Evaluationsmethode.

Sie unterscheiden sich in ihrer Durchführung, der Anzahl der Testpersonen, der Aufgabe des Testleiters, der Testumgebung und der Anzahl der Testgegenstände.

Zufriedenstellung

Zufriedenstellung meint die Freiheit von Beeinträchtigungen und die damit

Literaturverzeichnis

Bauuw, Ester; Markopoulos, Panos (2004): *A comparison of thinkaloud and post-task interview for usability testing with children.* In: ACM Press. S. 115-116.

Bauuw, Ester; Bekker, Mathilde; Barendregt, Wolmet (2005): *A Structured Expert Evaluation Method for the Evaluation of Children's Computer Games.* In: Lecture notes in computer science. Band 3585, S. 457-469.

Barendregt, Wolmet; Bekker, Mathilde (2004): *Towards a Framework for Design Guidelines for Young Children's Computer Games.* In: Lecture notes in computer science. Band 3166, S. 365-376.

Barendregt, Wolmet; Bekker, Mathilde (2005): *Extended guidelines for usability (and fun) testing with children.* Online: http://sigchi.nt4all.nl/documents/ Barendregt %20&%20Bekker%20-%20testing%20with%20children.pdf (12.11.07).

Bekker, Mathilde (2003): *KidReporter: a user requirements gathering technique for designing with children.* In: Interacting with Computers. Band 15, S. 187-202.

Berk, Laura E. (2004): *Entwicklungspsychologie.* 3. Auflage, München: Pearson Studium.

Bernard, Michael L.; Mills, Melissa; Chaparro, Barbara S. (2001): *A Preliminary Study of Children's Reading Preference for Different Online Fonts.* Online: http://psychology.wichita.edu/hci/projects/UPAfontchildrenpaper.pdf (04.04.11).

Bernard, Michael L. (2001): *Which Fonts do Children prefer to read online?* Online: http://psychology.wichita.edu/surl/usabilitynews/3W/fontJR.htm (12.07.07).

Bernard, Michael L. (2003): *Criteria for optimal web design (designing for usability) – How can I make my site more accessible to children?* Online: http://psychology.wichita.edu/optimalweb/children.htm (15.06.07).

Blumstengel, Astrid (1998): *Entwicklung hypermedialer Lernsysteme.* Berlin: wvb wissenschaftlicher Verlag Berlin.

Böhler, Christian; Schönian, René (2004): *Richtlinien für die Gestaltung von Software für Kinder im Vorschulalter.* In: MMI-Interaktiv. Nr. 8.

Borse, Jennifer; Robles, Erica; Schwartz, Nancy (2002): *Designing for Kids in the Digital Age: Summary of research and recommendations for designers.* Online: http://www.rockman.com/publications/presentations/Designing_for_Kids.pdf (04.04.11).

Bosch, Dorit (2007): *Die "regulierte Selbstregulierung" im Jugendmedienschutz-Staatsvertrag: eine Bewertung des neuen Aufsichtsmodells anhand verfassungs- und europarechtlicher Vorgaben.* Frankfurt: Verlag Peter Lang.

Breunig, Christian (2002): *Onlineangebote für Kinder: Angebotsstruktur, Inhalte und Nutzung kinderspezifischer Internetseiten.* In: media perspektiven, Nr. 8, S. 389-403.

Bruckman, Amy; Bandlow, Alisa (2003): *HCI for Kids.* In: Jacko, Julie; Sears, Andrew (Hrsg.): The Human-Computer Interaction Handbook: Fundamentals, Mahwah: Erlbaum.

Chiasson, Sonia; Gutwin, Carl (2005): *Design Principles for Children's Technology*. Online: http://hci.usask.ca/publications/2005/HCI_TR _2005_02_ Design.pdf (04.04.11).

Courage, Catherine; Baxter, Kathy (2005): *Understanding your Users: A practical guide to user requirements: Methods, Tools and Techniques*. San Francisco: Morgan Kaufmann Publishers Inc.

Dittler, Ullrich (1997): *Computerspiele und Jugendschutz*: Neue Anforderungen durch Computerspiele und Internet. Baden-Baden: Nomos Verlagsgesellschaft.

Dittler, Ullrich; Hoyer, Michael (2006): *Machen Computer Kinder dumm?* München: Kopaed.

Dix, Alan (2004): *Human-Computer-Interaction*. Harlow: Pearson Prentice-Hall.

Donker, Afke; Markopoulos, Panos (2001): *Assessing the effectiveness of usability evaluation methods for children*. Online: http://www.idemployee.id.tue.nl/ p.markopoulos/downloadablePape rs/S57-DonkerMarkopoulos.pdf (16.08.07).

Donker, Afke; Reitsma, Pieter (2004): *Usability testing with young children*. In: ACM Press. S. 43-48.

Donker, Afke; Reitsma, Pieter (2007a): *Drag-and-drop errors in young children's use of the mouse*. In: Interacting with computers. Band 19, S. 257-266.

Donker, Afke; Reitsma, Pieter (2007b): *Aiming and clicking in young children's use of the computer mouse*. In: Computers in Human Behaviour. Band 23, S. 2863-2874.

Donker, Afke; Reitsma, Pieter (2007c): *Young children's ability to use a computer mouse*. In: Computers and Education. Band 48, S. 602-617.

Druin, Alisson; Solomon, Cynthia (1996): *Designing Multimedia Environments for children: computers, creativity, and kids*. Canada: John Wiley & Sons Inc.

Druin, Alisson (1997): Kids are not „Adults-In-Waiting". Online: http://www.sigchi.org/bulletin/1997.3/kids.html (08.09.07).

Druin, Allison (1999a): *Cooperative Inquiry: Developing New Technology for Children with Children*. Online: http://hcil.cs.umd.edu/trs/99-14/99-14.pdf (04.04.11).

Druin, Allison (1999b): *Design of Children's Technology*. San Francisco: Morgan Kaufmann Publishers Inc.

Druin, Allison et al. (1999c): *Children as our Technology Design Partners*. In: Druin, Allison: Design of Children's Technology. San Francisco: Morgan Kaufmann Publishers Inc.

Druin, Allison; Inkpen, Kori (2001): *When are Personal Technologies for Children?* In: Personal and Ubiquitous Computing. Volume 5 (3), S. 191-194.

Druin, Allison (2002a): *The Role of Children in the Design of New Technology*. In: Behaviour and Information Technology. Band 21, S. 1-25.

Dumas, Joseph S.; Redish, Janice C. (1999): *A Practical Guide to Usability Testing*. Exeter: Intellect.

Federoff, Melissa A. (2002): *Heuristics and Usability Guidelines for the Creation and Evaluation of Fun in Video Games*. Online: http://melissafederoff.com/heuristics_usability_games.html (05.10.07).

Fritz, Jürgen; Fehr, Wolfgang (1997): *Handbuch Medien: Computerspiele*. Bonn: Bundeszentrale für politische Bildung.

Literaturverzeichnis

Fritz, Jürgen (2003): *Aktion, Kognition, Narration.* In: Fritz, Jürgen; Fehr, Wolfgang (Hrsg.): Computerspiele: Virtuelle Spiel- und Lernwelten. Bonn: Bundeszentrale für politische Bildung.

Gerstenberger, K.-Peter (2006): *Gerade Pisa.* In: Dittler, Ullrich; Hoyer, Michael: Machen Computer Kinder dumm? München: Kopaed.

Gilutz, Shuli et al. (2003): *Children's Online Interfaces: is usability testing worthwhile?* In: ACM Press. S. 143-145.

Guha, Mona Leigh et al. (2004): *Mixing Ideas: A New Technique for Working with Young Children as Design Partners.* In: ACM Press. S. 35-42.

Gundelach, Stefan (2006): *Machen Videospiele Kinder dumm? Ein Plädoyer für mehr Gelassenheit.* In: Dittler, Ullrich; Hoyer, Michael (Hrsg.): Machen Computer Kinder dumm? München: Kopaed.

Hackos, JoAnn T; Redish, Janice C. (1998): *User and Task Analysis for Interface Design.* New York: John Wiley & Sons, Inc.

Hanna, Libby; Risden, Kirsten; Alexander, Kristin J. (1997): *Guidelines for usability testing with children.* In: Interactions. Volume 4 (5).

Hanna, Libby et al. (1999): *The Role of Usability Research in Designing Children's Computer Products.* In: Druin, Allison (Hrsg.): Design of Children's Technology. San Francisco: Morgan Kaufmann Publishers Inc.

Hanna, Libby; Neapolitan, Denise; Risden, Kirsten (2004): *Evaluating Computer Game Concepts with Children.* In: ACM Press. S. 49-56.

Heinecke, Andreas M. (2004): *Mensch-Computer-Interaktion.* Leipzig: Fachbuchverlag Leipzig.

Heinsen, Sven; Vogt, Petra (2003): *Usability praktisch umsetzen: Handbuch für Software, Web, Mobile Devices und andere technische Produkte*. München: Carl Hanser Verlag.

Hourcade, Juan Pablo (2002): *It's Too Small! Implications of Children's Developing Motor Skills on Graphical User Interfaces*. Online: hcil.cs.umd.edu/ trs/2002-24/2002-24.pdf (04.04.11).

Hourcade, Juan Pablo; Bederson, Benjamin B.; Druin, Allison (2003): *Accuracy, Target Reentry and Fitts' Law Performance of Preschool Children Using Mice*. Online: http://hcil.cs.umd.edu/trs/2003-16/2003-16.pdf (04.04.11).

Hourcade, Juan Pablo (2003): *User Interface Technologies and Guidelines to Support Children's Creativity, Collaboration, and Learning*. Online: http://hcil.cs.umd.edu/trs/2003-21/2003-21.pdf (04.04.11).

Hourcade, Juan Pablo (2004): *Differences in pointing task performance between preschool children and adults using mice*. In: ACM Transactions on Computer-Human Interaction. Volume 11 (4), S. 357-386.

Hourcade, Juan Pablo; Bederson, Benjamin B.; Druin, Alisson (2004): *Preschool Children's Use of Mouse Buttons*. In: Conference on Human Factors in Computing Systems, ACM Press. S. 1411-1412.

Höysniemi, Johanna; Hämäläinen, Perttu; Turkki, Laura (2003): *Using peer tutoring in evaluating the usability of a physically interactive computer game with children*. In: Interacting with computers. Band 15, S. 203-226.

Inkpen, Kori (1997): *Three Important Research Agendas for Educational Multimedia: Learning, Children and Gender*. Online: http://www.edgelab.ca/ publications/edmedia97.pdf (01.09.07).

Inkpen, Kori (2001): *Drag-and-drop versus point-and-click mouse interaction styles for children.* In: ACM Transactions on Computer-Human Interaction. Volume 8 (1), S. 1-33.

Jansen, Petra (2006): *Entwicklungspsychologie.* Online: http://www.psycho.uni-duessedorf.de/lehrunterlagen/grundstudium_vorlesungen/einfuehrung_psychologie_v/Dokumente/Einfuehrung9_WS06.pdf (02.07.07)

Jensen, Janne; Skov, Mikael (2005): *A review of research methods in children's technology design.* In: ACM Press. S. 80-87.

Joiner, Richard (1998a): *The effect of gender on children's software preferences.* In: Journal of computer assisted learning: JCAL. Band 14, S. 195-198.

Joiner, Richard (1998b): *It is Best to Point for Young Children: A Comparison of Children's Pointing and Dragging.* In: Computers in Human Behaviour. Band 14, S. 513-529.

Kappenberg, Carolin (2008): *Der Jugendmedienschutz-Staatsvertrag: Führt er zu einem effektiveren Jugendschutz in Rundfunk und Telemedien?* Berlin: Lit Verlag.

Kelly, Rebecca et al. (2006): *Bluebells: a design method for child-centred product development.* In: ACM Press. S. 361-368.

Kesteren, Ilse E. et al. (2003): *Assessing usability evaluation methods on their effectiveness to elicit verbal comments from children subjects.* In: ACM Press. S. 41-49.

Köth, Yves (2001): *User Interface für ein generisches Modellierungswerkzeug.* Veröffentlichte Diplomarbeit, Technische Universität Dresden.

Kritzenberger, Huberta (2005): *Multimediale und Interaktive Lernräume.* Herczeg Michael (Hrsg.), München: Oldenbourg Wissenschaftsverlag GmbH.

Large, Andrew (2001): *Focus Groups with Children: Do they Work?* In: The Canadian journal of information and library science. Band 26, S. 2-3.

Larkin, Silica (2002): Usability Jr. - How to Run a Successful Usability Test with Children. STC Usability SIG Newsletter. Online: http://www.stcsig.org/usability/newsletter/0201_usabilityjr.html (04.04.11).

Liesching, Marc (2004): *Jugendschutz: Jugendschutzgesetz, Jugendmedienschutz-Staatsvertrag, Vorschriften des Strafgesetzbuches, des Teledienstegesetzes und des Rundfunkstaatsvertrags sowie weitere Bestimmungen zum Jugendschutz.* München: Beck C.H., 4. Auflage.

Maly, Julia (2006): *Empirische Studie zur Optimierung der Ansteuerung von virtuellen Schaltflächen auf grafischen Benutzungsoberflächen für Nutzer im Vorschulalter.* Unveröffentlichte Bachelorarbeit, Hochschule der Medien, Stuttgart.

Maly, Julia; Burmester, Michael; Görner, Claus (2007a): *Usability Testing mit Vorschulkindern.* In: Röse, Kerstin; Brau, Henning (Hrsg.): Usability Professionals 2007. Stuttgart: German Chapter der UPA e.V.

Maly, Julia; Burmester, Michael; Görner, Claus (2007b): *Schaltflächen grafischer Benutzeroberflächen für Vorschulkinder.* In: Gross, Tom (Hrsg.): Mensch & Computer 2007: Konferenz für interaktive und kooperative Medien. München: Oldenbourg Verlag.

Mano, Alexandre; Campos, José C. (2004): *A study about usability criteria on computer interfaces for children.* Online: http://www.di.uminho.pt/giv/papers/200410ECU/handout.pdf (04.04.11).

Markopoulos, Panos; Bekker, Mathilde (2002): *How to compare usability testing methods with children participants.* Online: http://www.idemployee.id.tue.nl/ p.markopoulos/downloadablePapers/IDC2002MarkopoulosAndBekker.pdf (04.04.11).

Markopoulos, Panos; Bekker, Mathilde (2003): *On the assessment of usability testing methods for children.* In: Interacting with computers. Band 15, S. 227-244.

Mayhew, Deborah J. (1999): *The Usability Engineering Lifecycle: a practitioner's handbook for user interface design.* San Francisco: Morgan Kaufmann Publishers Inc.

Mayhew, Deborah J. (2003): *Requirements Specifications within the Usability Engineering Life Cycle.* In: Jacko, Julie; Sears, Andrew (Hrsg.): The Human-Computer Interaction Handbook: Fundamentals, Mahwah: Erlbaum.

Mosier, Jane N.; Smith, Sidney L. (1996): *Guidelines for designing user interface software.* In: Behaviour and Information Technology. Band 5, Seite 39-46.

Nickel, Horst; Schmidt-Denter, Ulrich (1995): *Vom Kleinkind zum Schulkind.* 5. Auflage, München: Ernst Reinhardt Verlag.

Nielsen, Jakob (1993): *Usability Engineering.* San Diego: Morgan Kaufman.

Nielsen, Jakob; Gilutz, Shuli (2002): *Usability of Websites for Children: 70 Design Guidelines.* Online: http://www.nngroup.com/reports/kids/ (04.04.11).

Pooth, Stefan (2005): *Jugendschutz im Internet: Staatliche Regulierung und private Selbstkontrolle.* Hamburg: Kovac.

Rupp, Chris (2002): *Requirements-Engineering und -Management: Professionelle, iterative Anforderungsanalyse für die Praxis*. 2. Auflage. München: Carl Hanser Verlag.

Sarodnick, Florian; Brau, Henning (2006): *Methoden der Usability Evaluation: Wissenschaftliche Grundlagen und praktische Anwendung*. Bern: Verlag Hans Huber.

Schneider, Karen (1996): *Children and information visualization technologies*. In: Interactions. Volume 3 (5) S. 68-73.

Schott, Franz (1995): *Aktuelle Stufentheorien der kognitiven Entwicklung*. In: Hetzer, Hildegard; Todt, Eberhard; Seiffge-Krenker, Inge; Arbinger, Roland (Hrsg.): Angewandte Entwicklungspsychologie des Kindes- und Jugendalters. 3. Auflage. Heidelberg: Quelle & Meyer. S. 122-135.

Shneiderman, Ben (2004): *Designing for fun: how can we design userinterfaces to be more fun?* In: ACM Press. S. 48-50.

Shneiderman, Ben (2006): *Research-Based Web Design and Usability Guidelines*. Online: http://www.usability.gov/pdfs/guidelines.html (06.06.07).

Siegler, Robert (2001): *Das Denken von Kindern*. 3. Auflage, München: Oldenbourg Wissenschaftsverlag GmbH.

Spitzer, Manfred (2005): *Vorsicht Bildschirm: elektronische Medien, Gehirnentwicklung, Gesundheit und Gesellschaft*. Stuttgart: Klett Lerntraining GmbH.

Stangl, Werner (2002): *Psychologische Facetten der Mensch-Computer-Interaktion*. Online: http://www.stangl-taller.at/Arbeitsblaetter/Lernen/Computerlernen Psychologie.shtml (10.04.11)

Stapelkamp, Torsten (2007): *Screen- und Interfacedesign: Gestaltung und Usability für Hard- und Software.* Heidelberg: Springer-Verlag.

Strommen, Erik (1997): *„What did he say?": Speech Output in Preschool Software.* Online: http://www.playfulefforts.com/archives/papers/NECC-1991.pdf (08.09.07)

Strzebkowski, Robert; Kleeberg, Nicole (2002): *Interaktivität und Präsentation als Komponenten multimedialer Lernanwendungen.* In: Issing, Ludwig; Klimsa, Paul: Information und Lernen mit Multimedia und Internet. 3. Auflage, Weinheim: Verlagsgruppe Beltz.

Tetzlaff, Linda; Schwartz, David R. (1991): *The Use of Guidelines in Interface Design.* In: ACM Press. S. 329-333.

Tücke, Manfred (1999): *Entwicklungspsychologie des Kindes- und Jugendalters.* Münster: Lit Verlag.

Uden, Lorna; Dix, Alan (2000): *Iconic Interfaces for Kids on the Internet.* Online: http://www.comp.lancs.ac.uk/~dixa/papers/kids-icons-2000/kids-icons-2000 .pdf (04.04.11).

Valkenburg, Patti M.; Cantor, Joanne (2000): *Children's Likes and Dislikes of Entertainment Programs.* In: Zillmann, Dolf; Vorderer, Peter (Hrsg.): Media Entertainment: The psychology of its appeal, Mahwah: Erlbaum.

Wagner, Ulrike (2002): *„Da guck ich dann unter www...".* In: Televizion 15/2. S. 3 ff.

Weiler, Stefan (2004): *Jugendschutz am Wendepunkt.* In: MMI-Interaktiv. Nr. 8, S. 4-15.

Zühlke, Detlef (2004): *Useware-Engineering technischer Systeme.* Berlin: Springer-Verlag.

Weiterführende Literatur

Als, Benedikte S.; Jensen, Janne; Skov, Mikael (2005a): *Comparison of Think-Aloud and Constructive Interaction in Usability Testing with Children.* In: ACM Press. S. 9-16.

Als, Benedikte S.; Jensen, Janne; Skov, Mikael (2005b): *Exploring Verbalization and Collaboration of Constructive Interaction with Children.* In: Lecture notes in computer science. Band 3585, S. 443-456.

Antle, Alissa N. (2006): *Interaction design methods: Child-personas: fact or fiction?* In: ACM Press. S. 22-30.

Beaudouin-Lafon, Michel; Mackay, Wendy (2003): *Prototyping Tools and Techniques.* In: Jacko, Julie; Sears, Andrew (Hrsg.): The Human-Computer Interaction Handbook: Fundamentals, Mahwah: Erlbaum.

Benelli, Cecilia; Yongue, Bill (1995): *Supporting young children's motor skills development.* In: Childhood Education. (1995) S. 217-220.

Bertram, Daniel (2006): *The Use of Rapid Prototyping for Interface Design.* Online: http://www.medien.ifi.lmu.de/lehre/ws0607/mmi1/essays/Daniel-Bertram.xhtml (11.12.07).

Case, Robbie (1999): *Die geistige Entwicklung des Menschen: Von der Geburt bis zum Erwachsenenalter.* Heidelberg: Universitätsverlag C. Winter GmbH.

Dahm, Markus (2006): *Grundlagen der Mensch-Computer-Interaktion.* München: Pearson Verlag.

Eberleh, Edmund; Oberquelle, Horst; Oppermann, Reinhard (1994): *Einführung in die Software-Ergonomie*. 2. Auflage, Berlin: Walter de Gruyter.

Farber, Allison et al. (2002): *How Young Can Our Design Partners Be?* Online: http://hcil.cs.umd.edu/trs/2002-13/2002-13.pdf (04.04.11).

Gelderblom, Helene (2004): *Designing software for young children: theoretically grounded guidelines*. In: ACM Press. S. 121-122.

Ginsburg, Herbert P.; Opper, Sylvia (1998): *Piagets Theorie der geistigen Entwicklung*. 8. Auflage, Stuttgart: Klett-Cotta.

Gorriz, Cecilia M.; Medina, Claudia (2000): *Engaging girls with computers through software games*. In: ACM Press. S. 42-49.

Habgood, Jacob; Ainsworth, Shaaron; Benford, Steve (2005): *Intrinsic Fantasy: Motivation and Affect in Educational Games Made by Children*. Online: http://www.informatics.sussex.ac.uk/users/gr20/aied05/finalVersion/JHabgood.pdf (04.04.11).

Herczeg, Michael (2005): *Softwareergonomie*. 2. Auflage, München: Oldenbourg Wissenschaftsverlag GmbH.

Herczeg, Michael (2006): *Interaktionsdesign: Gestaltung interaktiver und multimedialer Systeme*. München: Oldenbourg Wissenschaftsverlag GmbH.

Hinckley, Ken (2002): *Input Technologies and Techniques*. In: Jacko, Julie; Sears, Andrew (Hrsg.): The Human-Computer Interaction Handbook: Fundamentals, Mahwah: Erlbaum.

Hutchinson, Hilary B. (2003): *Children's Interface Design for Hierarchical Search and Browse*. Online: http://hcil.cs.umd.edu/trs/2003-42/2003-42.pdf (04.04.11).

Hutchinson, Hilary B. (2005): *Children's Interface Design for Searching and Browsing*. Online: http://hcil.cs.umd.edu/trs/2005-32/2005-32.pdf (04.04.11).

Issing, Ludwig J.; Klimsa, Paul (2002): *Information und Lernen mit Multimedia und Internet*. Weinheim: Verlagsgruppe Beltz, Psychologische Verlagsunion.

Kafai, Yasmin B. (1999): *Children as Designers, Testers, and Evaluators of Educational Software*. In: Druin, Allison (Hrsg.): Design of Children's Technology. San Francisco: Morgan Kaufmann Publishers Inc.

Lam, Kim (2002): *A Touching Interface for Young Children*. Online: http://www.ece.ubc.ca/~elec518/previous/hit2002/papers/lam.pdf (04.04.11).

Livingstone, Sonja (2002): *Young People and New Media*. Gateshead: Athenaeum Press.

MacFarlane, Stuart; Sim Gavin; Horton, Matthew (2005): *Assessing Usability and Fun in Educational Software for Children*. In: ACM Press. S. 103-109.

Malone, Thomas W. (1980): *What Makes Things Fun to Learn? Heuristics for Designing Instructional Computer Games*. In: ACM Press.S. 162-169.

Malone, Thomas W. (1982): *Heuristics for designing enjoyable user interfaces: Lessons from computer games*. In: ACM Press. S. 63-68.

Muller, Michael J. (2003): *Participatory Design: The third Space in HCI*. In: Jacko, Julie; Sears, Andrew (Hrsg.), The Human-Computer Interaction Handbook: Fundamentals, Mahwah: Erlbaum.

Nathan, Ronen; Baron, Lois J. (1995): *The Effects of Gender, Program Type, and Content on Elementary Children's Software Preferences*. In: Journal of research on computing in education. Band 27, S. 348-360.

Nicol, Antony; Casey, Chris; MacFarlane, Stuart (2002): *Children are ready for speech technology – but is the technology ready for them?* Proceedings of the International Workshop „Interaction Design and Children". S. 159–170. Online: http://www.chici.org/references/children_are_ready.pdf (01.09.07).

Pagulayan, Randy J. (2003): *User-Centered Design in Games.* In: Jacko, Julie; Sears, Andrew (Hrsg.): The Human-Computer Interaction Handbook: Fundamentals, Mahwah: Erlbaum.

Pardo, Sofia; Vetere, Frank; Howard, Steve (2005): *Broadening Stakeholder involvement in UCD: Designer's perspectives on childcentred design.* Canberra: Proceedings of OZCHI.

Rannou, Yves (2002): *Testing Educational Software with Children.* STC Usability SIG Newsletter. Online: http://www.stcsig.org/usability/newsletter/0201_testing educational.html (07.08.07).

Scaife, Mike (1997): *Designing for or designing with? Informant design for interactive learning environments.* In: ACM Press. S. 343-350.

Scaife, Mike (1999): *Kids as Informants: Telling us, what we didn't know or confirming what we knew already?* In: Druin, Allison (Hrsg.): Design of Children's Technology. San Francisco: Morgan Kaufmann Publishers Inc.

Sleegers, Horst; Pohlmann, Jürgen (2003): *Der Computer als Lehrer.* In: Fritz, Jürgen; Fehr, Wolfgang (Hrsg.): Computerspiele: Virtuelle Spiel- und Lernwelten. Bonn: Bundeszentrale für politische Bildung / bpb.

Trautner, Hanns Martin (1992): *Lehrbuch der Entwicklungspsychologie.* 2. Auflage, Göttingen: Verlag für Psychologie.

Witting, T.; Esser, H.; Ibrahim, S. (2003): *Ein Computerspiel ist kein Fernsehfilm*. In: Fritz, J.; Fehr, W. (Hrsg.): Computerspiele: Virtuelle Spiel- und Lernwelten. Bonn: Bundeszentrale für politische Bildung / bpb.

Wyeth, Petra; Purchase, Helen C. (2003): *Using Developmental Theories to Inform the Design of Technology for Children*. In: ACM Press. S. 93-100.

Wyeth, Peta; Diercke, Carla; Viller, Stephen (2006): *Design for inspiration: children, personal connections and educational technology*. In: ACM Press. 365-368.

Zeidler, Alfred; Zellner, Rudolf (1994): *Software-Ergonomie: Techniken der Dialoggestaltung*. 2. Auflage, München: Oldenbourg Verlag GmbH.

Normen und Standards

ETSI TR 102 133 V1.1.1 (2003): *Human Factors (HF): Access to ICT by young people issues and guidelines*. Frankreich: European Telecommunications Standards Institute.

ETSI EG 202 423 V0.0.18 (2005): *Human Factors (HF): Guidelines for the design and deployment of ICT products and services used by children*. Frankreich: European Telecommunications Standards Institute.

ISO 9241-10 (1996): *Ergonomische Anforderungen für Bürotätigkeiten mit Bildschirmgeräten, Teil 10: Grundsätze der Dialoggestaltung*. Brüssel: CEN – Europäisches Komitee für Normung.

ISO 9241-11 (1998): *Ergonomische Anforderungen für Bürotätigkeiten mit Bildschirmgeräten, Teil 11: Anforderungen an die Gebrauchstauglichkeit - Leitsätze*. Brüssel: CEN – Europäisches Komitee für Normung.

ISO 9241-12 (1998): *Ergonomische Anforderungen für Bürotätigkeiten mit Bildschirmgeräten, Teil 12: Informationsdarstellung.* Brüssel: CEN – Europäisches Komitee für Normung.

ISO 13407 (1999): Benutzerorientierte *Gestaltung interaktiver Systeme.* Brüssel: CEN – Europäisches Komitee für Normung.

ISO 14915-1 (2002): *Software-Ergonomie für Benutzungsschnittstellen, Teil 1: Gestaltungsgrundsätze und Rahmenbedingungen.* Brüssel: CEN – Europäisches Komitee für Normung.

ISO 14915-2 (2003): *Software-Ergonomie für Benutzungsschnittstellen, Teil 2: Multimedia-Navigation und Steuerung.* Brüssel: CEN – Europäisches Komitee für Normung.

ISO 14915-3 (2002): *Software-Ergonomie für Benutzungsschnittstellen, Teil 3: Auswahl und Kombination von Medien.* Brüssel: CEN – Europäisches Komitee für Normung.

Internetquellen

adm-ev.de: *ADM Arbeitskreis Deutscher Markt- und Sozialforschungsinstitute e.V.* Online: http://adm-ev.de (05.04.11)

Bayerische Julius-Maximilians-Universität Würzburg: *Lernende Kinder: Genauigkeit ist wichtiger als Schnelligkeit.* Würzburg: Online: http://www.uni-protokolle.de/nachrichten/id/64636/ (12.10.07)

biu-online.de: *Bundesverband Interaktive Unterhaltungssoftware (BIU) e.V.* Online: http://www.biu-online.de (04.04.11)

BMFSFJ – Bundesministerium für Familie, Senioren, Frauen und Jugend: *Verschärfung des Jugendschutzgesetzes.* Online: http://www.bmfsfj.de/bmfsfj/generator/Kategorien/Presse/pressemitteilungen,did=104428.html (20.12.07)

checkeins.de: *Check Eins – Das Kinderprogramm des Ersten.* Online: http://www.checkeins.de (05.04.11)

Deutscher Bildungsmedienpreis – digita. Online: http://www.digita.de (12.10.07)

erfurter-netcode.de: *Das Qualitätssiegel für Kindermedien im Internet.* Online: http://www.erfurter-netcode.de (05.04.11)

Feibel – Der Kindersoftwareratgeber. Online: http://www.feibel.de (05.04.11)

gpi-online.de: *Gesellschaft für Pädagogik und Information e.V.* Online: http://www.gpi-online.de/front_content.php (05.04.11)

kakadu.de: *Sendebegleitende Website der Kinderradiosendung Kakadu.* Online: http://www.kakadu.de (05.04.11)

KIM-Studie (2008): *Kinder + Medien, Computer + Internet.* Online: http://www.mpfs.de/fileadmin/KIM-pdf08/KIM2008.pdf (05.04.11)

KIM-Studie (2010): *Kinder + Medien, Computer + Internet.* Online: http://www. mpfs.de/fileadmin/KIM-pdf10/KIM2010.pdf (05.04.11)

Kindersoftwarepreis Tommi. Online: http://www.kindersoftwarepreis.de (12.10.07)

kika.de: *KI.KA – Der Kinderkanal von ARD und ZDF.* Online: http://www.kika.de (05.04.11) lilipuz.de: *Das Kinderradio des westdeutschen Rundfunks.* Online: http://www.lilipuz.de (05.04.11)

nick.de: *Die offizielle Website zum Sender Nickelodeon.* Online: http://www.nick.de (05.04.11)

Pädagogischer Interaktiv-preis – Pädi. Online: http://www.sin-net.de/sinnet/Projekte/Paedi/ueber-paedi.htm (12.10.07)

toggo.de: *Die Website zum Fernsehprogramm auf Super RTL.* Online: http://www.toggo.de (05.04.11)

Softwarepreis Giga-Maus. Online: http://www.gigamaus.de (04.04.11)

usk.de: *Unterhaltungssoftware Selbstkontrolle - Die zuständige Stelle für die Prüfung und Altersfreigabe von Computer- und Videospielen in Deutschland.* Online: http://www.usk.de (05.04.11)

wdrmaus.de: *Die Seite mit der Maus – WDR-Fernsehen.* Online: http://www.wdrmaus.de (05.04.11)

Wikipedia – Die freie Enzyklopädie. Online: http://de.wikipedia.org/wiki/Hauptseite (21.11.07)

WWW.VIEWEGTEUBNER.DE

Vieweg+Teubner Research
Wir veröffentlichen Ihre wissenschaftliche Arbeit

Mit unserem Programm Vieweg+Teubner Research möchten wir der Fachwelt herausragende wissenschaftliche Arbeiten aus Technik und Naturwissenschaft präsentieren. Wir veröffentlichen Dissertationen, Habilitationen, Tagungs- und Sammelbände sowie dazu passende Schriftenreihen.

Wir bieten Ihnen:

- Ein ausgesuchtes Umfeld in einem namhaften Verlag der Verlagsgruppe Springer Science+Business Media
- Veröffentlichung von Monografien und kumulativ generierten Qualifikationsschriften als hochwertiges Buch
- Zusätzlich die Recherchier- und Zitierbarkeit online via SpringerLink
- Attraktive Autorenkonditionen (günstige Bezugsmöglichkeiten für Autorenexemplare)
- Individuelle Betreuung durch das Lektorat des Vieweg+Teubner Verlags

Außerdem ganz neu: DoktorArbeit | Das Promotionsforum.
Hier bieten wir News und Wissenswertes rund um das Thema Promotion.
Seien Sie dabei: www.facebook.com/Promotionsforum

Möchten Sie Autor bei Vieweg+Teubner werden? Kontaktieren Sie uns!
Ute Wrasmann | ute.wrasmann@viewegteubner.de | Tel.: +49(0)611.7878-239

VIEWEG+
TEUBNER

TECHNIK BEWEGT.

Printed by Books on Demand, Germany